Motive, Motivation und Ziele im Personal Performance Management

Hendrik Hilmer

Motive, Motivation und Ziele im Personal Performance Management

Grundlagen der persönlichen Leistungssteuerung

 Springer Gabler

Hendrik Hilmer
Rullstorf, Deutschland

ISBN 978-3-662-67843-5   ISBN 978-3-662-67844-2   (eBook)
https://doi.org/10.1007/978-3-662-67844-2

Die Deutsche Nationalbibliothek verzeichnet diese Publikation in der Deutschen Nationalbibliografie; detaillierte bibliografische Daten sind im Internet über http://dnb.d-nb.de abrufbar.

Planung/Lektorat: Mareike Teichmann
Springer Gabler ist ein Imprint der eingetragenen Gesellschaft Springer-Verlag GmbH, DE und ist ein Teil von Springer Nature.
Die Anschrift der Gesellschaft ist: Heidelberger Platz 3, 14197 Berlin, Germany

Das Papier dieses Produkts ist recyclebar.

Inhaltsverzeichnis

Abbildungsverzeichnis

Einleitung

Es gab einmal eine Zeit, da war ich auf „beruflicher Sinnsuche". Ich war nicht völlig zufrieden mit dem, was ich getan habe. Für sich genommen hat mir die Arbeit schon Spaß gemacht, aber sie hat mich nicht „erfüllt" – was auch immer das genau heißen mag. Irgendwie hatte ich das Gefühl, dass das, was ich gemacht habe, nicht hundertprozentig zu mir gepasst hat, und dass entscheidende Dinge, die ich für meine Zufriedenheit brauchte, gefehlt haben. All meine beruflichen Vorbilder schienen für „ihre Sache" Feuer und Flamme (gewesen) zu sein. Das galt auch für meine damaligen Chefs. In ihrem Beruf, so macht es den Anschein, sind sie in ihrem Element. Daher sind sie auch gerne bereit Härten zu ertragen. Sie scheinen etwas für ihren Beruf zu empfinden, was man gemeinhin als *Leidenschaft* bezeichnet. Ihre Leidenschaft für den Beruf scheint ihnen Energie zu spenden und Kraft freizusetzen. Es beeindruckt mich immer wieder, wenn ich Menschen sehe, die offenbar mit voller Passion in „der einen Sache" aufgehen. Diese „eine Sache" wollte ich auch. Ich habe in meinem Leben schon viele „Sachen" gemacht. Und das meiste davon hat mir auch Freude bereitet und bei vielem habe ich feststellen dürfen, dass ich bei der jeweiligen Ausübung an nichts anderes gedacht habe und vollständig im Moment aufgegangen bin. Das war früher beim Reiten so, später beim Handball, in meinen verschiedenen Trainertätigkeiten und auch heute noch in den Workshops und Seminaren – und sogar jetzt in dem Moment, in dem ich diese Zeilen schreibe. Mittlerweile ist es auch bei der Arbeit wieder der Fall. Aber ich wäre wohl nie so weit gegangen, zu behaupten, dass ich etwas mit Leidenschaft gemacht hätte, denn es gab für mich nicht „die eine konkrete Sache", wie ich es bei all meinen Vorbildern wahrgenommen habe.

H. Hilmer, *Motive, Motivation und Ziele im Personal Performance Management*, https://doi.org/10.1007/978-3-662-67844-2_1

Und überhaupt: Wie kann es sein, dass Menschen so unterschiedliche Leidenschaften haben? Wie kann das Verkaufen von Autos, die Renovierung von Häusern, das Sammeln von Briefmarken, das Leiten eines Unternehmens oder das Spielen eines Spiels Leidenschaft sein oder auslösen? Wie sollte ich so meine *eine Leidenschaft* finden?

Also habe ich einige meiner „Mentoren"[1] zu meiner Situation befragt. Ich habe ihnen meine Situation, meine Gedanken und meine Bedenken dargelegt und sehr unterschiedliche Hilfen bekommen. Hilfreich war alles, aber ein Gespräch werde ich wahrscheinlich nie vergessen: Ich habe den Vater einer guten Freundin gefragt, ob wir nicht einmal über meine Situation sprechen könnten. Er selbst stand kurz vor dem Ruhestand und konnte zu diesem Zeitpunkt auf ein sehr erfolgreiches berufliches wie privates Leben blicken. Eine Biografie, die – richtig erzählt – keine Dellen, keine Zweifel, kein Hadern, kein Scheitern offenbarte. Dazu ein liebender und geliebter Vater, Ehemann und Freund vieler Menschen.

Ich war vor unserem Gespräch etwas nervös. Privat kannten wir uns schon einige Jahre und hatten ein gutes Verhältnis. Aber ich stand nun kurz davor, etwas von meiner eigenen glänzenden Fassade zu öffnen und Zweifel und Orientierungslosigkeit einzuräumen. Meine Aufregung war – natürlich – völlig unbegründet. Er war bei mir im Raum. Nicht nur physisch, sondern auch mit all seinen Gedanken und seiner vollen Aufmerksamkeit. Wir haben über zwei Stunden in einem Konferenzraum bei ihm in der Firma zusammengesessen und fast ausschließlich über mein derzeitiges Leben gesprochen.

Als wir schließlich auseinandergingen, hat er mir einen Auftrag gegeben, der für sich genommen vielleicht nicht sonderlich überrascht:

> *„Hendrik, es wird Zeit, dass du aufhörst Bücher zu lesen.[2] Du musst herausfinden, was dich antreibt, was deine Leidenschaft ist. Bis du das herausgefunden hast, sollte es nichts anderes für dich geben. Du kannst doch nicht dein ganzes Leben etwas machen, was dir keinen Spaß macht."*

Das hörte sich für mich nicht sehr viel anders an als der Auftrag, den ich mir selbst schon gegeben hatte. Da waren sie wieder, meine drei Probleme: Leidenschaft, Leidenschaft, Leidenschaft. So bin ich also noch einige Wochen rumgelaufen und habe gegrübelt und gegrübelt. Ich war doch schon ganz unten in der verstaubten Mottenkiste angekommen, auf der in alten Lettern „Leidenschaft" steht. Außer dem, was ich selbst hineingelegt hatte, war da aber nichts Konkretes. Dann schwang das Pendel eine Zeit lang frei vor sich hin.

---

[1] Ich weiß nicht, ob sich meine Mentoren auch als „Mentoren" sehen, aber in meinen Augen sind es Menschen, zu denen ich aufblicke, an denen ich Orientierung finde, und die ich als gute Ratgeber kennengelernt habe. Sie stehen in sehr unterschiedlichen Verhältnissen zu mir. Mache sehe und spreche ich häufiger, andere sehr selten.

[2] Im Gespräch mit meinem Ratgeber sind wir immer wieder darauf gekommen, was ich „gerne" mache. Nun, ich lese wirklich gerne Bücher. Und es wird sich zeigen, dass das auch Teil des Schlüssels gewesen ist, wie ich der Lösung meines Problems mit der Leidenschaft auf die Spur gekommen bin.

Und plötzlich – ich weiß nicht mehr, wobei, aber ich denke es war etwas ziemlich Triviales – ist mir der Schluss von unserem Gespräch wieder eingefallen. Aber der Fokus hatte sich völlig verändert. In den letzten Wochen prangte da die Suche nach der *konkreten* „Leidenschaft" – goldene Lettern, Spotlight, Schimmer und Funkel –, denn es war ja auch das, was ich erwartet hatte. Mir wurde hier als Ziel präsentiert, was ich schon vorher gesucht hatte. Es musste also wahr sein, dass die Leidenschaft für „die eine Sache" der Weg zum Ziel ist. Dachte ich. Aber nein! Ganz plötzlich und unvermittelt gewann etwas anderes meine Aufmerksamkeit. Ich war so auf den Begriff der Leidenschaft fixiert, dass ich übersehen hatte, dass ich gar nicht dazu aufgefordert worden bin, die eine Leidenschaft, die eine Sache, zu finden. Ich hatte mich von meinen eigenen Erwartungen blenden lassen. *„Du musst herausfinden, was dich antreibt (…)."* Das ist ein viel *generelleres* Vorgehen als die Suche nach „der einen Sache". Und es hat meinem Denken eine völlig andere Richtung gegeben.

Ich weiß nicht, inwiefern mein anschließender Arbeitsplatzwechsel bereits mit dieser Erkenntnis verbunden war. Jedenfalls hat sich meine Suche nach Leidenschaft seitdem sehr verändert. Wenn Sie die eine Leidenschaft suchen, werden Sie vielleicht – wie ich – feststellen, dass es in Ihrem Leben viele Sachen gibt, die Sie wirklich gerne machen, in denen Sie aufgehen und die Sie ungerne aufgeben möchten. Wie findet man denn da *die eine* Leidenschaft? Wenn Sie sich allerdings auf die Suche danach begeben, was Sie *generell antreibt,* verändert sich diese Suche völlig. Dann suchen Sie nach Schnittmengen. Was ist es, dass Sie bei der Arbeit, bei Ihren Hobbies und in der Familie antreibt? Wenn Sie sich mit dieser Fragestellung aufmachen, werden Sie generelle Anforderungen finden, die im Allgemeinen gegeben sein müssen, damit Sie „Leidenschaft" für (irgend-) etwas empfinden können.

Etwas abstrakt formuliert, habe ich Leidenschaft dann irgendwann für mich als die Übereinstimmung meines Tuns mit der natürlichen Richtung meines „innersten Wollens" verstanden. Leidenschaft ist für mich das bewusste Empfinden eben dieser Übereinstimmung und die Gewissheit quasi auf einer Welle zu reiten, die einen leicht, ohne Mühe und direkt dorthin bringt, wo man hingelangen will. Vielleicht ist Leidenschaft auch eine besondere Begeisterung oder Zufriedenheit bei der Ausübung einer Tätigkeit. Eine Tätigkeit, die man so gerne ausübt, dass man danach strebt, sie wieder auszuüben. Wenn ich mir darüber bewusst bin, was mich *generell* antreibt, kann ich bei vielen Beschäftigungen das empfinden, was gemeinhin als Leidenschaft bezeichnet wird. Und ich kann Beschäftigungen meiden, bei denen dies nicht der Fall ist.

1.1   Zur Konzeption des Buches

Dieses Buch befindet sich konzeptionell zwischen den stark im Erzählstil gehaltenen und mit weit ausgreifenden Erzählungen ausgeschmückten populärwissenschaftlichen Veröffentlichungen und einer eher wissenschaftlichen Auseinandersetzung mit den motivationspsychologischen Grundlagen des *Personal Performance Managements*. Der Schwerpunkt dieses Buches ist dabei bewusst motivationspsychologisch ausgelegt, da ich hier die ergiebigste Grundlage für die persönliche Leistungssteuerung sehe. Im Sinne der dichten Informationsvermittlung übe ich dabei den Verzicht auf viele beispielgebende Geschichten. Ich traue Ihnen zu, in Ihrer eigenen Erfahrung zu graben, um entsprechende Erlebnisse oder Beobachtungen mit einer Ihnen ganz eigenen Färbung zu finden.

Andererseits verzichte ich weitgehend auf unhandliche Gegenüberstellungen von verschiedenen Denkschulen und deren Positionen sowie den Abwägungen dazu. Dies wäre im Sinne einer wissenschaftlichen Arbeit angebracht, verfehlt jedoch den Zweck dieses Buches. Das Buch soll motivationspsychologische Grundlagen des *Personal Performance Managements* leserlich und verständlich vermitteln und dem Praxisanwender ein vertieftes Verständnis ermöglichen. Daher finden Einordnungen und Abwägungen nur in eingeschränktem Ausmaß und dort statt, wo sie mir für das Verständnis und das Gesamtbild erforderlich erscheinen.

Die Literaturarbeit und den wissenschaftlichen Korpus habe ich ebenfalls bewusst schlank gehalten, um die Darstellung nicht zu überfrachten und die Lesbarkeit zu wahren. Dennoch wollte ich nicht ohne jegliche Quellenverweise arbeiten. Die meisten grundlegenden Gedanken und Erkenntnisse dieses Buches stammen nicht aus meiner eigenen geistigen Werkstatt, sondern sind hier nur neu arrangiert und gelegentlich ergänzt oder vorsichtig erweitert worden. Die Urheber der zugrunde liegenden geistigen Arbeit sollten gewürdigt werden und müssen daher m. E. erkennbar sein. Außerdem sollen Sie die Chance haben, bestimmte Gedanken und Ideen für sich noch weiter in die Tiefe zu verfolgen. Dazu ist es notwendig, Ihnen einen Hinweis zu geben, wo Sie mit der Suche beginnen können. Diese Hinweise finden Sie im Literaturverzeichnis.

Selbstbetrachtungen

Vor den Ausführungen jedes Kapitels sollten wir bei Ihnen beginnen, daher habe ich jeweils zu Beginn eine Box wie diese mit Fragen platziert. Hierbei handelt es sich nicht nur um eine optische Varianz, die den Text auflockern soll. Vielmehr soll eine Zäsur in Ihrem Lesefluss geschaffen werden, die Sie anregt, vor der Beschäftigung mit dem Inhalt des Textes schon einmal nach eigenen (Er-) Kenntnissen und vorhandenem Wissen zu suchen. Einerseits können Sie sich hierdurch auf das Folgende einstellen und andererseits identifizieren und aktivieren Sie Anknüpfungspunkte, an denen die neuen Informationen mit bereits vorhandenem Wissen in Kontakt kommen können. Das Lernen – oder Verinnerlichen – und die kritische Auseinandersetzung werden durch die mentale Vorbereitung verbessert. Daher würde ich Sie bitten, die Fragen langsam durchzugehen und zumindest vor dem inneren Ohr einmal ausformuliert zu beantworten. Die ganz fleißigen Leserinnen und Leser können auch einen Zettel und einen Stift für diese Reflexionsarbeit benutzen.

Die Fragen am Anfang der Kapitel gehen manchmal, aber nicht notwendigerweise, direkt auf die folgenden Inhalte ein. Manche Fragen werden im anschließenden Text direkt aus einer generalisierten Perspektive beantwortet. Sie können dann die verallgemeinerte Antwort mit Ihrer Antwort vergleichen und kommen vielleicht zu einem zusätzlichen Erkenntnisgewinn. Andere Fragen zielen eher grob in die Richtung, in die auch der folgende Text argumentiert. Eine unmittelbare Beantwortung erfolgt nicht. Sie sollten den weiteren Transfer leisten – können das aber auch überspringen. Sofern Sie durch die Kombination von einleitenden Fragen und folgendem Text so weit zum Nachdenken kommen, dass Ihre Gedanken den Text zwischenzeitlich verlassen und in ganz neue Fragestellungen oder zu plötzlichen Erkenntnissen gelangen, ist alles erreicht, was ich mir wünschen kann. Sie würden mir die größte Freude bereiten, wenn es mir gelungen wäre, Ihre Gedanken zum Abschweifen zu bringen. Ich schätze persönlich die Texte am meisten, bei denen die Gedanken nicht beim Text bleiben – egal, ob sie vor lauter Bestätigung abdriften oder in Widerspruch zu dem geraten, was ich gerade gelesen habe. Wenn meine Gedanken auf Grundlage des Gelesenen abdriften, weiß ich, dass ein tiefer Verarbeitungsprozess in Gang gekommen ist. Das wünsche ich Ihnen und hoffe durch das kleine didaktische Mittel der „Selbstbetrachtungen" dazu beitragen zu können.

Wissen und Handwerkszeug

Um hinsichtlich Ihres *Personal Performance Managements* handlungsfähig zu werden, benötigen Sie einerseits *Wissen* und andererseits *Handwerkszeug*. Das mit dem *Wissen* ist einigermaßen einfach. Ich biete Ihnen hier einige „Häppchen" an, die sich vor allem aus der Motivationspsychologie ableiten. Den künstlichen roten Faden werden Sie in der Realität natürlich nicht so eindeutig wiederfinden. In Wirklichkeit ist alles Wissen in einem vielfältigen Netzwerk voneinander abhängiger Informationen verwoben, das immer komplexer wird, je mehr man weiß. Wissen ist nicht linear. Für die weitere Vertiefung der jeweiligen „Infohäppchen" können Sie sich bei den zitierten Quellen bedienen. So können Sie sich mit der Zeit ein ganz stattliches Wissen „erhangeln", das an bereits Vorhandenem anknüpft. Ein anderer positiver Effekt: Sie haben immer etwas Lesestoff zur Hand.

Das angesprochene *Handwerkszeug* ergibt sich dann direkt aus dem Wissen. Dabei vertrete ich einen anderen Ansatz als viele andere Autoren. Kaum etwas liegt mir ferner, als ein Kochbuch der persönlichen Leistungssteuerung zu schreiben. Sie werden nur sehr wenige fertige Rezepte finden, denn ich meine, dass es nicht möglich ist, ein Rezept für so unterschiedliche Menschen zu schreiben – und ich hoffe, die Gruppe der Leserinnen und Leser setzt sich aus vielen sehr verschiedenen Menschen zusammen. Letztlich funktioniert auch die Psychologie nicht wie ein Rezeptbuch. Wie wir sehen werden, sind Sie wahrscheinlich alle sehr unterschiedlich. Manchmal nur in Nuancen, manchmal in wesentlichen Bereichen

Ihres Lebens. Hier ist das Erkennen der erste wichtige Schritt, auf dem sich vieles aufbauen lässt. Manches wird sich sogar von selbst ergeben und darf somit Ihrem persönlichen Erkenntnisprozess überlassen bleiben. Manchmal muss man sich nur die Zusammenhänge verdeutlichen und es ergeben sich von selbst gute Ansätze für Ihr *Personal Performance Management*. Insofern entlasse ich Sie auch nicht aus Ihrer Verantwortung für sich selbst. Ich sage Ihnen nicht, dass Sie es mit diesem oder jenem Trick ganz sicher packen werden. Ich sage: Machen Sie sich auf den Weg. Lernen Sie sich kennen, ergänzen Sie dieses Wissen durch einige ausgewählte motivationspsychologische Erkenntnisse und finden Sie Ihren eigenen Weg.

Exkurse

Ich habe Exkurse in den Text eingeflochten. Diese kleinen „Seitensprünge" sind mal kürzer und mal etwas länger – so, wie es die dahinterstehenden Gedanken jeweils erfordern. Die Exkurse stehen gedanklich in engem Zusammenhang mit dem umgebenden Thema, passen jedoch nicht eindeutig in den roten Faden des Textes. Sie sind so angelegt, dass sie auch als „Infohäppchen" für sich stehen und gelesen werden können. Dabei kommen sie aber nicht immer ohne Querverweise zu anderen Textpassagen aus, da sie quasi zwischen den Themen stehen und auch an anderer Stelle hätten aufgenommen werden könnten. Ohne diese Querverweise wären die Exkurse andererseits selbst zu umfangreich ausgefallen und es hätte einige vermeidbare Doppelungen gegeben.

1.2   Der rote Faden

Seit den Jahren nach meinem Studium zum MBA Performance Management begleitet mich nun der Gedanke, dass bestimmte Erkenntnisse zum *Personal Performance Management* ihren Weg aus mir heraussuchen. So haben sie sich zunächst in Form von Seminaren und Führungskräfteentwicklungen gezeigt. Hier hat die erste Konsolidierung und Strukturierung stattgefunden. Diese Strukturen habe ich dann in einer geradezu gigantischen Mindmap aufgenommen und weitergegliedert. Da hatte sich eigentlich schon gezeigt, dass das Projekt eher aus mehreren Teilen bestehen müsste. Aber ich sah es anfangs nicht und habe drauflosgeschrieben. Nachdem die ersten Absätze zu Papier gebracht waren, kamen bei mir allerdings Zweifel auf. Ich hatte das Gefühl, dass ich die möglichen Leserinnen und Leser überfordern könnte, wenn ich sie einfach ins kalte Wasser schmeiße und nicht zumindest ein paar Grundlagen erklären würde. So habe ich angefangen, hier und da Grundlagen zusammenzutragen. Einiges von dem, was ich mit der Zeit recherchiert hatte, wusste ich vorher selbst nicht oder hätte es eigentlich wissen müssen, habe es offenbar aber schon wieder vergessen – wie sich in der Episode um meinen letzten beruflichen Paradigmenwechsel gezeigt hat. Jedenfalls entstand ein gewisses Durcheinander von Theorien, Grundlagenwissen und den Punkten, mit denen ich zunächst zu schreiben begonnen hatte. Die ersten Schreibversuche zu diesem Buch hinterließen einen ähnlichen Eindruck, wie der Film *Pulp Fiction,* als man ihn das erste Mal gesehen hatte. Da ich kein Quentin Tarantino des Sachbuchgenres bin, habe ich mich auf die Suche nach einem roten Faden gemacht. Dabei musste ich fast zwangsläufig bei den motivationspsychologischen Grundlagen des *Personal Performance Managements* beginnen. Diese haben sich dann im Laufe der Recherchen und vor dem Hintergrund meiner damaligen beruflichen Situation … entwickelt. Irgendwann war mir klar, dass ich richtigerweise vor irgendeinem weiterführenden Projekt zunächst einmal ein Fundament schaffen musste. Dies nicht nur für Sie, liebe Leserinnen und Leser, sondern auch für mich. Und ich muss gestehen, dass sich einige meiner früheren Ideen zu einem Buch während dieser Reise sehr gewandelt haben. Während es sich anfangs noch so anfühlte, als dränge sich dieses Buch vor das Buch, das ich eigentlich schreiben wollte, so habe ich mittlerweile das Gefühl, dass sich die ursprüngliche Buchidee schon komplett verändert hat. Sollte ein weiteres Buch zum *Personal Performance Management* zustande kommen, wird es wohl auch nicht das Buch sein, zu dem ich irgendwann einmal aufgebrochen bin.

Und ich hoffe, dass es Ihnen auch ein bisschen so geht: Ich hoffe, dass Sie sich am Ende dieses Buches auch ein bisschen verändert haben.

Dieses Buch handelt nun von den verschiedenen *inneren Antrieben* –, die uns dazu bewegen, etwas anzustreben oder erreichen zu wollen – manche bezeichnen diesen inneren Antrieb als Leidenschaft. Wir versuchen hier Antworten auf die Fragen hinsichtlich unserer Motive (langfristig) und unserer Motivation (kurzfristig) zu finden. Über unsere Motivstruktur und unsere Motivatoren Bescheid zu wissen, hilft uns, sie gezielter anzusteuern, um damit unser Handeln bewusst so zu lenken, dass wir Zufriedenheit bei dem empfinden, was wir tun. Wesentliche Bestandteile Ihres *Personal Performance Managements!*

Daher werden die **grundlegenden menschlichen Motive** Anschluss, Macht und Leistung und deren Bedeutung für das *Personal Performance Management* vorgestellt. Weil die Grundmotive des Menschen früh angelegt werden, und sich lediglich in großen Zeiträumen entwickeln, sind sie den meisten Menschen nicht selbst bewusst. Wegen ihrer tiefen Wirkung auf das, was wir generell anstreben oder vermeiden wollen, spielen sie für den persönlichen Erfolg, die Leichtigkeit des Handelns und der generellen Zufriedenheit eine besondere Rolle.

Unsere grundlegenden Motive werden jedoch immer wieder durch kurzfristige **Motivation** überlagert. Dies kann dazu führen, dass Dinge, die wir langfristig anstreben, durch spontane Wünsche und Bedürfnisse konterkariert werden. Die aus physischen und psychologischen Bedürfnissen erwachsende Motivation kann die Verfolgung unserer Motive aber auch unterstützen. Die Kenntnis über die psychologischen Mechanismen kann uns dabei unterstützen, Motivation besser zu verstehen und für unsere Zwecke einzusetzen. Motivation nutzbar zu machen, ist ein bedeutender Baustein des *Personal Performance Managements*.

In diesem Zusammenhang werden wir uns zwei **besondere Aspekte von Motivation** näher ansehen. Wir werden prüfen, welche Auswirkungen der *Flow* auf unsere Motivation haben kann – und umgekehrt. Durch den Flow sind weitreichende leistungssteuernde

Eingriffe in den „Motivationshaushalt" möglich. Außerdem werden wir uns mit der Selbst-bestimmungstheorie befassen. Sie gibt uns Hinweise darauf, wie wir unsere Umwelt gestalten sollten, um dauerhaft auf die wichtige Ressource Motivation zurückgreifen zu können.

Ob im beruflichen Kontext oder im Privatleben: **Ziele** setzen wir uns selbst oder werden von anderen gesetzt. Manchmal stimmen sie mit unseren Motiven überein, dann fällt es uns leicht sie zu verfolgen. Stehen sie im Widerspruch zu unseren Motiven, wird es schwierig für uns. Es gilt zu erkennen, ob die Ziele, die wir verfolgen, dauerhaft gegen unsere Motive gerichtet sind. Dann sollte man sich andere Ziele suchen. Oder sind die zu erreichenden, aber für uns problematischen Ziele nur instrumenteller Natur, dienen also der Erreichung übergeordneter Ziele, die wiederum in Deckung mit unseren Motiven sind? Das Verhältnis der sehr bewusst oder von außen definierten Ziele auf Übereinstim-mung mit unseren wenig oder unterbewussten Motiven zu prüfen, ist eine wesentliche Kompetenz des *Personal Performance Managements*.

Werte, Normen und Glaube sind besondere Formen von Motivatoren, Zielsetzungen, aber auch Begrenzungen unseres Denkens. Vor allem ihre Legitimationsfunktion vor uns selbst und wichtigen Gruppen spielt für das *Personal Performance Management* eine große Rolle, weil es hier zu erheblichen Dissonanzen kommen kann. Werte, Normen und Glaube üben eine Langzeitwirkung auf unsere Motive aus und beeinflussen unsere Motive. Stehen diese im Gegensatz zueinander, sind wir nicht dauerhaft leistungsfähig. Andererseits sind Werte, Normen und Glaube auch in der Lage, unsere Leistungsfähigkeit langfristig zu stärken. Vor allem, wenn die freiwilligen Selbstbeschränkungen dieser drei mit unseren Zielen übereinstimmen.

Ich wünsche Ihnen viel Spaß beim Lesen. Suchen Sie sich das Richtige raus und beginnen Sie häppchenweise – das verdaut sich besser.

Performance Management, Leistung und Motivation

2

> **Selbstbetrachtungen**
> Welches Verständnis haben Sie von *Personal Performance Management?* Was bedeutet für Sie Leistung? Wie könnte man sie beschreiben? Was sind die kennzeichnenden Merkmale von Leistung? Was motiviert Sie Leistung zu erbringen?

In diesem Kapitel will ich mich inhaltlich zunächst um den Begriff der Leistung bemühen. Diesbezüglich gibt es nicht nur viel Interpretationsspielraum, sondern auch viele Missverständnisse. Teilweise wird der Begriff sogar stigmatisiert. Bei aller Vorsicht, die geboten sein mag, müssen wir dringend aufpassen, dass wir Leistung nicht in eine „Problemecke" stellen. Es mag gelegentlich anders wirken, aber die Leistung des Einzelnen, von Gruppen und ganzen Gesellschaften werden *immer* eine Rolle spielen. Leistung abzulehnen und die Forderung danach als schädlich für das Individuum abzustempeln, hat das Potential zu einem schwerwiegenden Problem für Unternehmen, Familien und kleine oder große Gesellschaften zu werden. Leistung ist und bleibt etwas Gutes. Leistung grenzt sich *positiv* vom Durchschnitt ab!

Es lässt sich aber nicht verleugnen, dass die Leistungsgesellschaft wirklich problematische Nebenerscheinungen hat. Daher ist viel unter den Schlagworten Arbeitsethos, New Work, Work-Life-Balance, Vereinbarkeit etc. geschrieben, geforscht und gelehrt worden. Für meinen Geschmack haben wir hier allerdings etwas übersteuert. Teils mit der Folge, dass Leistungsdruck *völlig* abgelehnt wird. Man sollte aber nicht den Fehler machen, die Leistungsgesellschaft als abgeschafft zu erklären – oder dies zu fordern –, wie es gelegentlich einige Tages- und Wochenzeitungen, Zeitschriften oder soziale Medien machen. Einige von ihnen meinen diagnostizieren zu können, dass die jüngsten Generationen weder leistungswillig noch die Wirtschaft in der Lage wäre Leistung zu fordern (Stichwort: Arbeitnehmermarkt). Das Phänomen der Leistungsgesellschaft ist in

H. Hilmer, *Motive, Motivation und Ziele im Personal Performance Management*, https://doi.org/10.1007/978-3-662-67844-2_2

einigen Wirtschaftszweigen und Ländern aber äußerst vital – und heute vielleicht genauso relevant wie … schon immer. In einer globalisierten Welt, in der andere Wirtschaften, insbesondere von Staaten und in Regionen, die noch Aufholbedarf haben, überhaupt kein Problem mit Leistung und Leistungsdruck haben, kann die Ablehnung von Forderungen nach Leistung zu einem ernsthaften Problem für unsere eigene Wirtschaft und unseren Wohlstand werden. Wir sollten aufpassen, wenn wir den Berufseinsteigern schon zu Beginn ihrer Karriere den Blumenstrauß an Incentives überreichen, die wir noch gestern unseren verdientesten Mitarbeitern haben zukommen lassen.[1]

Trotzdem hat ein falsches Verständnis von Leistung und Leistungsgesellschaft viele Menschen dazu veranlasst, die eigene gesunde Balance aufzugeben, die vierte Dimension von Leistung – die Zeit oder Dauer – zu vernachlässigen und sie so in den Burnout, die Depression oder andere Belastungsstörungen getrieben.

Vor diesem Hintergrund setze ich mich dafür ein, die Begriffe Leistung und ihr englisches Pendant Performance *richtig (!)* zu definieren. Denn Leistung an sich ist erst einmal nichts Schlechtes – ganz im Gegenteil! Aber es ist richtig, dass man mit Leistungsanforderungen auch reflektiert umgehen muss. Da kommt das Performance Management ins Spiel, und hier im Speziellen das *Personal Performance Management.* Leistungssteuerung – und nicht Leistungsoptimierung – ist der Schlüssel zu einer gesunden, auf Dauer angelegten Leitungsfähigkeit, die sich deutlich von dem absetzt, was noch heute zu Burnout, Depressionen, Zwangsstörungen, Minderleistungen (als Form des Selbstschutzes) und eindimensionalen Lebensläufen führt, die nur auf dem Karrierebein stehen.

2.1   Verschiedene Formen des Performance Managements

Am Anfang unseres Weges durch die motivationspsychologischen Grundlagen des *Personal Performance Managements,* will ich die persönliche Leistungssteuerung in einen größeren Rahmen einbetten. Damit meine Ausführungen vor dem richtigen Hintergrund gelesen und verstanden werden können, muss geklärt werden, in welchem Verhältnis *Personal Performance Management* und Performance Management stehen. Ich werde daher kurz auf verschiedene Ausprägungen des Performance Managements eingehen, um das *Personal Performance Management* zunächst darüber zu definieren, was es nicht ist (via negativa). Vielleicht schon einmal vorweg: Im Gegensatz zu vielen Veröffentlichungen mit dem Schlagwort Performance Management verstehe ich das *Personal Performance Management nicht* als Kennzahlenabstraktion. *Personal Performance Management* ist nur sehr bedingt in Zahlen zu fassen – und jeder Versuch läuft Gefahr in Leistungsoptimierung und nicht in optimierter Leistungssteuerung zu münden.

---

[1] Das ist eine Frage der Relation – wie so vieles, wie wir gleich noch sehen werden.

Corporate und Human Performance Management

Einen großen Teil des bisherigen Verständnisses von Performance Management nimmt die Orientierung an betrieblicher Performance für sich in Anspruch. Dieser Bereich ist vielfältig aufgestellt und bietet Lektüre in unterschiedlicher Breite und Tiefe für die verschiedensten Branchen oder behandelt „das Unternehmen" ganz pauschal als Teilnehmer des wirtschaftlichen Austauschs. Diesen großen Komplex, der sich in den letzten beiden Jahrzehnten weit über die klassische Betriebswirtschaftslehre hinausentwickelt hat, kann man als *Corporate Performance Management* bezeichnen. Dort spielen vor allem technische Kennzahlen (Key Performance Indicators, KPI) eine Rolle. Fächer, wie Accounting & Controlling, Produktions- und Distributionssteuerung oder allgemein die Geschäftsprozessoptimierung, gehören in diesen Bereich. Die Verantwortung für das Corporate Performance Management übernimmt in der Regel das Management in Zusammenarbeit mit entsprechend spezialisierten Fachabteilungen, also Rechnungswesen, Controlling etc.

Neben den Unternehmen selbst werden auch die Mitarbeiter aus Sicht des Unternehmens bzw. der jeweiligen Führungskraft ins Auge gefasst. Hierunter sind in den aktuellen Publikationen vor allem Instrumente zur Diagnose und Steuerung von Leistungsaspekten der Mitarbeiter sowie der mitarbeiterzentrierten Organisationsentwicklung zusammengefasst. Diese Literatur könnte man unter dem Topos *Human Performance Management* zusammenfassen. Maßnahmen des Human Performance Management werden klassischerweise durch das Management, die Personalabteilung, die Fachvorgesetzten und idealerweise in Abstimmung mit den Mitarbeitern geplant. Die Ausführung der geplanten Maßnahmen kann organisationsintern (Einweisungen, Mentoring etc.) oder extern in Schulungen, Trainings oder Coachings erfolgen.

Beiden Ansätzen ist gemein, dass durch Lenkung von außen eingewirkt wird – oder werden soll. Die Einflussnahme erfolgt entweder auf das System, in dem sich die Menschen organisieren (z. B. das Unternehmen oder das Team), oder direkt auf die Menschen. Dabei werden die Menschen weiterhin als Teil des einen Systems gesehen und behandelt. Die Tatsache, dass z. B. die Mitarbeiter eines Unternehmens oder eines Teams in der Regel Bestandteile vieler Systeme wie z. B. Familien, Vereine, Freunde, Buchkreise etc. sind, und dass das Unternehmen möglicherweise nicht das bevorzugte, dominante oder maßgebende System für das Individuum ist, wird dabei häufig ausgeblendet. Darüber hinaus leiden beide Ansätze in meinen Augen unter einer teilweise übertriebenen Zahlenlastigkeit und der Dominanz externer Leistungssteuerung und Leistungsanreize. D. h. nicht, dass die Menschen nicht auch freiwillig an den gesetzten Zielen mitarbeiten würden, vielleicht haben sie sogar selbst einen Anteil an der Ausarbeitung der Ziele des Corporate oder Human Performance Management, aber es bleiben überwiegend fremde Ziele.

Diese beiden Bereiche des Performance Managements werden durch einen dritten Anteil, das *Personal Performance Management,* ergänzt (vgl. Abb. 2.1).

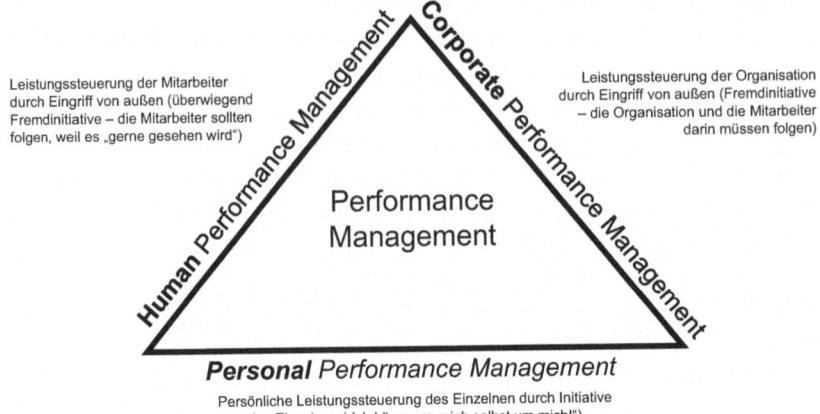

Leistungssteuerung der Mitarbeiter
durch Eingriff von außen (überwiegend
Fremdinitiative – die Mitarbeiter sollten
folgen, weil es „gerne gesehen wird")

Leistungssteuerung der Organisation
durch Eingriff von außen (Fremdinitiative
– die Organisation und die Mitarbeiter
darin müssen folgen)

Abb. 2.1 Verschiedene Formen des Performance Managements

Personal Performance Management fokussiert aus Ihrer Perspektive auf Sie!

Schließlich gibt es das *Personal Performance Management,* das auf Sie aus Ihrer Perspektive fokussiert. Planer, Anwender und Nutznießer von Interventionen im Rahmen des *Personal Performance Managements* sind zunächst einmal Sie selbst. Sicherlich können Sie viele Aspekte, die Ihre persönliche Leistungssteuerung betreffen, auch in Coachings oder Seminaren, Workshops oder sonstigen Lehrveranstaltungen ausbauen und entwickeln. Letztendlich wird aber alles durch Ihre eigene Motivation ausgelöst, angetrieben, gesteuert und letztlich zu irgendeinem Ergebnis gebracht. Natürlich kann Ihre Umwelt ein wichtiger Orientierungspunkt oder Spiegel für Ihre Bemühungen zur persönlichen Leistungssteuerung sein. Und ganz sicher werden sich Ihre Bemühungen in diesem Feld auch in Ihrem sozialen Umfeld – ob beruflich oder privat – auswirken. Das bleibt nicht aus. Für Ihr *Personal Performance Management* bleiben Sie jedoch Ausgangs- und Endpunkt in einem.

In unserem Studium zum MBA Performance Management (heute: MBA Performance Leadership) haben meine Kommilitonen und ich drei Facetten des *Personal Performance Managements* kennengelernt. Die persönliche Potenzial- und Führungsstilanalyse, das persönliche Ressourcenmanagement und die persönliche Handlungsregulation haben den Rahmen dieses Lehrfachs gebildet. Natürlich ist das nur ein Ausschnitt aus dem breiten Spektrum dessen, was wir unter *Personal Performance Management* verstehen können. Aber auch an diesem kleinen Teil des Ganzen kann man erkennen, wo die Schwerpunkte der persönlichen Leistungssteuerung liegen: Analyse, Selbsterkenntnis, Planung und Anwendung – immer bezogen auf die eigene Person.

Über die Jahre der theoretischen und praktischen Auseinandersetzung hat sich mein Verständnis von *Personal Performance Management* immer weiterentwickelt. Einen großen Anteil daran hatte einerseits die Lektüre der betreffenden Literatur, aber auch etwas, was für das *Personal Performance Management* unerlässlich ist: die Selbstreflexion. Das, was ich heute unter *Personal Performance Management* verstehe, ist daher sehr viel vielgestaltiger als meine ersten (vor-) strukturierten Kontakte mit diesem Thema.

Ich will in diesem Buch versuchen, motivationspsychologische Grundlagen für Ihr *Personal Performance Management* zu legen. Dabei bleibt es nicht aus, dass ich viele Dinge *nicht* ansprechen kann. Manche Aspekte, die sicherlich erwähnenswert wären, sind dem Gedanken zum Opfer gefallen, dass ich mit den interessierten Leserinnen und Lesern nicht den zweiten vor dem ersten Schritt machen möchte. Schon gar nicht möchte ich mit den klassischen Themen des Selbst- und Zeitmanagement beginnen. Die Inhalte betreffender Kurse, Seminare oder Workshops setzen nach meiner Einschätzung am Ende an und lassen viele wichtige grundlegende Gedanken und Erkenntnisse aus. So werden Lösungen präsentiert und angeboten, bevor überhaupt die entscheidenden Fragen gestellt worden sind: Was sind die persönlichen Voraussetzungen? Was können die Teilnehmer und Teilnehmerinnen über sich sagen? Was wissen sie überhaupt über sich und ihre Beweggründe? Kennen sie die Ursprünge für die Spannungen, die sie in diesen Kurs „getrieben" haben?

Mit diesem Buch will ich versuchen es besser zu machen. Sie werden bei der Lektüre eine ganze Menge verschiedene Aspekte vorgestellt bekommen, die alle in der persönlichen Leistungssteuerung eine Rolle spielen. Da diese miteinander in Wechselwirkung stehen, entsteht ein überaus komplexes Geflecht von Abhängigkeiten und Einflussnahmen, die durch den angebotenen roten Faden nur scheinbar strukturiert und geordnet werden können.

Meine Ausführungen zu den motivationspsychologischen Grundlagen des *Personal Performance Managements* sollen Sie befähigen zu verstehen, was Sie motiviert zu tun, was Sie tun. Und warum Sie manchmal von Ihren Zielen abgelenkt werden. Das Buch soll Sie mit Informationen versorgen, die es Ihnen ermöglichen, Ihre Leistung zu steuern und nicht ständig nur zu steigern.

2.2 Leistung – eine notwendige Vertiefung

Nachdem ich mich eine Weile mit dem Leistungsbegriff beschäftigt hatte, wollte ich eine Vertiefung hierzu eigentlich ganz umgehen. Denn was Leistung ist, wird in den verschiedenen wissenschaftlichen Disziplinen teilweise unterschiedlich und untereinander kaum vermittelbar beantwortet. Die vielen Definitionen unter einen Hut zu bringen ist daher kaum möglich und würde einige Kompromisse erfordern, die dem Verständnis von Leistung im jeweiligen Fall keinen Gefallen täten. Außerdem wäre dieses Vorgehen für den Gebrauch in diesem Buch gänzlich ungeeignet. Aber ich denke mir auch, dass jemand, der ein Buch über die Grundlagen des *Personal Performance Managements* in die Hand nimmt, hinterher auch wissen will – und sollte –, was es mit dieser Performance, also Leistung, auf sich hat. Daher will ich einen (sehr) kurzen Parforceritt durch die Begriffswelt der Leistung in den Disziplinen Psychologie, Management und Sport machen. Andere Leistungsbegriffe, wie beispielsweise den physikalischen, habe ich dabei bewusst außer Acht gelassen.

Außerdem will ich mich das erste, aber nicht letzte Mal wiederholen und zu bedenken geben: Wir sprechen in diesem Buch nicht in erster Linie davon „Leistungsoptimierung zu steuern", sondern davon, eine „Optimierung der Leistungssteuerung" zu erreichen! Das sind die gleichen Worte, sie meinen aber etwas völlig Unterschiedliches.

Leistung in der Psychologie oder auch in der Managementlehre definiert sich durch den besonderen Einsatz von Fähigkeiten, Fertigkeiten und Anstrengungen, um ein bestimmtes Ziel zu erreichen. Wird ein Ziel ohne eine besondere *Anstrengung* erreicht, z. B. durch gegebene Talente oder reinen Zufall, so spricht man in der Psychologie oder auch Managementlehre nicht von Leistung. So verstanden ist *Leistung ein Gütekriterium.* Leistung erhebt das Besondere über das Normale.[2] Wenn jemand als „leistungsstark" beschrieben wird, bringt man damit zum Ausdruck, dass diese Person eher als die meisten anderen Menschen in der Lage ist, Ziele auch *gegen äußere und/oder innere Widerstände oder Handicaps* zu erreichen. Leistungsstärke ist somit immer auch in einem bestimmten Grad mit Durchsetzungsstärke verbunden.

Wie auch in Psychologie und Management, definiert sich **Leistung im Sport** durch die Überwindung von Hindernissen. Auch dort wird ein zufällig erreichtes Ziel nicht als Leistung betrachtet. Es geht darum, Widrigkeiten, Konkurrenten, Bestzeiten oder physische Hindernisse zu überwinden und hinter sich zu lassen. In Mannschaftssportarten geht es darüber hinaus auch darum, Gegner, die die eigene Zielerreichung behindern, zu überwinden und diese durch eigenen Einsatz an der Erreichung ihrer Ziele zu hindern. Hinzu kommt bei den Mannschaftssportarten, dass nicht nur der eigene Körper, sondern eine ganze Mannschaft koordiniert werden muss. Beim Sport spielen neben den physischen also auch psychische und mentale Anforderungen und Herausforderungen eine wesentliche Rolle bei der Leistungserbringung.

Die Psychologie und die Erfahrungen im Sport lehren uns, dass Angst, Wut, Zorn, Zweifel, Euphorie, Siegestaumel, Enttäuschung, Freude, Anspannung, Übermut, Aggression, Apathie, Versagensangst, Hochmut, Arroganz … und viele weitere Nuancen des positiven wie negativen Gefühlslebens eine herausragende Bedeutung für die Leistungserbringung haben. Auch an ihrer „Bewältigung" kann man Leistung ablesen. So würde ich einem ausgemachten „Heißblut", der sich im Dienst der Mannschaft zurücknimmt, immer

---

[2] „Das Normale" wird nicht durch irgendeine Person, Gruppe oder Instanz definiert. „Das Normale" ist – entgegen der sprachlichen Intuition – nicht normativ, also *regelgebend,* zu verstehen, sondern deskriptiv, also regelbeschreibend! In unserer Wahrnehmung wird meistens das Übliche oder Überwiegende als „normal" verbucht. In den skandinavischen Ländern ist es eher normal, helle Haut und helles Haar zu haben, während man es in nordafrikanischen Ländern eher als normal ansehen würde, wenn man Menschen mit dunklerer Haut und dunklem Haar trifft. Ein blasshäutiger, blonder Mensch, der einen marokkanischen Pass hat, ist weniger normal, als wenn dieser sich als dänischer oder schwedischer Staatsbürger herausstellen würde. Unsere Erwartungen an eine Sache, eine Person oder eine Situation geben uns einen Hinweis darauf, was – für uns! – normal ist.

einen persönlichen Leistungsnachweis ausstellen[3] – auch wenn andere in rein körperlicher Hinsicht leistungsfähiger sind. Das Körperliche ist beim Sport eben nur *ein* Aspekt.

Neben dem Gesichtspunkt der erfolgreichen Überwindung von Hindernissen – gleich welcher Art – spielt noch ein weiterer Aspekt in das Verständnis von Leistung hinein: die *Entwicklung bzw. die Erfüllung von Erwartungen*. Leistung wird danach nicht absolut verstanden, sondern bemisst sich einerseits an den Zielen und andererseits an den Voraussetzungen, die zur Zielerreichung zur Verfügung standen. Wenn wir jemanden als leistungsstark beschreiben wollen, dürfen wir also nicht nur danach fragen, welche Hindernisse, Widerstände oder Handicaps zu überwinden waren, sondern auch: Woher kommst du? Was waren deine Ziele? Wie groß ist die Distanz, die zur Zielerreichung zurückgelegt wurde? Welche Mittel hattest du dafür? Und: was hast du aus dem gemacht, was dir gegeben war?

Ein solches Verständnis erlaubt es Menschen, die absolut gesehen so scheinen, als hätten sie in ihrem Leben nicht viel erreicht, als überaus leistungsfähig zu erkennen. Wer von ganz unten kommt und ein mittleres Niveau erreicht hat, hat womöglich eine größere Leistung vollbracht als jemand, der bereits recht weit oben war und immer dortgeblieben ist.

Daher sollte Leistung m. E. überhaupt nicht absolut definiert werden, wie es einige Menschen immer wieder tun (wollen). Leistung ist vor allem relativ zu definieren. Leistung erbringt man in Relation zu seinen Möglichkeiten oder zu seiner Bezugsgruppe – egal, ob dies nun Konkurrenten oder Mitstreiter sind. Wenn ich nach Leistung frage, dann muss ich also auch immer nach dem Bezugspunkt und dem Bezugssystem fragen, in dem Leistung erbracht wird.

Dieses Verständnis von Leistung wollen wir den Ausführungen in diesem Buch zugrunde legen und werden danach fragen, welche motivationalen Aspekte maßgeblich an unserer Leistungserbringung beteiligt sind.

2.3   Was treibt mich an? Erkenne dich selbst!

Wissen Sie, wie Sie ticken? Was bewegt Sie? Was treibt Sie an? Wie gut kennen Sie sich? Diese Fragen sollten tiefer gehen, als Sie womöglich denken. Sie sind grundsätzlicherer Natur, als Sie vermuten. Und sie gehen darüber hinaus, nur die persönlichen Stärken und Schwächen zu kennen oder benennen zu können, was man gerne möchte oder welche Ziele man verfolgt. Diese Fragen zu beantworten, steht am Anfang jedes *Personal Performance Managements*. Die Antworten auf diese Fragen stellen uns bei unseren Bemühungen zur persönlichen Leistungssteuerung erst auf ein solides Fundament. Vernachlässigen wir die Beantwortung dieser Fragen, laufen wir Gefahr, wie der sprichwörtliche Riese auf tönernen Füßen etwas aufzubauen, das leicht wieder zu Fall gebracht werden kann.

---

[3] ... was ich auch schon getan habe.

Zwar muss jeder Mensch diese Fragen ganz individuell für sich beantworten. Dennoch gibt es gewisse Regelmäßigkeiten in der Natur des Menschen, die sich systematisch erklären lassen. Vor allem Psychologen und Verhaltensforscher bemühen sich darum, herauszufinden, was in unserem Kopf so vor sich geht. Dabei kristallisieren sich immer wieder bestimmte Muster heraus, die in Theorien und Erklärungsansätze gegossen werden, von denen Sie sicherlich ein paar kennen. Das Schöne an diesen Theorien und Erklärungsansätzen ist, dass sie bei so vielen Menschen so vieles erklären. Jeder Einzelne von uns kann aber auch zu jeder dieser Theorien feststellen, dass irgendetwas daran nicht auf die persönliche Situation passt – zumindest nicht exakt. Manchmal weicht das individuelle Verhalten von Menschen aber auch in erschreckend vielen Details von den Modellen ab, sodass man zu dem Schluss kommen muss, dass das alles nur Humbug ist. Und dennoch können der Antrieb und das daraus resultierende Verhalten der Menschen im Allgemeinen, also z. B. als Ansammlung von Individuen oder als Individuen, über einen bestimmten Zeitraum betrachtet ganz gut beschrieben und sogar vorausgesagt werden. Komisch, oder?

Grundlage für diese Vorhersagen und Beschreibungen sind Beobachtungen, die im Laufe der Zeit erforscht, gesammelt und unter bestimmten Fragestellungen immer weiter vertieft wurden. Mit der Zeit haben sich so Grundmotive menschlichen Verhaltens herauskristallisiert, die viele unserer Handlungen erklären können. Unsere Motive sind das, was uns Impulse in eine bestimmte Richtung gibt, eine Tendenz, die unser Handeln in vielen Situationen in gewisser Weise „prädestiniert". Andererseits wissen wir aber auch – und die Forschung bestätigt dies –, dass wir uns immer wieder abweichend zu diesen Motiven verhalten. Was veranlasst uns dazu, unseren Weg zu verlassen und eine andere Richtung einzuschlagen? Warum ist es so schwierig, die eigenen „wahren" Ziele zu erkennen? Und wenn wir sie einmal gefunden haben: Warum können wir sie dann nicht konsequent verfolgen?

Für die Suche nach einem Weg zum *Personal Performance Management* ist die Beantwortung solcher Fragen von grundlegender Bedeutung, weil die Richtung, in die wir uns bewegen, zwangsläufig festlegt, wo wir ankommen. Und die Stärke des Antriebs, dem wir folgen, bestimmt unsere Erfolgswahrscheinlichkeit – oder die Wahrscheinlichkeit, auf dem eingeschlagenen Weg auszulaugen und uns abzukämpfen. Zu wissen, wo es uns hintreibt, mit welchen Mitteln wir dort hingelangen können und wie stark wir uns dabei (von außen?) treiben lassen, hilft uns den Kurs zu bestimmen, ihn zu halten und bei Bedarf auch das Tempo zu forcieren oder zu drosseln. In den folgenden Kapiteln will ich Ihnen ein paar Basics an die Hand geben, damit Sie für sich klären können, was Sie antreibt. Wenn Sie wissen, was Sie antreibt, können Sie abschätzen, wo es Sie hintreibt. Wenn Sie wissen, wo es Sie hintreibt, können Sie jederzeit prüfen, ob Sie auf dem richtigen Weg sind, oder vielleicht eine Kurskorrektur erforderlich ist.

Um die erforderliche „Selbsterkenntnis" zu erlangen, habe ich einen kleinen Crash-Kurs durch die Motivationspsychologie vorbereitet. Nicht allzu tief, aber tief genug, um

Sie mit konkreten Modellen auszustatten, mit denen Sie arbeiten können. So werde ich im Wesentlichen zwischen Motiven und Motivation unterscheiden.

▶ **Motive und Motivation** Für den Zweck dieses Buches unterscheide ich zwischen Motiven und Motivation. Dies geschieht in der Literatur nicht immer und wenn, dann nicht immer stringent und in der gleichen Weise. Diese Unterscheidung ist aber überaus nützlich, wenn man Ansatzpunkte für sein *Personal Performance Management* finden möchte. Daher biete ich an dieser Stelle folgende Abgrenzung zwischen Motiven und Motivation an. Auf dieser Grundlage werde ich dann meine weiteren Ausführungen aufbauen.

▶ **Definition Motive** sind grundsätzlich in uns angelegt. Hier gibt es drei bestimmte Motive, auf die sich die Forschung weitgehend einigen konnte. An ihnen sollen sich die Betrachtungen in diesem Buch orientieren. Ihre Gewichtung untereinander und damit ihr Einfluss auf unser Leben wird meist in der frühen Jugend angelegt bzw. geprägt. Sie sind dann relativ zeit- und kontextstabile Dispositionen unseres Handelns und bestimmen unser Streben mittel- und langfristig. Motive gelten jedoch als grundsätzlich änderbar. Grundlage solcher Änderungen können z. B. Erfahrungen oder die Sozialisationen durch das persönliche Umfeld sein

▶ **Definition Motivation** hingegen ist ein situationsabhängiger und/oder emotionaler Zustand, der unser Handeln unmittelbar im Hier und Jetzt antreibt und lenkt. Die Ausrichtung der Motivation ist komplex und kann sich sowohl an biologischen als auch an psychologischen Bedürfnissen orientieren. Zudem kann sie aus dem Menschen heraus (intrinsisch) oder von außen (extrinsisch) wirken. Besonders starke motivationale Effekte werden durch Emotionen erzielt

Die nächsten Kapitel

In den Kapiteln „Grundlegende Motive menschlichen Handelns" und „Spontane Motivation in der Situation" werden die Begriffe Motiv und Motivation für den praktischen Gebrauch noch weiter aufgeschlüsselt und eingeordnet. Hierbei wird uns beschäftigen, inwiefern es sinnvoll ist, seine persönlichen Motive zu kennen, um das Leben generell darauf auszurichten. Daraus ergeben sich nämlich Antriebstendenzen unseres Handelns, die uns manche Dinge leichter machen lassen, während wir bei anderen Handlungen die „angezogene Handbremse" zu spüren bekommen oder gar Abneigungen empfinden. Von besonderem Interesse wird es sein, welche Rolle Emotionen für unser Handeln spielen.

In Kap. „5 Besondere Perspektiven auf Motivation" werden wir uns dann fragen, wie wir in einen Zustand des Flows geraten (können) und welche Auswirkungen dies auf unsere Leistungserbringung hat. Außerdem schauen wir, welche praktischen Ergänzungen uns die Selbstbestimmungstheorie mit Blick auf unsere grundlegenden Motive und spontane Motivation bieten kann.

Die Kapitel „Das Verhältnis von Zielen und Motiven" sowie „Und was ist mit Werten, Normen und Glaube?" sollen noch einmal Einordnungen wichtiger Begriffe in den Kontext der motivationspsychologischen Grundlagen des *Personal Performance Managements* schaffen. Die Auseinandersetzung mit dem Verhältnis von Zielen und Motiven ist wichtig, weil unser Leben immer wieder von eigenen und fremden Zielen durchzogen ist und davon bestimmt wird. Daher soll diesem Verhältnis noch einmal ein eigener Raum gegeben werden. Werte, Normen und Glaube spielen im Leben der meisten Menschen ebenfalls in irgendeiner Weise eine wichtige Rolle und bestimmen motiviertes Handeln. Diese wichtigen Faktoren „bewegten" Handelns sollen nicht ausgelassen werden. Daher werde ich sie in die hier vorgestellten motivationspsychologischen Grundlagen einzuordnen versuchen.

Grundlegende Motive menschlichen Handelns

3

Selbstbetrachtungen

Was treibt mich an? Tue ich die Dinge gerne mit anderen zusammen? Bin ich gerne im kollegialen Austausch mit meinen Mitmenschen? Kann ich gut delegieren? Welche Rolle spielt Status bei meinen (Karriere-) Überlegungen? Definiere ich mich über meine Trophäen? Wenn eine Sache gerade abgeschlossen ist, bin ich dann schon wieder auf der Suche nach neuen Zielen?

Welche Dinge vermeide ich gerne? Was zieht mich an? Wonach strebe ich? Wer ist schuld, wenn ich versage? Die anderen oder ich? Wem schreibe ich meine Erfolge zu? Sind es die Umstände oder habe ich etwas dazu beigetragen?

Kenne ich die Gründe, warum ich etwas tue? Habe ich diese Gründe „geerbt"? Oder habe ich sie in mir selbst gefunden? Sind sie mir überhaupt alle bekannt? Habe ich das Gefühl, dass bestimmte Motive für mein Handeln noch unerkannt sind?

Die Psychologie diskutiert bereits seit ihrem Bestehen darüber, was den Menschen bewegt (motiviert). Die Suche nach den Triebfedern unseres Handelns ist sogar noch viel älter als das Fach der Psychologie und reicht mindestens bis in die Antike zurück. Schon damals haben sich die Menschen gefragt, was uns nach dem höchsten, dem letzten Ziel streben lässt. Die alten Philosophen, wie Aristoteles, Platon oder Epikur, waren der Ansicht, dass der höchste Beweggrund das Empfinden von Glück sei. Alle anderen Gründe leiteten sich lediglich aus dem Glück ab bzw. führten zu ihm hin. Die modernere Motivforschung hat sich der Sache dann später differenzierter angenommen, was dazu geführt hat, dass die Listen menschlicher Handlungsmotive teilweise recht lang und mitunter unübersichtlich wurden. In den 1920er-Jahren kursierten sogar Listen, die bis zu 14.000 (!) Motive menschlichen Handelns aufführten. Das Wandern und das Lachen waren einmal neben vielen weiteren Motivatoren in einem Katalog über die menschlichen Beweggründe enthalten (Westerhoff, 2010). Wandern und Lachen sind zwar sehr entspannend und sie haben auch nachweislich positive Effekte auf Psyche und Physis, aber zu den universellen Motivatoren werden sie nicht mehr gezählt. Henry Alexander Murray, einer der Pioniere der modernen Motivationspsychologie, hat in den 1930er-Jahren 20 „psychogene Bedürfnisse" ausformuliert und diese den biologischen Bedürfnissen gegenübergestellt (vgl. Brandstätter et al., 2018; Scheffer & Heckhausen, 2018).

Wie viele Motive es tatsächlich gibt, darüber sind sich die Psychologen (noch) nicht einig (vgl. Brandstätter et al., 2018; Heckhausen & Heckhausen, 2018; Zimbardo et al., 2016). Die Diskussion darüber wird aber in Gang gehalten (Staller & Kirschke, 2019). Zumindest gibt es aber einen weitgehenden Konsens darüber, dass wenigstens drei Motive bei allen Menschen grundlegend sind. **Macht**, **Anschluss/Zugehörigkeit** und **Leistung** sind Motive, die uns alle offenbar in irgendeiner Weise antreiben. Sie sind besonders in der Arbeits- und Organisationspsychologie (A&O-Psychologie) intensiv untersucht worden.

Da wir einen großen Teil unseres Lebens bei der Arbeit verbringen, spielen Überlegungen aus der A&O-Psychologie eine wichtige Rolle für unser Leben. Darüber hinaus lassen sie sich auch in unser privates Leben übertragen. Das Ziel der A&O-Psychologie ist, die Arbeit in den Organisationen möglichst optimal für alle Beteiligten (mindestens Arbeitgeber, Arbeitnehmer und Kunden) zu organisieren. Dies erfordert u. a. die Kenntnis über die *Motivstruktur* der Mitarbeiter. Denn bezüglich unserer Motivstruktur hat man festgestellt, dass es individuelle Unterschiede der Bedeutung der Motive für unser Handeln gibt. Grundsätzlich lassen wir uns zwar alle von jedem der drei Grundmotive antreiben, unterscheiden uns jedoch in der Gewichtung der Motive untereinander. So dominiert meist eines oder auch mal zwei gegenüber dem oder den anderen Motiv(en). Je nachdem, ob mich eher Macht-, Anschluss- oder Leistungsmotiv leiten, sollte meine Arbeit unterschiedlich gestaltet sein, um einerseits die Arbeitszufriedenheit, andererseits aber auch die Arbeitsleistung zu verbessern. Eine höhere Arbeitszufriedenheit wirkt sich nachweislich positiv auf die Anwesenheitszeiten aus – oder andersherum: die Abwesenheitszeiten sinken. Außerdem ist die Fluktuation in Unternehmen und Organisationen mit hoher Arbeitszufriedenheit niedriger, während die Produktivität höher ausfällt (vgl. Schultz & Schultz, 2006; Zimbardo et al., 2016). All dies wirkt sich positiv für die Arbeitgeber, Arbeitnehmer und Kunden aus.

Da sich die grundlegenden psychologischen Motive der Menschen beim Verlassen der Arbeit nicht plötzlich ändern, lehnt man sich nicht zu weit aus dem Fenster, wenn man schließt, dass eine höhere Zufriedenheit nicht nur bei der Arbeit, sondern auch im Leben allgemein u. a. zu mehr Konstanz (Stetigkeit), Durchhaltevermögen, Engagement und Gesundheit führt. Eine Übertragung des Motivmodells aus der Arbeitswelt in den Bereich der Freizeit und des Hobbys ist m. E. außerdem absolut zulässig, wenn man sich einmal vor Augen führt, was Menschen dazu veranlasst, einen Sport auszuüben oder ehrenamtlich gemeinnützigen Organisationen oder Vereinen beizutreten und in ihnen aktiv zu werden. So veranlasst Menschen das *Leistungs- und Anschlussmotiv* z. B. einen Mannschaftssport auszuüben. Für einige Menschen mögen die Erweiterung der eigenen Leistungsgrenzen, der Vergleich mit anderen oder die Erreichung bestimmter Leistungsziele, wie z. B. Rekorde, Bestzeiten, die Teilnahme an Meisterschaften und dergleichen, Anreiz für die Ausübung einer Sportart oder eines anderen Hobbys sein. Andere suchen den Anschluss an eine Gruppe oder genießen die gemeinsame Identifikation mit bestimmten Werten oder Zielen. Ihnen ist womöglich das Kaltgetränk nach dem Training wichtiger als das Training selbst. Das *Machtmotiv* kann man bei dem einen oder anderen Funktionär entdecken, der gerne die Führung übernimmt, um die generelle Richtung der Entwicklung eines Teams, des Vereins oder der Organisation mitzubestimmen. Ähnliche Übertragungen lassen sich für viele andere Lebensbereiche herleiten.

Unsere Motivstruktur ist wandelbar

Trotz der relativen Stabilität der Motive und ihrer Gewichtung untereinander sind sie nicht unveränderbar. Es gibt Hinweise darauf, dass unsere Motivstruktur in einem gewissen Umfang genetisch vorbestimmt ist. Was uns jedoch mitgegeben worden ist, ist später noch veränderbar (vgl. z. B. Busch, 2018; Brandstätter et al., 2018). Im Laufe unseres Lebens lernen wir Neues oder machen Erfahrungen, die zu einer Änderung unserer Bewertungsgrundlagen führen können. Dann ist eine Verschiebung unserer Motive möglich (Zimbardo et al., 2016). Ein Aspekt, der geeignet ist, zu einer Neuausrichtung der Gewichtung unserer Motive zu führen, ist das soziale Umfeld, in dem wir uns regelmäßig aufhalten. Die Familien, in die wir hineingeboren wurden, tragen einen großen Teil dazu bei, welche Motive unsere Leben mindestens am Anfang besonders bestimmen. In der Jugend wird diese „Prägung" durch die ersten Freundeskreise auf die Probe gestellt und ggf. auch das erste Mal verändert (vgl. Heckhausen & Heckhausen, Motivation und Handeln, 2018).

Vielleicht haben Sie auch schon einmal die Spannung zwischen den verschiedenen Anforderungen Ihrer sozialen Umwelten erlebt, wenn sich Ihre Freunde z. B. gerne regelmäßig mit Ihnen verabreden wollen (Anschluss), Sie aber ebenso regelmäßig absagen müssen, weil Sie für Ihren Sport trainieren wollen (Leistung)?! Die Entscheidungen, die wir in diesen Situationen treffen, sagen einiges über unsere Motivstruktur im Moment der Entscheidung aus. (Später werden wir sehen, dass hier jedoch auch situative Aspekte [Motivation] einen gehörigen Einfluss haben.) Während der Ausbildung, bei der Ausübung von Hobbies, dem Studium und später im Berufsleben können noch einmal Veränderungen unserer Leitmotive entstehen. Nach dem Motto „Love it, change it or leave it" fühlen wir uns z. B. in unserem derzeitigen (beruflichen) Umfeld wohl, ändern es oder uns oder verlassen es. Begleitet durch bestimmte Erfahrungen oder Einsichten können wir unsere Motive dann den Gegebenheiten bewusst oder unbewusst anpassen.

Sich dauerhaft gegen seine Motivstruktur zu verhalten, schadet uns mindestens auf der psychischen Ebene. Wenn wir einen großen Teil unseres Lebens in einem stark leistungsorientierten Umfeld verbringen müssen, obwohl wir vielleicht eher anschlussorientiert sind, spüren wir Spannungen, die wir nicht ohne Weiteres auflösen können. Hier Entspannung zu finden, z. B. durch Ausgleichs- und Ersatzhandlungen an den viel zu kurzen Wochenenden, durch Relativierungen oder Rationalisierungen (etwas platt: Schönreden), kostet uns Kraft und Aufmerksamkeit, die wir besser anders einsetzen könnten. Daher ist es wichtig, sich selbst die Frage zu stellen, wie man eigentlich tickt. Also wie ticken Sie? Was treibt Sie an? Ist es das Streben nach Macht? Die Suche nach Anschluss? Oder die Jagd nach Rekorden?

Geld als Handlungsmotiv?

Die Motive Macht, Anschluss und Leistung sind natürlich nur die Spitze des Eisbergs. Vieles deutet darauf hin, dass es neben diesen Motiven noch weitere Motive gibt, von denen wir unser Handeln leiten lassen (Heckhausen & Heckhausen, 2018; Staller & Kirschke, 2019). Neugier ist z. B. ein guter Kandidat für eine dauerhafte Erweiterung dieses Modells.[1] Aber was ist mit Geld? Werden nicht einige Menschen eindeutig von dem Streben, immer mehr Geld anzuhäufen angetrieben? Wie anders ist ein Phänomen wie die Habgier zu erklären? Wovon werden Menschen angetrieben, die ganz offensichtlich allein zum Zwecke ihrer eigenen Bereicherung anderen Menschen „das Geld aus der Tasche ziehen", Vorteile eiskalt ausnutzen oder Umweltschäden in Kauf nehmen, um den eigenen Gewinn in die Höhe zu treiben?

Neben Persönlichkeitsstörungen wie Narzissmus oder Psychopathie finde ich vor allem eine Erklärung: Geld ist ein Äquivalent! Je nach Deutung kann man in Geld eine ganze Menge sehen. „Zeit ist Geld" heißt es. Dies spielt natürlich darauf an, dass ein Kaufmann oder ein Dienstleister zumindest im Rahmen seines Business keine Zeit zu verschenken hat. In jedem Moment, den man für etwas einsetzt, könnte man auch an anderer Stelle (mehr) Geld verdienen. Und häufig ist es auch der Faktor Zeit, der ein gutes von einem schlechten Geschäft unterscheidet. Als Arbeitnehmer erleben wir ebenfalls regelmäßig den Tauschwert von Zeit – in Verbindung mit einer gewissen Expertise auf einem bestimmten Spezialgebiet. So gewähren wir unseren Arbeitgebern neben unserem Wissen und unseren Fähigkeiten auch einen bestimmten Teil unserer Zeit. Geld ist in diesem Sinn also „nur" ein Äquivalent für Zeit und Wissen bzw. Fähigkeiten. Wir hingegen nehmen das Geld, um es an anderer Stelle für etwas einzutauschen, das ansonsten außerhalb unserer Möglichkeiten läge. Geld ist in diesem Sinne also nicht das eigentliche Ziel unseres Handelns, sondern dient einem anderen – höheren – Zweck.

Darüber hinaus kann Geld aber auch *Ausdruck für etwas* sein. Mit einer besonderen Tüchtigkeit oder guten Ideen, die einem pfiffigen Verstand, langem Nachdenken o. Ä. entspringen, lässt sich Geld verdienen. So sehen wir reiche Menschen vielleicht als besonders leistungsstark an, weil das Geld ja irgendwo hergekommen sein muss (Leistungsmotiv). Wir wissen aber auch, dass man sich mit Geld große Vorteile erkaufen kann – sogar legal (Machtmotiv). Und „die Reichen" sehen dies ebenso – nur eben aus ihrer Perspektive. Geld ist ein wunderbarer Vergleichsmaßstab, ein Anzeiger, weil er so einfach ist. Zahlen kann

---

[1] „Wissensdrang" gehörte zum erweiterten Kreis der Liste psychogener Bedürfnisse, die Henry A. Murray in den 1930er-Jahren aufgestellt hat. Neben einigen weiteren hat er Neugier im Gegensatz zu den erwähnten 20 psychogenen Bedürfnissen jedoch nie eingehend untersucht und ausformuliert (Scheffer & Heckhausen, 2018).

fast jeder vergleichen und für Rückschlüsse nutzen. Die meisten Menschen mit viel Geld haben ein recht gutes Zahlenverständnis und können sich daher anhand des Kontostandes, der Größe des Autos, des Anwesens oder was auch immer mit anderen Menschen vergleichen. So eignet sich Geld für Menschen, die sich durch Macht oder Leistung motivieren lassen als hervorragendes Instrument, den eigenen Wert im Vergleich zu anderen Menschen zu ermessen. Damit wird allerdings auch klar, dass Menschen, die eher durch das Anschlussmotiv angetrieben werden, Geld keinen derart außerordentlichen Wert beimessen (können). Der Wert von guten Beziehungen und dem Gefühl von Gemeinschaft lässt sich einerseits schwer mit Geld messen. Anderseits ist es für Menschen mit einem starken Anschlussmotiv auch nicht legitim dies zu versuchen.

Geld, das wird im Zusammenhang mit den Erläuterungen zum Begriff der Motivation vielleicht noch klarer, eignet sich bei vielen Menschen als kurzfristige Motivation. Nicht zuletzt, weil Geld aufgrund seines hohen Tauschwertes und seiner sehr flexiblen Einsatzmöglichkeiten für viele Menschen eine absolute Notwendigkeit ist. Aber eben auch wegen seiner Eignung als Vergleichsmaßstab – für diejenigen, die sich gerne vergleichen.

Geld ist ein Äquivalent – nicht mehr. Daher würde ich Geld oder Geldverdienen niemals als grundlegendes Motiv des Menschen betrachten. Zumal die Geldwirtschaft auch ein viel zu junges Phänomen der menschlichen Gesellschaften ist, als dass es einen besonders tiefen Einzug in unsere Motivstrukturen genommen haben könnte.

Aber das Verantwortungsgefühl treibt mich doch an?!
Von vielen Menschen, die ich bisher kennenlernen durfte, könnte man sagen, dass sie in besonderem Maße verantwortungsbewusst sind. Sie leben die Wahrheit, dass aus ihrer besonderen Begabung für bestimmte Dinge auch eine besondere Verantwortung erwächst, diese Begabungen einzusetzen. Dies nicht zum eigenen Nutzen, sondern zum Nutzen anderer. Bei manchen Menschen beziehen sich diese Begabungen auf bestimmte Fähigkeiten im Umgang mit Computern, bei anderen ist es die besondere Nähe zu Tieren, die sie auszeichnet. Diese Menschen scheinen mitunter mehr zu geben, als sie bekommen. Und es scheint bei ihnen auch keine auf späteren Profit ausgerichtete Wette auf die Zukunft zu sein, wenn sie sich für den Umweltschutz, die Rechte anderer oder die Rettung von verwaisten Tierkindern einsetzen. Liegt hier vielleicht ein eigenes Motiv vor?

Ich meine nein. Die besondere Bereitschaft, Verantwortung für die umgebende Welt oder Teile davon anzunehmen, resultiert aus einem ausgeprägten Anschlussmotiv. Wir werden noch sehen, dass das Anschlussmotiv darauf ausgerichtet ist, den Zusammenhalt in der Gruppe zu sichern. Wenn sich Menschen nun in besonderem Maße um Obdachlose kümmern, ist das auch ohne Weiteres nachzuvollziehen. Und wenn sie sich besonders um ihre Haustiere kümmern oder Tierbabys aufpäppeln, überschreitet das Anschlussmotiv die Artgrenze. Es bezieht die Tierwelt mit ein. In besonderem Maße drückt sich die integrative Leistung des Anschlussmotivs aus, wenn Menschen sich für den Klima- und Umweltschutz einsetzen. In diesem Fall kann das Anschlussmotiv sogar den ganzen Planeten umspannen und bezieht sich auf alle darauf lebenden Menschen, Tiere und Pflanzen.[2]

Einfach ist gut!
Wir könnten dieses Ausschlussverfahren sicherlich noch weiter betreiben, weil Ihnen und mir noch andere „Kandidaten" für die Liste der Grundmotive einfallen würden. Aber wir wollen es einfach halten – eines meiner liebsten *Prinzipien* für mein *Personal Performance Management*. Der Charme dieses Modells mit den drei Werten Macht, Anschluss und Leistung liegt darin, dass es bereits vieles sehr gut erklären kann und für die meisten Anwendungen ausreichend ist.

Macht, Anschluss und Leistung
Wenn man sich mit dem *Personal Performance Management* beschäftigt, ist es naheliegend, den Schwerpunkt der Betrachtung gedanklich auf das Leistungsmotiv zu legen. Schließlich soll es ja um die persönliche Leistungssteuerung gehen. Was sollte einen also außer dem Leistungsmotiv antreiben? Ich will nicht verschweigen, dass ich auch schon einmal so gedacht habe. Die ersten Entwürfe zu diesem Buchabschnitt gingen genau in diese Richtung: ich habe argumentiert, warum wahrscheinlich ausschließlich leistungsorientierte Leser und Leserinnen dieses Buch zur Hand genommen haben werden. Aber das kam mir nicht ganz schlüssig vor, denn dabei habe ich wahrscheinlich etwas voreilig von mir auf andere geschlossen. Ich sehe mich selbst als überwiegend leistungsorientierten Menschen, habe Sportwissenschaften und Performance Management studiert, habe jahrelang Wettkampfsport betrieben und liebe es bei meinem „Ausgleichssport" in Garten, Wald oder im Fitnessstudio immer wieder ein wenig über meine Grenzen zu gehen. Und jetzt schreibe ich ein Buch über *Personal Performance Management*. Natürlich muss das Leistungsmotiv auch bei den Leserinnen und Lesern zwangsläufig dominieren – dachte ich. Aber sind es tatsächlich nur leistungsorientierte Menschen, die sich mit dem Thema *Personal Performance Management* beschäftigen? Ich bin irgendwann zu dem Schluss gekommen, dass das nicht so ist. Es gibt viele Gründe, warum sich auch macht- oder anschlussorientierte Menschen mit ihrer persönlichen Leistungssteuerung beschäftigen sollten und dies wahrscheinlich sogar tun. Außerdem will ich nicht ausschließen, dass nicht alle Interessierten bereits eine eindeutige Orientierung darüber haben, welches ihre leitenden Motive sind. Daher will ich an dieser Stelle auch dem Macht- und dem Anschlussmotiv den Raum geben, den sie verdient haben. Das Wissen über die Schwerpunkte der eigenen Motive erleichtert die Arbeit am *Personal Performance*

---

[2] Insbesondere bei der Betrachtung *organisierter* wohltätiger oder gemeinwohlorientierter Organisationen bedarf es jedoch *unbedingt* der differenzierten Betrachtung. Einige Personen an prominenter Stelle könnten auch durch ein starkes Machtmotiv veranlasst sein, sich entsprechend zu engagieren und zu exponieren, um Macht und Kontrolle über die eigene und andere Organisationen ausüben zu können. Das mit dem Machtmotiv verbundene Streben nach Bestätigung und Bedeutung kann ein weiterer Grund sein, sich in karitativen Organisationen einzubringen (vgl. das „Stadienmodell der Macht" bei McClelland, Power: The inner experience, 1975).

Management, weil die Ansatzpunkte für die Maßnahmenplanung leichter zu identifizieren sind.

Ich werde Ihnen zunächst die grundlegenden Merkmale von Menschen mit überwiegendem Macht-, Anschluss- oder Leistungsmotiv präsentieren. Die Darstellung wird sehr „rein" sein, es werden also „Idealtypen" vorgestellt, denen man im wahren Leben wahrscheinlich nicht oder nur sehr selten genauso begegnen wird. Vielleicht erleben Sie bei der Lektüre den einen oder anderen Aha-Moment in Hinblick auf sich selbst oder Menschen, die sie kennen – so jedenfalls meine Hoffnung. Anschließend möchte ich Ihnen darlegen, warum ich meine, dass sich Menschen mit bestimmten Leitmotiven mit dem *Personal Performance Management* beschäftigen (sollten), um daraus exemplarische Entwicklungsziele und „Baustellen" abzuleiten, denen man sich bei der persönlichen Leistungssteuerung besonders widmen kann oder sollte.

3.1 Macht: machen lassen

Uns interessiert Macht in diesem Buch vor allem aus der psychologischen Perspektive. Darüber hinaus ist Macht einer der vielleicht schillerndsten, aber auch schwierigsten Begriffe in der Philosophie und der Soziologie. Das Verständnis von Macht und die verschiedenen Perspektiven auf Macht haben sich im Lauf der Geschichte häufig gewandelt und auch heute befindet sich dieses Phänomen immer noch in der Diskussion.[3] Ich will in diesem Buch auch gar nicht versuchen Macht umfassend und abschließend zu definieren. Das ist schon anderen nicht gelungen. Daher werde ich Ihnen auch keine kurze knackige Machtdefinition anbieten. Vielmehr werden wir uns dem Machtbegriff eher aus einer praktischen, beschreibenden Richtung nähern. Hierbei halte ich mich an die persönlichkeitsprägenden Merkmale, die sich aus einer psychologischen Betrachtungsweise ableiten. Dieser Ansatz ist aus meiner Sicht dazu geeignet, ein brauchbares Bild von Macht zu zeichnen. Dieses Bild kann dann nach Bedarf von Ihnen erweitert oder modifiziert werden.

Bevor wir uns jedoch die Brille der Psychologie aufsetzen, um einen Blick auf den Machtbegriff zu werfen, möchte ich doch noch ein paar philosophisch-soziologische Einordnungen vornehmen. Diese Perspektive bietet sich für eine Annäherung zunächst an, weil viele – wenn nicht die meisten – Alltagsdiskussionen aus diesem Sphärenbereich

---

[3] Wer sich einen Überblick zum Begriff der Macht aus soziologischer und/oder philosophischer Perspektive verschaffen will, wird z. B. bei Max Weber (2019), Niklas Luhmann (2012a, b), Michel Foucault (1993, 1994, 2005), Jürgen Habermas (1976), Han (2005) oder Hannah Arendt (1970) fündig. Einen kurzen Überblick über die Schwierigkeit der begrifflichen Eingrenzung vermittelt eine Vorlesung von Prof. Dr. Dietmar Hübner (2016). Die entsprechenden Literaturangaben sind dem Literaturverzeichnis zu entnehmen.

stammen. Außerdem halte ich diese Annäherung für nötig, weil sie für das richtige Verständnis von Macht erforderlich ist. Leider bestehen gegen diesen Begriff – und damit verbunden auch gegenüber der persönlichen Auseinandersetzung – bei vielen Menschen große Vorbehalte. Wenn man sich aber mit Macht nicht auseinandersetzt, kann man womöglich große Teile der persönlichen Leistungssteuerung gar nicht voll ausnutzen.

Macht, ein zwiespältiger Begriff

Zunächst möchte ich den Begriff der Macht ein wenig entschärfen. Macht hat für viele Menschen mindestens einen zwiespältigen Charakter. Einerseits wird Macht mit gesellschaftlich anerkannten Eigenschaften, wie Umsetzungs- und Durchsetzungsstärke oder Führung verbunden. Wer Macht hat, wird vielleicht auch für besonders willensstark gehalten. Andererseits bedeutet Macht auch für viele Menschen, dass man etwas gegen den Willen anderer Menschen durchsetzen kann (Weber, 2019). Und dies auch ohne Berücksichtigung moralischer oder vielleicht sogar gesetzlicher Schranken. Daher schwingt bei Macht auch schnell der Gedanke an etwas Gefährliches mit, das man nicht unbeschränkt zulassen sollte. Dies auch, weil man annimmt, dass Macht mit der Zeit korrumpiert. Macht verführt und Macht macht vielleicht sogar „böse"?!

Diese Gedanken sind nicht ganz von der Hand zu weisen. Sie können nicht völlig entkräftet werden, weil es hierfür zu viele Negativbeispiele gibt. Wie stark der korrumpierende Effekt von Macht tatsächlich ist, oder inwiefern bestimmte Persönlichkeitsmerkmale, wie z. B. Narzissmus, Psychopathie oder Machiavellismus, umgekehrt dazu führen, dass insbesondere diese Menschen an Machtpositionen gelangen, ist m. E. noch nicht eindeutig geklärt und soll hier offenbleiben. Es ist ein wenig wie die Frage nach der Henne und dem Ei. Gewisse selbstverstärkende Mechanismen werden jedenfalls für das (psychologische) Machtmotiv beschrieben (Busch, 2018). Das heißt, dass jemand, der nach Macht strebt, diese (natürlich) auch wahrscheinlicher erlangt als andere, die diesen Versuch gar nicht erst starten (wie z. B. Anschlussmenschen). Die errungene Macht wiederum wirkt sich ihrerseits verstärkend auf das Machtstreben aus (positive Feedbackschleife).

Macht und das Streben danach werden also häufig gleichzeitig unterschiedlich wahrgenommen. Wie kann man hier „Ordnung" hineinbekommen? Generell kann man sagen, dass nur das *gehemmte* Machtmotiv positiv bewertet wird. Ein gehemmtes Machtmotiv wird durch die *Selbstkontrolle* auf die positiven Aspekte der Macht beschränkt (vgl. Busch, 2018; Brandstätter et al., 2018). Das heißt, dass Richtig und Falsch vor dem Hintergrund der jeweils geltenden moralischen Prinzipien bewusst gesteuert oder unter generellen ethischen Gesichtspunkten abgewogen werden können. So können einerseits die positiven Verhaltensmerkmale des Machtmotivs für positive bzw. gesellschaftlich anerkannte Zwecke eingesetzt und andererseits die als negativ bewerteten Verhaltensmerkmale (z. B. resultierend aus Egoismus) gezügelt werden. Eine wesentliche Rolle spielt in diesem Zusammenhang die Aktivierungsinhibition, die ein wesentlicher Teil der Selbstkontrolle ist. Die Hemmung des eigenen Machtmotivs ist grundsätzlich auch für die Machtmotivierten im eigenen Interesse, da die „Auswüchse" eines *ungehemmten* Machtmotivs in aller Regel von der sozialen Umwelt gemäß den geltenden sozialen und kulturellen Normen bestraft werden (Furtner, 2012; Busch, 2018).[4] Durch die Sanktionierung des ungehemmten Machtmotivs erleiden die dadurch motivierten Menschen Nachteile, die sich negativ auf ihre persönliche Leistungsbilanz auswirken. Das *Personal Performance Management* wird hierdurch erschwert.

Das *gehemmte* Machtmotiv wird auch *soziale Macht* genannt. Sie ist auf die Gesellschaft ausgerichtet und versucht dort positiv zu wirken. Soziale Macht trifft schwierige Entscheidungen für die Gesellschaft, bringt sich ein und übernimmt Verantwortung. Ihr steht die *personalisierte Macht* gegenüber, die die Möglichkeiten der mit der Zeit gewonnenen Machtmittel zum eigenen Vorteil der oder des Machtmotivierten einsetzt. Verantwortung wird im Allgemeinen abgelehnt und auf die Schultern anderer verteilt (Busch, 2018; Brandstätter et al., 2018).

Exkurs: Macht und Systeme
Für das *Personal Performance Management* ist Macht vor allem aus der psychologischen Perspektive interessant. Unter soziologischen Gesichtspunkten besteht eine wesentliche Funktion von (gehemmter) Macht z. B. darin, Komplexität in Systemen, wie z. B. Organisationen, Unternehmen, Vereinen oder Familien, zu reduzieren. Dies wird dadurch erreicht, dass Hierarchien (ein Ausdruck von Macht in Systemen) mit mehr oder weniger eindeutigen Zuschreibungen von Kompetenzen und Verantwortung verbunden sind. Diese Zuschreibungen sind für alle Systemteilnehmer einsehbar, erlernbar und – das ist fast das Wichtigste – berechenbar. Hierdurch wird Handlungssicherheit gewonnen und Systeme können nicht nur funktionieren, sondern auch wachsen. Fehlt die ordnende Funktion von Machtbeziehungen (Hierarchie), steigt mit jedem zusätzlichen Element im System die Notwendigkeit von immer wiederkehrenden Aushandlungsprozessen zwischen den Systemelementen. Neben dem erhöhten Zeitaufwand sind die Ergebnisse der Aushandlungsprozesse außerdem weniger berechenbar oder sogar ungewiss und anfälliger für zeit-, geld- und nervenintensive Konflikte (Luhmann, 2012b). Man kann also formulieren, dass es ganz ohne Macht nicht geht. Sie sollte nur gehemmt sein, damit die funktionalen Auswirkungen die dysfunktionalen Auswirkungen überwiegen.

Zwei Dinge möchte ich aus dem bisher Erläuterten schon einmal festhalten: Macht ist weder eindeutig positiv noch eindeutig negativ. Daher kann man auch dem Machtmotiv weder das eine noch das andere nachsagen. Die Betrachtung muss differenziert erfolgen. Es ist mindestens die Frage zu beantworten, ob der machtmotivierte Mensch in der Lage ist, ausreichend Selbstkontrolle auszuüben, um die Auswirkungen des Machtmotivs in einem sozial akzeptierten Rahmen zu halten.

Ein Ziel des *Personal Performance Managements* für Menschen mit ausgeprägtem Machtmotiv muss sein, das Machtmotiv zu hemmen. Das heißt, dass Sie als vom Machtmotiv angetriebener Mensch eine funktionale, von der sie umgebenden Umwelt akzeptierte und zu ihrem Nutzen einsetzbare Ausprägung des Machtmotivs entwickeln oder bewahren sollten. Ansonsten droht die Bestrafung aus Ihrer Umwelt, z. B., indem

---

[4] Dass die kollektive, soziale oder juristische „Bestrafung" der Auswüchse ungehemmten Machtverhaltens nicht immer (rechtzeitig) gelingt, kann man leider aber auch immer wieder feststellen.

man Sie von Informationen ausschließt, an Entscheidungen nicht mehr teilnehmen lässt oder zu sozialem Austausch nicht mehr einlädt.

Somit ist bereits ein erster Grund gegeben, warum auch Menschen mit einem dominierenden Machtmotiv durchaus an ihrem *Personal Performance Management* arbeiten wollen, könnten oder sollten: Sie sollten Selbstkontrolle ausüben, um ihre Motive im jeweiligen sozialen Umfeld erfolgreich einsetzen zu können (s. hierzu Bauer, 2015 u. Baumeister & Tierney, 2022).

Quellen der Macht

Ein zweiter Gedanke zur Einordnung betrifft die verschiedenen Quellen von Macht. Dieser Gedanke ist für machtorientierte Menschen von großem Interesse, denn die Machtquellen zu kennen, hilft bei der Orientierung, das *Personal Performance Management* auszurichten. Macht kann sich aus verschiedenen Quellen speisen und verändert dadurch ihren Charakter, ihre Reichweite und ihre Akzeptanz in Ihrem Umfeld (vgl. z. B. French & Raven, 1959; Luhmann, 2012a).

- **Macht aus Position (legitimierte Macht):** Ein Teil der persönlichen Macht kann verliehen werden. Wenn Sie eine bestimmte Position in Ihrer Firma, Ihrem Verein oder einer anderen Organisation auskleiden, ist mit dieser Position in der Regel immer eine gewisse Positionsmacht verbunden, die sich beispielsweise in der Macht zu *belohnen* oder zu *bestrafen* ausdrückt. Die Art und Reichweite der Macht hängt vor allem mit der Funktion zusammen, die Sie ausüben und weniger mit der Person, die Sie sind. Neben den offensichtlichen Management- und Funktionärspositionen verfügen z. B. auch Sekretäre und Teamassistenzen über eine weitreichende Macht aus Ihrer Position, weil sie für Ihre Vorgesetzten oftmals Torwächter für Informationen und Personen sind.

  Darüber hinaus resultiert Positionsmacht häufig aus den Zuschreibungen der „Untergebenen", die entweder meinen oder wissen, dass mit der Position besondere Befugnisse und Durchgriffsrechte verbunden sind. Die Positionsmacht liegt also weniger in der Person begründet, sondern vielmehr in den Positionen und Funktionen, die eine Person bekleidet. Sie *legitimieren* die Macht einer Person.

- **Macht aus Autorität bzw. Expertise:** Autorität muss man sich erwerben. Bei Autorität geht es vor allem um eine Zuschreibung aus der Umwelt. Sie bezieht sich auf Wissen, bestimmte Kenntnisse oder kann sich aus einer zugewiesenen Orientierungsfunktion ableiten (z. B. die moralische Autorität). Autorität kann also nur beschränkt von übergeordneten Instanzen verliehen werden. „Ränkespiele" führen demnach nur selten zu Macht aus Autorität.

  Die Verleihung besonderer Auszeichnungen, die ihrerseits eine gewisse eigene Autorität besitzen, wie z. B. der Nobelpreis, und/oder die Ansammlung mehrerer solcher Auszeichnungen (Meriten, Orden, „Narben") können die Autorität einer Person begründen. Die Verleihung solcher Auszeichnungen trägt immer die Feststellung in sich, dass etwas Besonderes oder Herausragendes geleistet worden ist. Autorität kann und muss man sich also selbst erwerben, während die Zuschreibung aus dem Umfeld erfolgt. Die Reputation – also ein zeitstabiles Image oder das, was einem nachgesagt wird – spielt hierbei eine besondere Rolle.

- **Macht aus Beziehung:** Beziehungen zu haben, ist besser als Beziehungen zu brauchen. Es spielt eine Rolle, wie viele Menschen man kennt, welcher Art die Beziehung zu ihnen ist und wen diese Leute ihrerseits kennen. Das berühmte „Vitamin B" kann viele Türen öffnen. Ob direkt, z. B. durch die Gewährung eines Gefallens, oder indirekt, z. B. durch ein positives Zeugnis, das unsere Bekannten von uns gegenüber anderen Bekannten ablegen. Unser Lebensweg wird stark von unseren Beziehungen geprägt. Je älter man wird, desto klarer zeichnet sich das vor dem eigenen Auge ab.

Aber kann Macht nicht auch aus (sonstigen) Ressourcen erwachsen? Wenn man eine bestimmte Position innehat, über besonderes Wissen verfügt oder auf nützliche Beziehungen zurückgreifen kann, sind hiermit bereits drei wichtige Ressourcen beschrieben. Sonstige Ressourcen wären solche, die dazu dienen, Positionen, Autorität oder Beziehungen zu erreichen, zu schützen oder auszubauen. Es sind also solche Ressourcen, die indirekt der Machterlangung dienen. Ganz klassisch sind dies z. B. Geld und physische Überlegenheit. So kann man beispielsweise durch Geld jede der o. g. Machtquellen erlangen oder zumindest den Schein erzeugen, man habe sie. Und durch physische Überlegenheit kann man mindestens an Positions- und Beziehungsmacht gelangen, indem man Zwang in Form von Angst auslöst. Selbst Autorität entzieht sich dem Gewaltmechanismus nicht uneingeschränkt, weil auch Wissen „geraubt" oder erpresst werden kann. Geld und körperliche Überlegenheit sind also eher indirekt an den Quellen der Macht ausgerichtet und leiten nicht direkt auf Macht hin. Aus diesem Grunde reichen die genannten Machtquellen (Position, Autorität, Beziehung) aus, um vieles – wenn nicht das meiste – gut und ausreichend zu erklären.

Was hat das nun mit unserem Thema Leistungssteuerung zu tun? Erkennen Sie sich selbst! Um eine gezielte Leistungssteuerung vornehmen zu können, sollten Sie für sich mindestens klären,

1. ob Sie Macht ausüben wollen/müssen,
2. woher die Macht kommt, die Sie ausüben wollen/müssen,
3. welche Grenzen Sie bei der Machtausübung setzen wollen/können (moralische Bewertung),
4. an welchen Punkten (Position, Autorität, Beziehung) Sie am besten ansetzen wollen/können,

um ihre Macht auszubauen.

Als unmittelbare Ableitung für das *Personal Performance Management* wollen wir an dieser Stelle schon einmal drei Dinge feststellen:

- **Macht aus Beziehungen ist gut gestaltbar,** da die Qualität von Beziehungen von vielen Faktoren abhängt, die wir selbst steuern können. Viele dieser Faktoren hängen mit der Selbststeuerung zusammen, wie z. B. das Verzeihen können, sich bestimmte Dinge zu verkneifen oder auch Probleme anzusprechen, die man gegenüber persönlich weniger wichtigen Menschen vielleicht nicht angesprochen hätte. Zu den Dingen, die man gut steuern kann, zählen auch Fragen der *professionellen* Höflichkeit, denn nicht jede gute Beziehung muss gleich auch eine persönliche Beziehung sein.
- **Macht aus Autorität ist gut gestaltbar,** da man, wiederum mittels Selbststeuerung, gezielt entscheiden kann, in welchen Bereichen man sich besonders engagieren möchte, wie Wissenslücken am effizientesten geschlossen oder Spezialwissen aufgebaut werden können.
- **Macht aus Position hängt häufig mit Macht aus Beziehungen und Autorität zusammen.** Positionsmacht bezieht ihre Stärke zu großen Teilen aus den Zuschreibungen der anderen. Einige Positionen sind erreichbar, weil man über bestimmtes Spezialwissen verfügt. Andere Positionen sind viel leichter erreichbar, wenn man auf eine gewisse Dosis „Vitamin B" zurückgreifen kann.

Nach diesen etwas ausführlicheren einleitenden und einordnenden Worten wollen wir uns nun den machtmotivierten Menschen von einer eher praktischen Warte aus nähern. Ich hatte schon angemerkt, dass eine Machtdefinition hier nicht versucht werden soll, daher will ich Ihnen einen Menschen (Prototypen) beschreiben, der stark von seinem Machtmotiv angetrieben ist.

Was treibt machtorientierte Menschen an und was zeichnet sie aus?
Der machtmotivierte Mensch wird grundlegend von dem Drang angetrieben *Stärke und (Selbst-)Wirksamkeit* zu empfinden (vgl. Zimbardo et al., 2016; Furtner, 2012). Aus diesem Antrieb heraus „erwerben (sie) prestigeträchtige Objektgüter und zeigen die Tendenz, einflussreiche Positionen und Ämter zu besetzen" (Furtner, 2012, S. 53; s. auch Busch, 2018). Diese Güter und Positionen erfüllen die wichtige Funktion, die Stärke und Wirksamkeit des eigenen Verhaltens gegenüber sich selbst zu spiegeln. So führen sie zu einer positiven und angenehmen Selbstwahrnehmung. Andererseits dienen diese Dinge der nach außen deutlich sichtbaren Manifestation der Stärke ihrer Besitzer. Eine selbstverstärkende Tendenz dieser Machtdemonstrationen gesellt sich als positiver Effekt hinzu. Im Volksmund sagt man: „Der Teufel sch... immer auf den größten Haufen, etwas feiner ausgedrückt, kann man vom „Matthäus-Effekt" sprechen.[5] Hiernach begünstigen vergangene Erfolge zukünftige Erfolge. Dies liegt an der aufmerksamkeitssteuernden Wirkung von Erfolgen. Wenn von einer Person herausragende Dinge geleistet worden sind, richten sich die Blicke auf diesen Menschen. Allein dadurch kann diese Person bereits einen gewissen Vorteil genießen.

---

[5] Begründet auf einem Zitat aus dem Matthäus-Evangelium: „Denn wer da hat, dem wird gegeben, dass er die Fülle habe; wer aber nicht hat, dem wird auch das genommen, was er hat." (z. B. Mt 25,29; ähnlich oder sogar gleichlautend auch in den Markus- und Lukas-Evangelien).

Außerdem finden auch Zuschreibungen statt, die die vergangenen Erfolge als Grundlage für die Prognosen hinsichtlich künftiger Erfolge heranziehen. Daher ist die Präsentation von Stärke und (Selbst-)Wirksamkeit durch die Zurschaustellung von „Insignien der Macht" besonders wichtig für Menschen mit ausgeprägtem Machtmotiv.

Das zweite herausragende Merkmal machtorientierter Menschen ist der Wille *Kontrolle über andere Menschen* auszuüben (vgl. Zimbardo et al., 2016; Furtner, 2012; Busch, 2018; Brandstätter et al., 2018). Diese Charaktereigenschaft lässt Menschen mit ausgeprägtem Machtmotiv nach Positionen greifen, in denen sie Führungsaufgaben wahrnehmen können. Obwohl uns großer Ehrgeiz womöglich verdächtig vorkommt, muss diese Eigenschaft, wie oben bereits beschrieben, nicht unbedingt negativ sein. Organisationen brauchen Menschen, die führen wollen. Jede Form der Hierarchie hat einen Bedarf am Menschen, die sich in machtvollen Positionen wohlfühlen, diese auskleiden wollen und schließlich auch auskleiden können. Ob es machtorientierten Menschen gelingt, liegt, wie ebenfalls schon angesprochen, an der Fähigkeit, die mit dem Machtmotiv ansonsten verbundenen Charaktereigenschaften in funktionaler Weise einzusetzen. So weisen Zimbardo et al. (2016) darauf hin, dass machtorientierte Menschen einflussreiche Positionen auch gerne nutzen, um Projekte zu planen, Menschen zu führen (nicht zu beherrschen!) und Aufgaben abschließend erledigen zu lassen. Sie sind also in einem positiven Sinne auch in der Lage, Abschlüsse zu finden und Dinge fertig zu bekommen, weil sich nur fertige Projekte und Aufgaben als Meriten präsentieren lassen. Abschlüsse zu finden, ist eine Fähigkeit, die nicht allen Menschen gegeben ist.

Zur Verfolgung dieser Grundbedürfnisse legen machtmotivierte Menschen ein bestimmtes Verhalten an den Tag, das für sie als musterhaft beschrieben werden kann. So verhalten sich Machtmenschen häufig aggressiv, dominant, risikoaffin und sie buhlen um Aufmerksamkeit und Bewunderung. Diese Verhaltensweisen sind Ausdruck des ausgeprägten Selbstbehauptungsstrebens (Furtner, 2012). Ganz verwunderlich ist das nicht, denn diese Verhaltensweisen sind, wenn auch nicht die einzigen, doch wenigstens erprobte Mittel Stärke zu empfinden und Kontrolle über Menschen zu erlangen.

In seiner reinen und ungehemmten Ausprägung ist das Verhalten von Menschen mit dominierendem Machtmotiv grundsätzlich und überwiegend egoistisch motiviert (Zimbardo et al., 2016) und wird mit narzisstischen und machiavellistischen Verhaltensweisen in engen Zusammenhang gebracht (Furtner & Baldegger, 2013).[6] McClelland (1975; 1985) geht sogar so weit zu sagen, dass das Verhalten eines *ungehemmten* Machtmenschen mit dem eines „Konquistadoren" zu vergleichen sei.

---

[6] Narzissmus und Machiavellismus sind zwei Seiten der „dunklen Triade". Es gesellt sich noch die (subklinische) Psychopathie hinzu. Die dunkle Triade soll in diesem Buch kein Thema sein, spielt aber im Zusammenhang mit Machtmenschen und Führung eine wesentliche Rolle in der aktuellen Diskussion. Daher verweise ich an dieser Stelle auf folgende Literatur (in alphabetischer Reihenfolge): Babiak und Hare (2019), Dutton (2014), Externbrink und Keil (2018), Hagemeyer (2020), Hare (2005), Heidbrink et al. (2021), Kuhn und Weibler (2012), Malkin (2021), Paulhus and Williams (2002), Pressestelle Universität Ulm (2018).

Glücklicherweise treten die aufgezählten Verhaltensweisen nicht immer gemeinsam und in ihrer reinsten Ausprägung auf. Außerdem sind viele Menschen auch in der Lage, die beschriebenen Merkmale zu hemmen und für die Umwelt nutzbringend umzulenken. So konnte z. B. gezeigt werden, dass sich Menschen mit gezügeltem Machtmotiv besonders durch Eigenschaften wie Teamgeist, Verantwortungsgefühl und das Bemühen um Gerechtigkeit auszeichnen (Busch, 2018). Darüber hinaus neigen machtmotivierte Menschen auch weniger zu Konformität (McClelland, 1975), was Phänomenen wie dem *Groupthink* effektiv vorbeugen oder entgegenwirken kann. Machtmenschen schließen sich weniger häufig des lieben Friedens wegen, der Meinung der Mehrheit an und vertreten nötigenfalls auch gegen Widerstände ihre Meinung. Zudem können Machtmenschen sogar im positiven Sinne kommunikativ und charismatisch auftreten, weil sie eben ausstrahlen, dass sie wissen, was sie wollen. Hierdurch geben sie anderen Menschen oft Orientierung und Halt (Furtner, 2012). Dies sind wichtige Eigenschaften einer wirksamen Führungskraft, die auch in schwierigen Zeiten Menschen überzeugen und mitreißen muss.

Das Machtmotiv im Personal Performance Management
Wir haben gesehen, dass Macht ein zwiespältiger Begriff ist. Einerseits benötigen wir gewisse Formen der Machtausübung, damit Systeme funktionieren, Arbeitsteilung organisiert und ständige Aushandlungsprozesse vermieden werden können. Aber Macht kann auch unbestreitbar negative Seiten haben. Machtpositionen können ausschließlich zum eigenen Vorteil ausgenutzt und Schaden für andere Menschen oder gar die Gesellschaft in Kauf genommen werden. Und man kann insbesondere in machtvollen Positionen Management-Entgleisungen durch Persönlichkeitseigenschaften der *dunklen Triade* (Narzissmus, Psychopathie, Machiavellismus in ihren jeweils subklinischen Ausprägungen) beobachten.

Um die positiven Eigenschaften und Fähigkeiten machtorientierter Menschen voll nutzen und die negativen Folgen eines ungezügelten Machtstrebens vermeiden zu können, ist die Hemmung (Inhibition) des Machtmotivs notwendig. Inhibition ist eine der exekutiven Funktionen und wesentlicher Baustein eines erfolgreichen und zufriedenen Lebens für alle Menschen. Für machtorientierte Menschen spielt sie eine besondere Rolle. Strategien zu entwickeln, das eigene Machtmotiv zu hemmen und damit beispielsweise eine effektivere Führungskraft oder ein „angenehmerer" Mitmensch zu werden, kann also ein exemplarisches Entwicklungsziel im Rahmen des *Personal Performance Managements* sein.

Ein „angenehmer" Mitmensch oder eine „verträgliche" Führungskraft zu sein, spielt insofern eine wesentliche Rolle, weil „unangenehmes" Verhalten vom sozialen Umfeld in der Regel in irgendeiner Weise sanktioniert wird. Soziale Sanktionen wie z. B. Ausgrenzung, Abschneiden vom Informationsfluss o. Ä. stehen den angestrebten Zielen machtorientierter Menschen im Wege. Insbesondere die eigene Stärke und Selbstwirksamkeit zu empfinden, sind auf die entsprechende Widerspiegelung im sozialen Umfeld angewiesen. Ohne diese Referenz in der Außenwelt einer Person muss selbst bei größter innerer Überzeugung immer ein Funken von Zweifel bleiben. Dies wiederum führt zu dysfunktionalen Gedanken (z. B.

Minderwertigkeitsempfinden) und Verhalten (z. B. übertriebenes Konkurrenzverhalten). Ein „angenehmer" Mensch zu sein – was auch immer das im Detail bedeutet – sollte also im Blickfeld eines an der Leistungssteuerung interessierten Machtmenschen liegen.

Da die Annahme naheliegt, dass machtorientierte Menschen schnell und häufig in machtvolle Positionen in Unternehmen, Vereinen oder anderen Organisationen aufsteigen, sind aber auch ganz grundlegende Management- und Führungsfähigkeiten in den Fokus der persönlichen Leistungssteuerung zu nehmen. Die Führungsfähigkeiten können z. B. durch Kenntnisse und Verbesserungen in Bereichen, wie Ziele und Prioritäten setzen, delegieren, Feedback geben und nehmen, Zeitmanagement oder Selbstreflexion, erheblich verbessert werden. Durch eine Verbesserung in diesen und anderen Handlungsfeldern lassen sich Ressourcen gewinnen – oder besser: schonen – die in anderen Bereichen, wie z. B. der Inhibition oder der Konzentration auf die Stärken des Machtmotivs, eingesetzt werden können.

Eine Verbesserung dieser Führungsfähigkeiten lässt sich übrigens nicht nur im beruflichen Kontext gewinnbringend einsetzen. Auch im Privaten sind klare Prioritäten, Selbstreflexion, Feedback-Fähigkeit oder Zeitmanagement überaus hilfreich!

Je nachdem, wie stark ein machtorientierter Mensch zur dunklen Triade (subklinische Psychopathie, subklinischer Narzissmus, Machiavellismus) oder einer einzelnen der betreffenden Persönlichkeitseigenschaften neigt, kann auch die Entwicklung von Sozialkompetenzen, wie z. B. Empathie, ein lohnendes Ziel darstellen.[7] Im Gegensatz zu den häufig gut ausgeprägten kommunikativen Fähigkeiten von Machtmenschen tut sich hier ein Handlungsfeld auf, aus dem sich viele positive berufliche und private Effekte für die Person und das Umfeld ableiten lassen.

Diese Liste der Handlungsfelder ist nicht abschließend und die genannten Beispiele werden auch nicht tiefgreifend behandelt. Das liegt daran, dass jeder von uns unterschiedliche Voraussetzungen hat und verschiedene Schwerpunkte setzen würde. Daher sind die beschriebenen Entwicklungsziele als Anregung zu verstehen, um gezielt und ganz individuell auf die Suche nach Ihren persönlichen Entwicklungszielen zu gehen.

---

[7] Inwiefern zu einem späteren Zeitpunkt im Leben Empathie noch auf einer tiefgreifend emotionalen Ebene entwickelt und *empfunden* werden kann oder eher eine *kognitive Verarbeitung* von Wahrnehmungen des Gegenübers zu *empathischem Verhalten* führt, muss offenbleiben und hängt von weiteren Dispositionen ab. Psychopathen sind teilweise hervorragend in der Lage, empathisches Verhalten zu zeigen (zu spielen), ohne tatsächlich entsprechende Empfindungen zu spüren (z. B. Dutton, 2014; Hare, 2005; Babiak & Hare, 2019). Narzissten hingegen sind, zumindest bei geringer bis mittlerer Ausprägung, offenbar durchaus in der Lage, „echte" Empathie zu entwickeln (z. B. Hagemeyer, 2020; Malkin, 2021).

3.2   Anschluss: mit anderen machen

Wenn man es etwas verkürzt darstellen möchte, dann könnte man formulieren, dass machtorientierte Menschen aus der Masse herausstechen wollen, um Führung zu übernehmen und in der herausragenden Position ihre Selbstwirksamkeit zu bestätigt zu bekommen. Anschlussorientierte Personen hingegen wollen in die Masse eintauchen und in ihr aufgehen. Statt des hierarchischen Unterschieds und einer gewissen Tendenz zu allein getroffenen Entscheidungen, streben sie eher den Ausgleich innerhalb des Teams und demokratisch herbeigeführte Entscheidungen an. Kompromisse sind in Ordnung – Konsens ist besser.

Das ganze Themenfeld rund um die Macht spielt für anschlussorientierte Menschen eher eine untergeordnete Rolle. Vielleicht stören sie sich an Macht und ihren Ausdrucksformen oder blenden das Thema sogar komplett aus. Das heißt nicht, dass Menschen mit einem ausgeprägten Anschlussmotiv in Hierarchien nicht funktionieren würden. Sie sind aber nicht die Ersten, die nach höheren „Rängen" streben und herausstechen müssen. Daher ist auch die Anwendung machtbezogener Taktiken und Strategien eher fremd für sie. Dieses Spielfeld überlassen sie lieber anderen. Hierdurch durchlaufen anschlussorientierte Menschen die Hierarchieebenen auch weniger schnell und zielstrebig. Als Vorgesetzte fallen sie weniger durch Entschluss- und Durchsetzungsstärke als durch ihre integrativen Fähigkeiten und Vermittlungsgeschick auf. Dies ist überall dort von Vorteil, wo es gilt, „das Team mitzunehmen", um „an einem Strang zu ziehen". Aber mit Blick auf den kommunikativen Austausch und die Vermittlung verschiedener Standpunkte gibt es zwei wesentliche Punkte zu bedenken. Einerseits dauert es mit zunehmender Gruppen- oder Teamgröße immer länger, um zu Entscheidungen zu kommen. In Situationen, die schnelle Entscheidungen brauchen, kann nicht immer Rücksicht auf jede Meinung genommen werden. Andererseits spiegelt sich die Anzahl der zu vermittelnden Meinungen, Positionen und Interessen auch in der Qualität der Entscheidungen wider. Hiermit ist nicht zwangsläufig ein „besser" oder „schlechter" gemeint. Tendenziell sind Entscheidungen *fundierter*, je mehr Meinungen gehört werden. Jedoch: Sie neigen auch dazu, weniger eindeutig zu sein. Je mehr Aspekte berücksichtigt werden, desto weniger „klare Kannte" resultiert. Manchmal sind aber klare Statements erforderlich.

Der Grad der Ausprägung des Anschlussmotivs sowie das soziale und strukturelle Umfeld spielen eine wichtige Rolle bei der Beantwortung der Frage, ob anschlussorientierte Menschen Leistung erbringen können oder ihre Fähigkeiten ins Leere laufen und das eigene Leistungsmanagement eher untergraben.

Was treibt anschlussorientierte Menschen an und was zeichnet sie aus?
Anschlussorientierte Menschen suchen Kontakt zu anderen Menschen. Außerdem ist ihnen die Pflege positiver Beziehungen zu diesen besonders wichtig (Furtner, 2012). Daher suchen sie auch, eher als macht- oder leistungsorientierte Menschen, *in* Teams zu arbeiten und gemeinsam zum Projekterfolg zu kommen (Zimbardo et al., 2016). Sie sind weniger auf den

persönlichen Erfolg aus und stellen die Teamleistung in den Vordergrund. Anschlussmenschen suchen eher die Gesellschaft, um in ihr zu wirken, als sich von ihr abzuheben oder Dominanz zu erlangen. Dadurch, dass anschlussorientierte Menschen eher als freundlich, aufgeschlossen und verträglich wahrgenommen werden, fällt es ihnen auch leichter neue Kontakte zu knüpfen und zu entwickeln. Sie gehen offen auf die Menschen in ihrem Umfeld zu und scheuen sich auch nicht vor neuen Kontakten. Bei Feten und Feiern sind sie lieber als bei gesellschaftlichen Anlässen, kommen in allen Bereichen des gesellschaftlichen Lebens jedoch gut zurecht und fühlen sich dort wohl.

Neben der Tatsache, dass anschlussorientierte Menschen von außen als besonders verträglich und angenehm empfunden werden, liegt ihre Anschlussfähigkeit aber auch in ihrer Selbstwahrnehmung begründet. Sie empfinden sich selbst als gesellschaftsfähig, aufgeschlossen und eher tolerant. Dazu gesellt sich, dass der Konkurrenzgedanke bei Anschlussmenschen nicht besonders ausgeprägt ist. Dies unterstützt, dass Menschen mit ausgeprägtem Anschlussmotiv Fremden weniger misstrauisch entgegentreten. Sie fürchten nicht so leicht „ins Hintertreffen zu geraten". Im Gegensatz zu macht- und leistungsorientierten Menschen, die eher auf Unterschiede achten und deren Denken stärker in Richtung Konkurrenz und Wettbewerb ausgerichtet ist, suchen besonders anschlussorientierte Menschen nach Verbindendem und Ähnlichkeiten. Hierdurch erleichtern sie die schnelle gegenseitige Kontaktaufnahme und die Anbahnung vertrauensvoller Beziehungen und stellen diese auf einigermaßen belastbare Füße. Nach dem Motto: Gleiches verbindet, suchen sie nach Ähnlichkeiten z. B. im Aussehen, der Sprache, der Herkunft und bei Erfahrungen.

Neben dieser aktiven Suche nach Verbindendem und dem Streben nach Eintracht können Menschen mit dominierendem Anschlussmotiv generell auf ein positiveres Menschenbild zurückgreifen und trauen daher Fremden auch mehr zu, als andere Menschen dies tun/können (Furtner, 2012). Menschen mit starkem Anschlussmotiv neigen viel weniger zu Konkurrenzdenken als die Macht- und Leistungsmenschen um sie herum. Daher behandeln sie andere auch weniger misstrauisch, argwöhnisch oder abwertend und treten ihnen offener entgegen. Anschlussmenschen suchen nicht den wettbewerbsorientierten Vergleich, sondern eher den auf Gemeinsamkeiten ausgerichteten Vergleich. Und sie wollen sich auch gar nicht über andere erhöhen. Daher neigen Menschen mit ausgeprägtem Anschlussmotiv auch nicht unbedingt dazu, das Gegenüber durch die Zuschreibung zweifelhafter Motive, mangelnder Fachkenntnis oder Charaktermängel in irgendeiner Weise abzuqualifizieren. Sie haben das nicht nötig, da kein Bedarf besteht, sich selbst – und sei es nur vor dem eigenen Auge – besser dastehen zu lassen.

Exkurs: Selbsterfüllende Prophezeiungen
Im Positiven und im Negativen wirken Zuschreibungen gegenüber anderen Menschen häufig wie selbsterfüllende Prophezeiungen. Halten wir die Menschen in unserem Umfeld für unfähig, resultiert daraus eine entsprechende Haltung. Im beruflichen Umfeld vergeben wir täglich Aufgaben an unsere Mitarbeiter. Weil wir sie aber für unfähig halten, formulieren wir gleich mit, wie genau wir es gerne

erledigt hätten. Wir stellen Ausführungsbeschreibungen bis ins letzte Glied auf. Dies wird natürlich gepaart mit einem hohen Kontrollaufwand gegenüber den „Nichtskönnern", weil wir schließlich erwarten müssen, dass die Aufgaben sonst doch nicht so erfüllt werden, wie wir es uns wünschen. Und tatsächlich: Menschen, die so behandelt werden, verlernen zu denken – wen wundert's? Wenn jeder Schritt vorgegeben wird, wird nur noch abgearbeitet. Wenn jedem klar ist, dass es sowieso noch zwei oder drei Korrekturrunden gibt, muss man seinen ersten Versuch nicht auf den Punkt bringen. Kompetenzentwicklung hat da keinen Raum. Und die ständige Kontrolle führt eher zu Fehlern durch Verunsicherung als zu kreativem Ausprobieren neuer, innovativer Lösungsmöglichkeiten.

Hingegen fordert ein positives Menschenbild die Menschen um uns herum heraus, denn sie nehmen sehr wohl wahr, dass ihnen mit einem Vorschuss an Zutrauen und Vertrauen begegnet wird. Hierdurch geraten sie in eine positive Schuld, die es zu begleichen gilt – zumindest, wenn sie nicht wollen, dass die positive Wahrnehmung beim Gegenüber korrigiert werden muss. Vertrauen will gerechtfertigt werden. Und wenn es noch eine (negative) Lücke zwischen dem Zutrauen und der tatsächlichen Leistungsfähigkeit gibt, wird der Empfänger des Zutrauens bemüht sein, diese Lücke zu schließen und sich die noch fehlenden Fertigkeiten anzueignen.

Natürlich greifen selbsterfüllende Prophezeiungen nicht immer. So wird Zutrauen auch einmal enttäuscht, weil man auf einen Blender trifft, der die Vorschusslorbeeren gerne einkassiert und sich darauf ausruht. Und es kann umgekehrt auch einmal sein, dass Menschen, die wir als unfähig wahrnehmen und so behandeln, sich trotz aller Schranken, die wir ihnen links und rechts des Weges aufbauen, freimachen, neue Wege beschreiten und eine hohe Leistungsfähigkeit erreichen. Trotz dieser Ausnahmen greift das Konzept der selbsterfüllenden Prophezeiungen erschreckend oft. Man sollte es also nicht unberücksichtigt lassen, wenn man mit Menschen umgeht.

In der Fähigkeit, offen, mit Vertrauen und Zutrauen auf andere und fremde Menschen zuzugehen, grenzen sich anschlussorientierte Menschen also z. B. zu sehr machtorientierten Menschen ab. Machtmenschen schließen womöglich durch die Wahrnehmung ihres eigenen Verhaltens, das u. a. auf Dominanz und Alleinstellung abzielt, auf entsprechende Motive ihrer Mitmenschen. Jedenfalls sind Vertrauen und Zutrauen in andere – und insbesondere fremde – Menschen bei Machtmenschen deutlich geringer ausgeprägt.

All diese Fähigkeiten und Eigenschaften anschlussorientierter Menschen führen dazu, dass sie sich besonders kooperativ und integrativ verhalten. Sie holen die Meinungen anderer ein, bevor sie eine (gemeinsame) Entscheidung treffen. Und Anschlussmenschen holen „Neuankömmlinge" hinzu, um sie in die bestehende Gruppe einzugliedern. Sie einen, vermitteln und fördern den Austausch und die Freundschaft der Menschen um sie herum (Furtner, 2012; Zimbardo, 2016). Das macht sie zu wichtigen und unverzichtbaren Teammitgliedern – und in Umgebungen, die auf Kooperation und Integration ausgelegt oder angewiesen sind, auch zu wichtigen „Konnektoren".

Das Anschlussmotiv im Personal Performance Management
Aber wenn Anschlussmenschen so kooperativ, integrativ und wenig wettbewerbsorientiert sind, wollen sie dann überhaupt Leistung erbringen? Streben sie danach, für ihre Leistung anerkannt zu werden? Wollen sie ihre Leistung verbessern? Das eher nicht. Aber diese Fragestellung geht auch ein bisschen in die falsche Richtung. Anschlussorientierte Menschen setzen den Schwerpunkt nicht auf ihre Leistungserbringung, wie dies Menschen mit

einem Leistungsmotiv oder Machtmenschen (als Mittel zum Zweck?!) machen. Aber (!) auch anschlussorientierte Menschen merken es, wenn ihre Leistung „nicht stimmt". Im besten Fall ist es nur ein persönliches ungutes Gefühl – vielleicht Unzufriedenheit –, weil man gewisse Ansprüche an sich stellt, um beispielsweise ein produktives Mitglied der Gemeinschaft zu sein und seinen Teil beizutragen. Bereits aus diesem Gefühl der Unzufriedenheit kann die Motivation entstehen, sich mit dem *Personal Performance Management* auseinanderzusetzen.

Problematisch wird es jedoch, wenn das Umfeld widerspiegelt, dass die „Performance" nicht den Erwartungen entspricht. Im beruflichen Kontext kann dies durch Kollegen oder Vorgesetzte ziemlich deutlich formuliert werden. Aber auch im Privaten kann ein anschlussorientierter Mensch widergespiegelt bekommen, dass Erwartungen nicht erfüllt werden. Wenn „Anschlussmenschen" solche Signale aus dem sozialen Umfeld wahrnehmen, empfinden sie (mindestens) ein Störgefühl. Dieses Störgefühl resultiert aus einer wahrgenommenen oder empfundenen Gefährdung der hoch priorisierten Beziehungen. Wenn man gefeuert wird, ist der Kontakt zum Team nicht mehr im gewohnten Umfang realisierbar. Wenn man Streit mit dem Partner hat, weil man sich bei einer Reklamation „mal wieder" nicht durchsetzen wollte (!), oder zum vermeintlichen Schutz der Harmonie und der Beziehung „mal wieder" nicht deutlich zu den eigenen Interessen geäußert hat, leiden Anschlussmenschen.

Das ist der Punkt, an dem das *Personal Performance Management* für anschlussorientierte Menschen ansetzen sollte. Nicht aus dem Streben heraus die Leistung des Vergleichs wegen oder als Mittel zur Macht zu erbringen, sondern um Grundlagen zu schaffen und zu sichern. Daher sollten sich Anschlussmenschen mit dem Thema der persönlichen Leistungssteuerung auseinandersetzen. Es geht also nicht darum, den überbordenden Ehrgeiz oder der Alleinstellung nachzujagen. Vielmehr geht es darum, die eigenen Ansprüche und diejenigen des Umfelds so weit zu erfüllen, dass man keine Dissonanzen im eigenen Empfinden und in den angestrebten Beziehungen hervorruft (zur Dissonanztheorie siehe Festinger, 1957, 1964).

Da anschlussorientierte Menschen besonders unter Konflikten leiden, könnten ganz konkrete Entwicklungsziele z. B. in der Verbesserung der Verhandlungs-, Vermittlungs- und Konfliktkompetenz liegen. Neben den technischen Grundlagen könnten hier auch die emotionalen Auswirkungen Berücksichtigung finden oder die möglichen Auswirkungen auf die Beziehung zu den Verhandlungs- und Konfliktpartnern thematisiert werden.

Darüber hinaus sehe ich Handlungsfelder im Bereich der Führung. Die „natürliche" Vermittlungsstärke und das integrative Verhalten von Anschlussmenschen fallen ihren Führungskräften und dem Umfeld auf. Diese wichtigen Führungsqualifikationen führen zu Beförderungen von oben, z. B. im beruflichen Kontext durch Berufung, oder im privaten Umfeld von unten, durch Wahl. Aus den dann bekleideten Führungsrollen resultieren Anforderungen, die den Anschlussmenschen nicht unbedingt originär sind. Insbesondere „einsame" Entscheidungen zu treffen (links oder rechts), Konflikte durch „Urteile" zu entscheiden (recht und unrecht), eigene und fremde Interessen gegen Widerstände aus der Umwelt oder dem Team durchzusetzen, anhaltende Konfliktzustände zu ertragen oder ein ausgewogeneres Menschenbild zu schulen, sind m. E. prüfenswerte Handlungsfelder für das *Personal Performance Management* von Anschlussmenschen.

Darüber hinaus sollten sich anschlussorientierte Menschen mit Machtstrategien vertraut machen. Nicht nur, aber auch, um sie selbst anzuwenden und ihnen nicht ausgeliefert zu sein, wenn andere Menschen sie ihnen gegenüber anwenden. Es kann lohnend sein, sich zumindest mit den Themen Machiavellismus, Mikropolitik (was nicht das Gleiche ist!) und Einflussnahme auseinanderzusetzen, um sich selbst und andere besser schützen zu können und das persönliche Handlungsrepertoire zu erweitern.

Wenn man diese potenziellen Handlungsfelder betrachtet, ist auch die konsequente Auseinandersetzung und der Abgleich mit den eigenen Werten und Richtlinien bedeutend, um allzu große Dissonanzen (Widersprüche) zwischen den eigenen Motiven und den Anforderungen der Umwelt zu vermeiden. Wir leben in einer Leistungsgesellschaft, die Leistung schätzt, würdigt und (wahrscheinlich in einem zu hohen Maß) implizit und explizit einfordert. Während Machtmenschen diese Forderungen noch einigermaßen bedienen können – zumindest dem äußeren Anschein nach –, werden Anschlussmenschen möglicherweise durch falsche Vorbilder und unreflektierte Leistungsanforderungen in eine Rolle gepresst, die ihnen nicht liegt und für die es auch keine passende Repräsentation in ihrer Motivstruktur gibt. Insbesondere in den extremen Fällen, in denen externe Anforderungen und interne Motive auseinanderstreben, meine ich, lohnt sich die Auseinandersetzung mit dem *Personal Performance Management,* um einen persönlichen Weg der Balance zu finden.

Auch für diese Annäherung an einen möglichen Nutzen der persönlichen Leistungssteuerung gilt, dass die Liste der möglichen und denkbaren Handlungsfelder für das *Personal Performance Management* nicht vollständig und abschließend geführt wird. Vielleicht konnte ich aber ein paar Anregungen und Denkansätze für die „Anschlussmenschen" unter den Lesern liefern.

3.3   Leistung: selbst machen

Endlich! Mögen einige von Ihnen denken. Endlich kommen wir zu dem Motiv, das dem Namen nach am meisten mit dem Hauptthema des Buches zu tun hat. Und ich habe den Verdacht, dass die meisten Leser überwiegend durch dieses Motiv angetrieben wurden, zu diesem Buch zu greifen – korrigieren Sie mich gerne, wenn ich im Einzelfall falsch liege. Dennoch hoffe ich, mit den Ausführungen zum Macht- und Anschlussmotiv aufgezeigt zu haben, dass im Prinzip jeder Mensch daran interessiert sein kann – und vielleicht auch sollte –, sich mit dem Thema Leistungssteuerung auseinanderzusetzen. Es sind nicht nur die Hochleistungssportler, Streber und „Ehrgeizlinge", die sich gewinnbringend mit dem *Personal Performance Management* auseinandersetzen sollten. Aber (!) Menschen mit einem hohen Leistungsmotiv haben vielleicht mehr als nur einen Grund, zu diesem

Buch zu greifen. Neben dem grundlegenden Motiv, generell Leistung erbringen zu *wollen*, und zwar immer, überall und in jeder Lebenslage, schlägt auch ein wesentlicher Teil unseres Zeitgeistes in genau diese Kerbe. Menschen *sollen* Leistung bringen. Und sie werden an jeder Ecke und zu jeder Gelegenheit daran erinnert. Ich hatte es oben bereits angedeutet. Die Anforderungen unserer Umwelt werden implizit und explizit an uns herangetragen. Explizite Leistungsanreize lassen sich leicht an unseren Gehaltszahlungen erkennen. Haben wir die Boni mitgenommen, dann haben wir die Leistungsanforderungen unseres Arbeitgebers offenbar in einem gesteigerten Maß erfüllt. Vielleicht geht im nächsten Jahr ja noch ein bisschen mehr?! Weniger leicht durchschaubar, aber mittlerweile jedem offenkundig sind z. B. die Vorbilder, die uns angeboten werden: superschlank, superstark, superausdauernd, superintelligent, ein Lebenslauf, der in ein einziges Leben gar nicht hineinzupassen scheint. Zwar sagt uns keiner: Mach das genauso oder du verlierst den Anschluss, aber das ist auch gar nicht nötig. Gerade die implizite, verborgene Aufforderung entbindet den Antreiber von seinem Amt, denn wir übernehmen seine Aufgabe bereitwillig selbst. Franz Kafka schrieb etwa 1917 oder 1918 einmal: *„Das Tier entwindet dem Herrn die Peitsche und peitscht sich selbst, um Herr zu werden, und weiß nicht, dass das nur eine Phantasie ist […]"* (Kafka, 2006). Es macht fast den Eindruck, als hätte er schon damals den heutigen Menschen vor Augen gehabt.

Was ich damit sagen will: Dieses Buch ist vor allem für die Menschen gedacht, die bis hierher gelesen haben und noch immer den Ehrgeiz verspüren, ihre Leistung zu *steigern*. *Verbessern* Sie meinetwegen Ihre Leistung mit diesen Anregungen. In der Verbesserung steckt etwas Qualitatives. *Aber bitte nutzen Sie dieses Buch nicht, um noch eine Schippe draufzulegen, um noch schneller gegen die Wand zu rennen.* Halten Sie inne, orientieren Sie sich, laufen dann meinetwegen mit aller Kraft los, aber orientieren Sie sich zwischendurch immer wieder, ob Sie noch in die richtige Richtung laufen. Das Leben ist kein Sprint auf gerader ebener Strecke. Es ist eher wie ein Crosslauf durch den Wald mit vielen Wendungen, Steigungen, Unebenheiten und Hindernissen. Man sollte es also mit der gebotenen Umsicht angehen, um sich nicht zu verletzen oder zu verlaufen.

Das Leistungsmotiv ist vielleicht das am besten und eines der am längsten untersuchten Motive menschlichen Handelns. Dabei dürften die Anfänge noch über die 1950er-Jahre hinausgehen, als McClelland sich intensiver mit dem *need for* _achievment_ (kurz: *n Ach*, Leistungsmotiv) auseinandersetzte und es im Zusammenhang mit anderen Motiven menschlichen Handelns untersuchte (vgl. McClelland, 1958; 1975; 1985; 1987a, b; 1993; Zimbardo et al., 2016; Brandstätter et al., 2018; Heckhausen & Heckhausen, 2018). Nach dem, was Kafka einmal schrieb, liegt die Vermutung nahe, dass sich die Menschen mindestens seit dem Beginn des 20. Jahrhunderts mehr oder weniger systematisch mit dem Gedanken an ein Leistungsmotiv auseinandergesetzt haben.

Was treibt leistungsorientierte Menschen an und was zeichnet sie aus?
Kurz und ketzerisch könnte man formulieren, dass leistungsmotivierte Menschen stets streben und auf der Suche nach neuen Zielen sind. Aber diesen Befund möchte ich noch ein wenig mit Leben füllen.

Leistungsorientierte Menschen kennzeichnet, dass sie sich einen eigenen *Standard of Excellence* suchen – einen eigenen Gütemaßstab. Dieser kann sowohl in Konkurrenz zu anderen, zu Rekorden oder auch zu eigenen Bestleistungen gemessen werden. Aus der Erfüllung dieses Standards durch das Erreichen der (selbst) gesteckten Ziele empfinden leistungsorientierte Menschen Stolz auf sich selbst. „Das hast du gut gemacht!", hört man vor allem bei *n Ach-Menschen* zu sich sagen. Aber es ist nicht damit getan, Ziele zu erreichen. Die eigene Leistung muss ständig verbessert und ggf. mit der anderer verglichen werden, um zu prüfen, ob der Standard noch hoch genug hängt. Erreichte Ziele sind Schall und Rauch und vergehen im Nebel der Vergangenheit. Daher ist es auch sehr schwierig, einen für längere Zeit zufriedenen Leistungsmenschen anzutreffen. Die Zufriedenheit stellt sich in dem Moment ein, in dem das angestrebte Ziel erreicht worden ist. Für einen kurzen Augenblick gibt es einen flüchtigen Gleichgewichtszustand zwischen Ist und Soll. Doch dieser Augenblick verfliegt schon wenig später, wenn die Orientierung nach dem nächsten Ziel beginnt. Leistungsmenschen lassen sich vor allem durch das Diskrepanzgefühl zwischen dem derzeitigen Stand und dem Ziel antreiben (vgl. Furtner, 2012).

Leistungsmenschen suchen normalerweise erwünschte Aufgaben und Herausforderungen, die an der Grenze zum Scheitern bzw. zur Überforderung liegen und zu einem gewissen Grad auch den Grenzübertritt offenlassen. Das heißt nicht, dass sie sich kopflos in Abenteuer stürzen oder mit Anlauf in eine Überlastungsfalle rennen. Aussichtslose Kämpfe kämpfen auch sie in der Regel nicht gern und die Folgen von Überlastung sind vielen Leistungsmenschen durchaus bewusst. Aber sie bewegen sich gerne an den Grenzen, um diese auszutesten und nach Möglichkeit weiter zu verschieben (vgl. Furtner, 2012; Zimbardo et al., 2016).[8]

Michael Schumacher scheint ein prototypischer Leistungsmensch zu sein. Seine ganze Karriere drückt aus, dass er immer an der Grenze des Machbaren gearbeitet hat. Eine Geschichte, die ich einmal gehört habe und von der ich leider nicht weiß, wie wahr sie ist, unterstreicht diesen Eindruck: Michael Schumacher hat in seinen Rennen sicherlich einige Unfälle gehabt, die teilweise auch glücklicher ausgegangen sind, als es anfangs den Anschein gemacht hat. Die meisten Unfälle soll er aber im Training gehabt haben. Die Grenzen seines Autos und neuer Komponenten auszutesten, war fester Bestandteil des Trainings und der Entwicklung seiner Autos. Nur durch die Kenntnis der eigenen Belastungsgrenzen sowie der von Reifen, Motor, Bremsen und Chassis war es möglich, die Schwachstellen zu erkennen und zu verbessern. Und auch nur so war es möglich im Rennen – im Ernstfall – immer im Grenzbereich zu fahren, ohne sich, das Auto oder Teile davon zu überfordern.

Für leistungsmotivierte Menschen steht auch das „Selbermachen" im Vordergrund (Furtner, 2012). Sie müssen nicht unbedingt anleiten und machen lassen. Leistungsmenschen

---

[8] Eine Relativierung dieser generellen Aussage werden wir im folgenden Abschn. (3.4 Antriebstendenzen geben die Richtung vor) vornehmen.

machen lieber selber. Dabei scheint jedoch die Fokussierung auf die Grundlagen des letztlich resultierenden Erfolges eine kulturelle Prägung zu haben. Während Aussagen und Empfinden von Sportlern aus westlichen Gesellschaften tendenziell die eigene Leistungsfähigkeit und die eigenen Anstrengungen für die Leistungserbringung verantwortlich machen[9], sind die Befunde in dieser Hinsicht bei Sportlern aus dem Rest der Welt erkennbar anders. Sie stellen nämlich auf authentische Weise das Team und die Familie in den Vordergrund (Zimbardo et al., 2016).

Leistungsorientierte Menschen arbeiten, getrieben durch ihren eigenen *Standard of Excellence,* sowieso schon härter und ausdauernder auch bei schwierigen Aufgaben als Menschen mit einem niedriegerem *need for achievement.* Dadurch sind sie in der Regel auch erfolgreicher als Menschen mit anderen Motiven (McClelland, 1987b; Schultz & Schultz, 2006). Die Konkurrenzorientierung von leistungsorientierten Menschen führt dazu, dass sie sich einerseits selbst antreiben, aber auch relativ leicht extrinsisch motivieren lassen. Auf Aussagen wie: „Guck mal, das andere Büro hat da aber eine clevere Lösung erarbeitet", „Dein Vorgänger hat hier große Fußspuren hinterlassen, aber das packst du schon", „Wir haben Sie eingestellt, weil wir große Erwartungen in Sie legen", „Das hat bisher noch keiner geschafft" und so weiter reagieren Leistungsmenschen, wie Sprinter beim Startschuss: Es geht los!

Das Leistungsmotiv im Personal Performance Management
Nach den letzten Ausführungen zu leistungsorientierten Menschen zeichnet sich ein klares Handlungsfeld für das *Personal Performance Management* von leistungsorientierten Menschen ab. So sollten für die Leistungssteuerung Strategien ins Auge gefasst werden, die geeignet sind, Leistungsmenschen nicht in eine Überlastung hineinzutreiben. Dies gilt umso mehr für leistungsorientierte Menschen, die aufgrund ihrer Leistungen in Führungspositionen aufsteigen. Dann müssen sie nämlich lernen, nicht alles selbst zu machen und sich nicht jeden Schuh anzuziehen, den man ihnen hinhält. Daher sollte die häufig bereits vorhandene Fähigkeit zur harten und ausdauernden Arbeit unbedingt durch die Fähigkeit zu delegieren und die Fähigkeit sich abzugrenzen ergänzt werden, um Arbeit abgeben zu können und selbst langfristig leistungsfähig zu bleiben.

„Done ist better than perfect" oder eine Lebensphilosophie, die sich an das Pareto-Prinzip (80/20-Regel) anlehnt, ist außerdem für leistungsorientierte Menschen mit besonders hohen Qualitätsmaßstäben hilfreich, um sich – vor allem in Führungsrollen – nicht im alltäglichen Kleinklein zu verlieren und aufzureiben. Um die letzten Prozente auf dem Weg zur Perfektion zu erreichen, ist oft ein völlig unverhältnismäßig hoher Aufwand nötig. Manchmal ist Perfektion erforderlich – aber viel seltener als extrem leistungsorientierte Menschen glauben.

---

[9] Medien- und Interview-Coachings haben vor einigen Jahren spürbar dazu geführt, dass die Sportler nicht mehr als Erstes von ihren eigenen Leistungen sprechen, sondern sich zunächst einmal für das Team freuen, und dass solche Leistungen ja nur durch das Zusammenspiel vieler Faktoren zustande kommen. Aber sie können sich noch so anstrengen, solange die Aussagen von Sportschau zu Sportschau immer wortgleich wiederholt werden, wirkt es einfach nicht echt.

In diesem Zusammenhang sollten *n Ach*-Menschen auch lernen, sich zwischendurch weniger anspruchsvolle Ziele zu setzen und damit auch zufrieden zu geben. Dies gilt insbesondere wieder, wenn Leistungsmenschen Führungspositionen erreichen. Dann kann es nämlich passieren, dass bei zu anspruchsvollen Zielen nicht alle Mitarbeiter „mitgenommen" werden. Wenn Sie Führungskraft sind und sich selbst als *n Ach*-Mensch identifiziert haben, sollten Sie überlegen, vielleicht auch einmal Ziele zu setzen, die vom Team leicht erreicht werden können und nicht nur unter Einsatz der letzten Reserven *vielleicht* erreicht werden. Das Kribbeln, das leistungsorientierte Menschen spüren, wenn sie merken, dass sie auch scheitern könnten, ist für andere Menschen vielleicht ein unerträgliches Gefühl.

Ein weiteres Handlungsfeld für das *Personal Performance Management* von Leistungsmenschen wäre z. B. auch die Teamarbeit. Die besondere Neigung das Verhalten der Umwelt vor dem Hintergrund der eigenen kompetitiven Grundeinstellung zu interpretieren, steht leistungsorientierten Menschen manchmal im Weg, wenn es angebrachter wäre, kooperatives Verhalten an den Tag zu legen. Arbeit und Erfolg können geteilt werden und nicht jede gute Leistung eines Kollegen muss als Aufforderung zum Wettkampf verstanden werden. Insbesondere in Organisationskulturen, die eher auf Kooperation ausgelegt sind, muss das Teamwork von leistungsorientierten Menschen ggf. gelernt werden.

Wenn Sie meinen, dass Ihnen hier irgendwas in Richtung Zeitmanagement, Arbeitsorganisation oder Leistungsoptimierung fehlt, dann verweise ich auf das Zitat von Kafka und bitte Sie inständig, die Peitsche aus der Hand zu legen – Sie verletzen sich nur selbst damit.

Exkurs: Das Verhältnis von Macht, Anschluss und Leistung

Es wurde bereits darauf hingewiesen, dass sich die Motivstruktur einer Person aus der Gewichtung der verschiedenen Grundmotive ergibt. Diese Gewichtung weist darauf hin, welches Motiv in den meisten Fällen „tonangebend" ist. Grundsätzlich sind aber alle Grundmotive in jeder Person vorhanden und können je nach Situation auch entgegen dem „Leitmotiv" aktiviert werden. Wie hängen die Motive aber zusammen? Oder: In welcher Beziehung stehen die Motive zueinander? (vgl. Abb. 3.1).

Die Motive Macht, Anschluss und Leistung scheinen uns als Grundausstattung mitgegeben zu sein. So lassen sie sich stammesgeschichtlich begründen, da sie jeweils für sich genommen und im Zusammenspiel untereinander Vorteile mit sich bringen, die das Überleben früher Menschen gesichert haben könnten. Nach der Geburt werden die Motive dann in der frühen Kindheit durch das Verhalten des unmittelbaren Umfeldes weiter geprägt (z. B. Hofer & Hagemeyer, 2018; Brandstätter et al., 2018; Busch, 2018). Dabei geht man mittlerweile davon aus, dass sich das Machtmotiv und das Leistungsmotiv aus einem im frühen Säugling noch unspezifischen Wirksamkeitsmotiv ausdifferenzieren. Für den heranwachsenden Säugling ist es wichtig zu erfahren, dass die eigenen Aktionen zu Reaktionen in der Umwelt führen: Beobachtung der eigenen Bewegung der Hand, Boxen eines Mobiles, das dadurch in Bewegung gerät, Weinen und gefüttert werden, Lachen und angelacht werden. Diese Feedbacks sind für Heranwachsende von besonderer Bedeutung, um sich irgendwann als eigenständiges, von anderen zu unterscheidendes, Individuum wahrnehmen zu können.

Im Falle des ausdifferenzierten Leistungsmotivs äußert sich das anfangs unspezifische Wirksamkeitsmotiv dadurch, dass man bestimmte fremde oder eigene Gütemaßstäbe erreicht oder immer weiter verschiebt. Das Machtmotiv hingegen prägt sich dahingehend aus, dass die Wirksamkeit durch die Beeinflussung anderer Personen, Wesen oder Situationen bestätigt wird (Holodynski, 2009). Und in beiden Ausprägungen spielt der Wunsch, von anderen Personen als unabhängiges Individuum wahrgenommen zu werden, und sich selbst so wahrzunehmen, eine Rolle. Das Machtmotiv und das

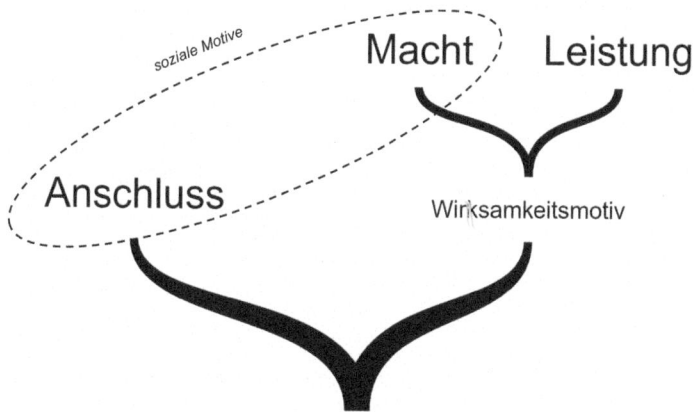

Abb. 3.1 Zusammenhang und Beziehung der Motive zueinander

Leistungsmotiv wären demnach „verschwisterte" Motive, die durch genetische Prädisposition und soziale Prägung unterschiedliche Wege eingeschlagen haben (Busch, 2018).

Das Machtmotiv unterscheidet sich jedoch vom Leistungsmotiv u. a. dadurch, dass es auf die soziale Interaktion mit anderen Menschen ausgerichtet ist. Das Gefühl von Einflussnahme, Bestätigung und Besonderheit braucht vor allem den sozialen Kontext. Dieser ist zur Befriedigung des Leistungsmotivs nicht unbedingt erforderlich, da es nicht in erster Linie um Dominanz der anderen, sondern um die Erreichung eines gesetzten Maßstabes geht. Dieser ist jedoch abstrakt und nicht zwingend vom sozialen Kontext abhängig. Andere Sportler oder Gegner dienen, trotz des vorhandenen Konkurrenzgedankens, lediglich der eigenen leistungsbezogenen Standortbestimmung – sozusagen als Orientierungsmarke. Ein *rein* leistungsorientierter Sportler wird demnach auch nicht *gegen* andere Sportler antreten, sondern vor allem mit dem Anspruch, die eigenen oder geforderten Bestleistungen zu überbieten. Wenn es hierzu erforderlich ist, einen Gegner zu überwinden, dann wird dies eher als Mittel zum Zweck der eigenen Standortbestimmung angestrebt denn als Befriedigung eines Dominanzbedürfnisses. Unzufriedenheit resultiert bei rein leistungsorientierten Menschen demnach auch vor allem aus dem Verfehlen der (selbst) gesetzten Marken und nicht aus der Niederlage gegen eine bestimmte Person.

Das Anschlussmotiv und das Machtmotiv sind insofern Verwandte (im Geiste), da sie sich auf das soziale Umfeld und auf Beziehungen beziehen müssen. Hierin grenzen sich beide Motive vom Leistungsmotiv ab. Das Machtmotiv zielt darauf, sich an die Spitze einer Gruppe zu setzen und diese anzuführen oder zumindest aus ihr herauszustechen und *durch* die Gruppe Ziele zu erreichen. Ein starkes Anschlussmotiv hingegen bewegt die Menschen dazu, in der Gruppe aufgehen, um *mit* ihr Hindernisse zu überwinden und gemeinsame Zeit zu verbringen. In diesem Sinne sind Macht- und Anschlussmotiv soziale Motive, die zur Befriedigung die Gruppe brauchen. Das Leistungsmotiv hingegen kann auch ohne Beziehungen oder sozialen Kontext befriedigt werden.

Die eigene Motivstruktur (er)kennen

Mit den bisherigen Ausführungen lässt sich schon etwas anfangen. Ich will das Bild gleich noch ergänzen, aber an dieser Stelle lohnt sich schon eine kurze Zusammenfassung: Wir Menschen werden durch verschiedene Motive angetrieben. Diese Motive sind (mindestens)

Abb. 3.2 Die Motivstrukturen
zweier unterschiedlicher
Menschen

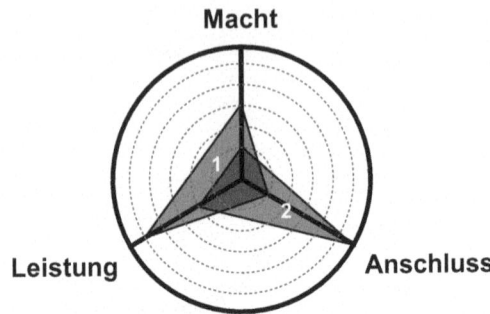

Macht, Anschluss und Leistung, die grundsätzlich alle in uns angelegt, aber durchaus unterschiedlich ausgeprägt sein können. Während unsere beste Freundin vor allem durch ein starkes Leistungsmotiv und ein mittelstark ausgeprägtes Machtmotiv charakterisiert werden könnte, sind wir vielleicht anders „gestrickt". Vielleicht werden wir in erster Linie und fast ausschließlich durch ein starkes Anschlussmotiv angetrieben, während unser Leistungs- und Machtmotiv vergleichsweise schwach ausgeprägt sind (vgl. Abb. 3.2).

Allein mit diesem Modell im Hinterkopf können wir nicht nur uns und andere Menschen besser kennenlernen, sondern erhalten schon erste Hinweise, warum wir mit einigen Menschen besonders gut zurechtkommen und mit anderen nicht. Wir können aus unserer Motivstruktur ableiten – oder zumindest mit ihrer Hilfe erahnen –, was uns guttut und was uns möglicherweise Probleme bereitet. Aber das Bild ist noch nicht vollständig und muss noch weiter verfeinert werden.

3.4   Antriebstendenzen geben die Richtung vor

Wir haben jetzt einiges über unsere grundlegenden Motive gelernt. Sie treiben uns an und haben ganz entscheidenden Einfluss auf unsere Entscheidungen, die Ziele, die wir verfolgen und wie wohl wir uns bei der Verfolgung dieser Ziele fühlen. Vielleicht haben Sie anhand der Beschreibungen auch schon eine erste Idee, wie Ihre persönliche Motivstruktur (Gewichtung der Motive untereinander) aussehen könnte. Bevor Sie dieses Selbstbild aber zu früh in Stein meißeln, muss ich noch eine notwendige Vertiefung dieses Themas vornehmen. Vielleicht haben Sie ja auch schon selbst gemerkt, dass sich das bisher gezeichnete Bild von der gewichteten Motivstruktur für Sie noch nicht ganz rund anfühlt.

So kann es z. B. sein, dass Sie den Drang verspüren, am Wettbewerb teilzunehmen, dies jedoch nicht, wie dargestellt, des Spiels wegen oder um zu sehen, wo die eigenen Grenzen liegen, sondern weil Sie meinen, dass Sie etwas verlieren würden, wenn Sie es nicht täten. In diesem Fall sind Sie zwar durchaus *leistungsmotiviert,* finden sich womöglich aber nicht in der obigen Beschreibung wieder. Ähnliches kann auch für Menschen gelten, die eher *anschlussorientiert* sind: Sie haben zwar das Bedürfnis nach sozialer Nähe und Anschluss und versuchen auch alles Mögliche in dieser Richtung, die Kommunikation will ihnen aber nicht so flüssig und fließend gelingen wie anderen, die hier einfach ein besonderes Talent zu haben scheinen. Woran kann das liegen, wenn doch Anschlussmenschen kommunikativ begabt sein sollen? Und als *Machtmensch* erfüllen Sie sich womöglich den Wunsch nach Einfluss und Ansehen bei ihren Mitmenschen, werden aber von der ständigen Furcht getrieben, diesen Einfluss wieder zu verlieren. Wie kann das sein? Warum identifizieren wir uns vielleicht eindeutig mit einem der genannten Motive, haben aber eher einen getrübten Blick darauf oder eine negative Einstellung dazu?

Das liegt u. a. daran, dass unsere grundlegenden Motive unter anderem durch unsere spontanen und situativen Bewertungen beeinflusst werden. Sie veranlassen uns, den Weg, den uns unsere Motive vorzugeben versuchen, zu verlassen. Wir fassen diese spontanen und situativen Bewertungen als *Motivation* zusammen. Hierzu werden wir im nächsten Kapitel noch einiges kennenlernen. An dieser Stelle muss ich aber mit den **Antriebstendenzen** schon einmal in das Thema Motivation hineingreifen, um das geschilderte Empfinden zu erklären, dass das eigene Handeln zwar von einem bestimmten Motiv geleitet wird, sich dies jedoch nicht immer gleich und schon gar nicht immer angenehm anfühlt.

Die Antriebstendenzen, von denen hier die Rede ist, resultieren aus der spontanen oder generalisierten emotionalen Bewertung von Situationen. So können wir in bestimmten Situationen *Hoffnung* auf das Gelingen oder *Furcht* vor dem Scheitern empfinden. Ob wir unsere Motive eher durch *Annäherung* an (Hoffnung) oder *Vermeidung* von etwas (Furcht) zu befriedigen suchen, hängt von diesen Bewertungen ab und hat erhebliche Auswirkungen auf die Strategien, die wir intuitiv nutzen. Machen wir uns einerseits unsere Motivstruktur bewusst und kennen wir andererseits unsere dazugehörigen Antriebstendenzen (Annäherung oder Vermeidung), können wir unsere Strategien bewusster einsetzen oder gar mittelfristig zu ändern versuchen – sofern wir das wollen.

Fallen unsere Erwartungen in Bezug auf bestimmte Ereignisse oder Verhaltensweisen positiv aus, weil wir einen wie auch immer gearteten Nutzen erwarten, löst dies eine **Annäherungstendenz** (Hoffnung) in uns aus. Die Situation erscheint uns somit erstrebenswert und attraktiv. In der Folge versuchen wir sie zu erreichen oder herbeizuführen. Wir streben danach (Zimbardo et al., 2016; Furtner, 2012; Brandstätter et al., 2018; Heckhausen & Heckhausen, 2018). Wenn uns die Befriedigung eines unserer grundlegenden Motive in Aussicht steht, oder wenn wir meinen, dass wir ein kurzfristiges biologisches oder psychologisches Bedürfnis befriedigen können, versuchen wir dies auch zu realisieren. Wir nehmen mit Aussicht auf Erfolg auch gewisse Kosten (z. B. Anstrengungen, Verzicht etc.) in Kauf – solange die Kosten nicht die erwarteten Gewinne übersteigen (Heckhausen & Heckhausen, 2018).

Dem steht die **Vermeidungstendenz** (Furcht) gegenüber. Sie resultiert aus unseren negativen Emotionen und Bewertungen, wie z. B. Angst oder Ekel. Negativ bewertete Situationen werden wir naturgemäß nicht anstreben, vielmehr versuchen wir sie zu umgehen oder zu verhindern (Zimbardo et al., 2016; Furtner, 2012; Brandstätter et al., 2018; Heckhausen & Heckhausen, 2018). Während das Annäherungsverhalten als *aktiv* beschrieben werden kann, äußert sich das Vermeidungsverhalten eher *passiv* oder als Ausweichhandlung (Schultheiss & Wirth, 2018). Erwarten wir, dass eine Aufgabe zu schwierig ist, um sie mit den vorhandenen Mitteln zu erreichen, werden wir sie meiden. Wir versuchen Menschen zu umgehen, die uns aus irgendwelchen Gründen Angst machen. Und wir weichen zurück, wenn wir etwas sehen, riechen oder hören, das uns abstoßend erscheint. In diesen Situationen nehmen wir an, dass uns ein „Weiter-so" mehr kostet, als es Gewinne bereithalten kann, und wir meiden sie.

Die Berücksichtigung der Antriebstendenzen Annäherung und Vermeidung erlauben eine differenziertere Betrachtung unserer Motivstruktur. Hieraus lassen sich Erkenntnisse ableiten, die für das *Personal Performance Management* von Bedeutung sind.

Erfolg suchen vs. Misserfolg meiden

Spätestens seit Atkinson in den 1950er-Jahren das erste Mal sein Risikowahl-Modell formuliert hat, ist das Leistungsmotiv differenzierter zu betrachten (Atkinson, 1957). Demnach unterscheiden sich Menschen darin, ob sie Erfolge anstreben (Erfolgsorientierung) oder versuchen Misserfolge zu vermeiden (Misserfolgsorientierung). Sowohl die Erfolgs- als auch die Misserfolgsorientierung sind in allen Menschen angelegt und betreffen nicht nur hoch leistungsmotivierte Menschen. Nach dem Risikowahl-Modell dominiert jedoch eines dieser Motive und bestimmt dadurch unser Verhältnis zu Herausforderungen und Aufgaben, die uns im Leben gestellt werden. Für die persönliche Leistungssteuerung ist es wichtig zu wissen, ob man Leistungsziele eher anstrebt, weil man ein Gefühl von Stolz empfinden möchte oder ob man Scham vermeiden will. Der Einfachheit halber stelle ich Erfolgs- und Misserfolgsmotiv getrennt dar, obwohl sie in Reinform praktisch nicht anzutreffen sind (Heckhausen & Heckhausen, 2018; Kuhl, 2018).

Erfolgsmotivierte Menschen suchen den Erfolg. Das damit verbundene, angestrebte Gefühl ist der Stolz. Dieses Gefühl können sie am besten erleben, wenn sie Aufgaben mittleren Schwierigkeitsgrades zu lösen versuchen. Hier halten sich Erfolgs- und Misserfolgswahrscheinlichkeit die Waage. Die persönlichen Ressourcen lassen sowohl ein Scheitern, aber auch die Bewältigung der Aufgabe zu. Daraus erwächst eine große Motivation, solche Aufgaben zu suchen und anzunehmen (vgl. Brandstätter et al., 2018; Furtner, 2012; Heckhausen & Heckhausen, 2018). Mit der Orientierung am Erfolg ist auch ein besonderer Optimismus hinsichtlich der Bewältigung der Leistungsaufgaben verbunden. Hierdurch werden negative Gedanken abgeschirmt und eine bessere Fokussierung auf die Aufgaben möglich. Außerdem konnte belegt werden, dass erfolgsorientierte Menschen tendenziell über realistischere Selbsteinschätzungen hinsichtlich verschiedener persönlicher Leistungsaspekte, wie z. B. die künftige Berufswahl oder den Erfolg darin, verfügen (Brandstätter et al., 2018). Dies führt insgesamt zu einem gesteigerten Wohlbefinden.

Misserfolgsmotivierte Menschen hingegen versuchen dem Risikowahl-Modell zufolge Misserfolge zu vermeiden, um nicht das Gefühl der Beschämung spüren zu müssen, das mit Niederlagen verbunden ist. Auch wird vorausgesagt, dass sie der Aufgabenerfüllung eher pessimistisch entgegensähen. Daher setzen sie sich tendenziell unrealistischere Ziele als erfolgsorientierte Menschen. Die gewählten Ziele wären entweder zu anspruchsvoll (implizieren also das künftige Scheitern) oder zu einfach (die künftige Zielerreichung ist sehr gewiss) (vgl. Brandstätter et al., 2018; Furtner, 2012; Heckhausen & Heckhausen, 2018). Und dies entspricht auch dem Alltagsverständnis, dass viele Menschen von misserfolgsorientierten Menschen haben.

Während jedoch die Postulate des Risikowahl-Modells hinsichtlich der Wahl von Aufgaben für *erfolgsmotivierte Menschen* empirisch gut belegt sind, sieht es bei *misserfolgsmotivierten Menschen* etwas anders aus. Die durch das Modell beschriebene und vorherzusagende Aufgabenwahl kann empirisch nicht eindeutig bestätigt werden. So kann ein eigentlich misserfolgsmotivierter Mensch zu der Einsicht gelangen, dass man sich besonders anstrengen müsste, um das Gefühl von Scham zu vermeiden. Dem wenig bewussten Vermeidungsverhalten wird also bewusst gegengesteuert. Auf diese Weise kann die Person die lähmende Demotivierung des eigentlich dominierenden Misserfolgsmotivs überwinden, um das Gefühl der Scham zu vermeiden. Außerdem gibt es offenbar nicht zu unterschätzende extrinsische Einflüsse, die der geringen intrinsischen Motivation von misserfolgsmotivierten Menschen entgegenwirken können. So können sie z. B. aus einem starken Anschlussmotiv heraus Aufgaben verfolgen, die sie ansonsten vermeiden würden (Kuhl, 2018). Gleiches kann für die treibende Kraft eines ausgeprägten Machtmotivs gelten. Die angestrengte Aufgabenerfüllung auf mittlerem bis hohem Niveau wird somit zum Mittel, mit dem ein bestimmter Zweck (z.B. Anschluss, Macht, Vermeidung von etwas) verfolgt wird.

Für das *Personal Performance Management* lässt sich hieraus viel Positives ziehen: Wenn Sie generell eher erfolgsmotiviert sind, werden Sie aus sich heraus eine hohe Motivation haben, anspruchsvolle Aufgaben zu wählen, die zu Ihren Fähigkeiten passen. Aber auch, wenn Sie feststellen, dass Sie eher misserfolgsmotiviert sind, ist das Kind noch nicht in den Brunnen gefallen. Die bisherigen Befunde deuten zwar darauf hin, dass Sie in den Bereichen Selbsteinschätzung (positives, realistisches Selbstbild) und Optimismus Handlungsfelder haben, an denen Sie arbeiten sollten. Darüber hinaus kann man aber auch feststellen, dass es sowohl innere als auch äußere Motivatoren gibt, die eine funktionale Aufgabenverfolgung auf hohem Niveau ermöglichen. Dies gilt insbesondere für andere starke Motive (Anschluss und Macht), denen die Leistungserbringung als Mittel zum Zweck dient.

Exkurs: Attribution (Zuweisung) – Wer ist schuld?
Der Mensch bzw. sein Gehirn strebt danach alles in seiner Umwelt zu erklären. Es reicht meist nicht, die Dinge einfach nur so wahrzunehmen, wie sie bei unseren Sinnesorganen angelangen. Wir müssen sie einordnen, in einen Zusammenhang stellen, ihnen einen Wert beimessen und prüfen, ob sie für uns positiv oder negativ sind. Die protowissenschaftlichen Erklärungsversuche von Religionen und die sich später immer weiter ausdifferenzierenden Wissenschaftsdisziplinen sind nur prominente Beispiele für diese Suche nach Einordnung und Erklärung. Jeder von uns sucht – unterschiedlich bewusst – nach Erklärungen für die Dinge, die um uns herum geschehen. Es scheint, als sei unser Gehirn süchtig nach schlüssigen Geschichten. Bei partiellen Gedächtnisverlusten versuchen wir die Lücken zu füllen, damit das Gesamtbild schlüssig bleibt – wir konfabulieren. Und wir versuchen

für Ereignisse, die wir nicht erklären können, Gründe oder Ursachen zu finden (vgl. Grüter, 2010; Korte, 2019; Schulz, 2013; Shaw, 2018). In einer Welt, die für uns zu komplex ist, um sie vollends zu begreifen, ist dies der Versuch Ordnung zu schaffen. So wollen wir uns selbst den Anschein bewahren, dass wir Kontrolle über das Chaos und die vielen Zufälligkeiten des Lebens hätten. Die Ursachenerklärungen werden Attributionen genannt (Brandstätter et al., 2018; Stiensmeier-Pelster & Heckhausen, 2018).

Wir versuchen Erfolg und Misserfolg bei uns und anderen logisch zu begründen. Dafür finden wir viele verschiedene Erklärungen, einige treten jedoch häufiger auf als andere. So werden als Verantwortliche für Erfolg und Misserfolg im Durchschnitt am häufigsten (1) Fähigkeiten und Fertigkeiten, (2) Anstrengungen und Engagement, (3) die Schwierigkeit der Herausforderung sowie (4) Glück oder Pech genannt (Schuster et al., 1989). Diese Nennungen kann man in zwei unterschiedlichen Dimensionen betrachten. Die eine fragt danach, wo Erfolg oder Misserfolg begründet liegen (personale Dimension): in einem *selbst* (internal) oder in der *Umwelt* (external)? Die andere Dimension fragt danach, ob Erfolg bzw. Misserfolg bei künftigen Herausforderungen in *gleicher Weise* (stabil) oder *verändert* (variable) zu erwarten sind. Die betreffende Person stellt sich also die Frage: „Werde ich beim nächsten Mal wieder Erfolg/Misserfolg haben? Oder werden die Karten neu gemischt?"

Die meisten *erfolgsmotivierten* Menschen folgen dabei in der Regel dem gleichen Attributionsmuster: Sie schreiben Erfolge ihren eigenen, gleichbleibenden Fähigkeiten zu und erwarten in Zukunft entsprechende Erfolge. Scheitern sie einmal, so werden vor allem variable Gründe hierfür herangezogen. Vielleicht hat man sich nicht genug angestrengt, vielleicht war die Herausforderung außerordentlich schwierig und unerwartet. Jedenfalls haben einzigartige Umstände dazu geführt, dass diesmal kein Erfolg resultieren konnte. Das war aber die Ausnahme, die die Regel bestätigt hat, und nächstes Mal wird es schon wieder klappen.

Misserfolgsmotivierte Menschen scheinen es genau umgekehrt zu machen. Auch wiederkehrende Erfolge werden den äußeren Umständen zugeschrieben, die nun (wiederholt!) ausnahmsweise zum Erfolg geführt haben. Das Scheitern hingegen wird auf die gleichbleibenden mangelnden Fähigkeiten zurückgeführt („Ich begreife es einfach nicht!" „Mathe war noch nie meine Stärke!" „Ich bin einfach so.") und bestätigt quasi, dass die Furcht vor einer beschämenden Situation gerechtfertigt war. In der Wahrnehmung werden diese Situationen aus Furcht vor der Scham, und weil man sie schon lange hat kommen sehen, derart überbewertet, dass die vielen Erfolge dazwischen an Wert verlieren. Diese Wahrnehmung kann dazu führen, dass man aufgrund der persönlichen Fähigkeiten und Anstrengungen beruflichen oder privaten Erfolg hat, sich diesen jedoch nicht selbst zuschreiben kann, sondern von einer Reihe glücklicher Umstände oder der Fehlbewertung durch das Umfeld ausgeht. Man hat eben wiederholt – aber ausnahmsweise (!) – Glück (eigentlich sollte einem dabei irgendwann einmal ein Licht aufgehen – tut es aber nicht). In den (beruflich orientierten) sozialen Medien wird diese Thematik in letzter Zeit häufig aufgegriffen – tatsächlich gibt es für dieses Phänomen schon seit fast 50 Jahren einen Begriff: Es handelt sich dabei um das sogenannte „Imposter- oder Hochstapler-Syndrom" (Clance & Imes, 1978). In extremen Fällen kann eine solche Wahrnehmung von sich selbst sogar zu Depressionen führen (Stiensmeier-Pelster & Heckhausen, 2018).

Aber was machen, wenn man nun festgestellt hat, dass man eher ein misserfolgsorientierter Mensch ist, der sich vor peinlichen Situationen fürchtet und daher herausfordernde Situationen entweder meidet oder mit so viel innerer Spannung angeht, dass es für einen selbst und das Umfeld kaum noch auszuhalten ist? Hier gibt es seit der Jahrtausendwende mit sogenannten *Reattributionstrainings* vielversprechende Lösungsansätze, die bisher jedoch vorwiegend in Schulen getestet worden sind. Die Ergebnisse verschiedener Ansätze deuten jedoch darauf hin, dass insbesondere zwei Faktoren für einen Erfolg bei diesen Trainings von besonderer Bedeutung sind (vgl. Brandstätter et al., 2018): Es sollte gleichzeitig daran gearbeitet werden, (1) ein *dynamisches Selbstbild* zu entwickeln und (2) regelmäßig *konkretes und zeitnahes Feedback* in Zusammenhang mit Erfolgs- und Misserfolgserlebnissen zu erhalten.

Die Bedeutung des **dynamischen Selbstbildes** für die Persönlichkeitsentwicklung und den persönlichen Erfolg ist mittlerweile ebenso gut untersucht wie die negativen Folgen eines zu starren Selbstbildes (Dweck, 2017). Das dynamische Selbstbild kann zum Beispiel auf einer kognitiven Ebene, also durch Verstehen, angeregt werden. So ist es mittlerweile erwiesen, dass unsere geistigen und körperlichen Fähigkeiten bis ins hohe Alter anpassungsfähig bleiben (z. B. Korte, 2019; Beck, 2016). Was Hänschen also nicht gelernt hat, kann Hans sehr wohl noch lernen. Natürlich gibt es mit jedem verstreichenden Jahrzehnt gewisse Abstriche – das darf bei aller Begeisterung nicht unerwähnt bleiben –, aber die Kernaussage bleibt: Der Mensch ist nachweislich ein sich ständig und immerwährend anpassender Organismus. Wir können diesen Prozess steuern, müssen es aber bewusst angehen.

Neben der Aneignung eines dynamischen Selbstbildes, und quasi als unterstützendes Element hierfür, kann **konkretes und zeitnahes Feedback** dabei helfen, Erfolge und Misserfolge differenzierter zu betrachten. Die Wichtigkeit von Feedbacks bei positiven und das persönliche Wachstum fördernden Entwicklungen ist, wie die Bedeutung des dynamischen Selbstbildes, gut erforscht (Ericsson & Pool, 2016). Einerseits geht es beim zeitnahen Feedback darum, die eigenen Bewertungsmuster in dem Moment, in dem sie entstehen, bewusst zu machen. Es kann gefragt werden, wie sich die betreffende Person aktuell den Erfolg oder Misserfolg erklärt. Bereits durch die Verbalisierung – ob mündlich oder schriftlich ist zunächst egal, denn es geht um die bewusste Reflexion – kann einige Klarheit entstehen und alternative Bewertungen werden denkbar oder drängen sich sogar auf. Andererseits dient das Feedback als Prüfung durch eine außenstehende Person. Sie kann bei Bedarf korrigierend eingreifen. In der Regel sollte diese Korrektur nicht durch den Aufbau einer Gegenposition („Das sehe ich aber ganz anders."), sondern vielmehr über Fragestellungen, die die betreffende Person zur differenzierteren Reflexion anregen, erfolgen (z. B.: „Wie würde eine außenstehende Person deinen Erfolg/Misserfolg bewerten?" „Welche eigenen Fähigkeiten hast du eingesetzt, um zum Erfolg zu kommen?" „Welche Umstände standen dem Erfolg im Wege?" „Wie kannst du es das nächste Mal besser machen?" „Warum hat es das letzte Mal funktioniert?" „Hast du nicht schon einmal eine ähnliche Situation erlebt, in der es funktioniert hat? Was war diesmal anders?"). Die Reflexion ist im Feedback-Prozess der erste Schritt. Dem kann sich dann z. B. die Neuformulierung von Aufgaben, Herausforderungen oder Zielen, also der konkrete und konstruktive Teil des Feedbacks, anschließen. Neuformulierte Aufgaben sollten dann auf das Leistungsniveau der betreffenden Person abgestimmt sein, sodass wiederholte und – das ist fast das Wichtigste – antizipierte Erfolge ermöglicht werden. Einerseits durch die Rückschau und andererseits durch antizipierte Handlungen mit veränderten Zuschreibungen (Attributionen) wird die Veränderung eines dysfunktionalen Attributionsstils misserfolgsmotivierter Menschen möglich.

Hoffnung und Furcht beim Anschlussmotiv

Die Erkenntnisse, die wir zu Erfolgs- und Misserfolgsmotiven gewonnen haben, lassen sich auch auf das Anschlussmotiv übertragen. Hoffnung (Annäherung) und Furcht (Vermeidung) spielen bei der Ausdifferenzierung dieses Motivs ebenfalls eine wichtige Rolle. So stellten Mehrabian und Ksionsky (1974) fest, dass sich das Anschlussmotiv ebenfalls unterschiedlich auswirkt, je nachdem, ob die betreffende Person eher *Hoffnung auf Anschluss* empfindet oder *Furcht vor Zurückweisung* hat. Die Annäherungstendenzen wirken sich auch hier eher motivierend aus, sodass beispielsweise fremde Menschen tendenziell positiver bewertet werden. Auch die eigene Wirkung auf Menschen wird als positiver eingeschätzt. Dies wirkt

sich insgesamt förderlich auf die Beziehungen aus, sodass diese stärker durch Gegenseitigkeit (Reziprozität) geprägt sind (Brandstätter et al., 2018; Furtner, 2012; Heckhausen &
Heckhausen, 2018).

Dominiert jedoch die *Furcht vor Zurückweisung*, resultiert hieraus eine besondere
Sensibilität für Zwischentöne – meist in Verbindung mit Fehleinschätzungen über den Bezie-
hungsstatus bzw. die Intention des Sprechers. Mehrdeutige Signale werden nicht mehr zu
eigenen oder fremden Gunsten interpretiert, sondern überkritisch geprüft. Hierdurch wird
der Fluss der sozialen Interaktion gestört. Sie scheint überspannt oder etwas künstlich und
aufgesetzt. Daher wirken Menschen mit dominierender Furcht vor Zurückweisung auch
tendenziell ungeschickter in ihren Beziehungen zu anderen Menschen und sind dadurch
auch weniger beliebt als Menschen mit Hoffnung auf Anschluss. Als Führungskräfte neigen sie dazu, eher einen Laisser-faire-Führungsstil zu pflegen, um bei den Mitarbeitern
nicht anzuecken und keine Zurückweisung empfinden zu müssen (Brandstätter et al., 2018;
Furtner, 2012; Heckhausen & Heckhausen, 2018).

Die Furcht vor Zurückweisung findet sich in einem Beispiel im Zusammenhang mit
dem „Vier-Ohren-Hören" wieder (Schulz von Thun, 2011). Das sehr nützliche Kommuni-
kationsmodell, das auf den „vier Seiten einer Nachricht" beruht, untersucht Störungen der
Kommunikation. Eine solche Störung kann vorliegen, wenn das Gleichgewicht zwischen
den vier Dimensionen Appell-, Beziehungs-, Selbstoffenbarung- und Sachebene unnormal
und dauerhaft verändert ist. Menschen mit Furcht vor Zurückweisung würden demnach vorwiegend auf dem „Beziehungsohr" hören und alle Äußerungen des Gegenübers vor dem
Hintergrund der gegenseitigen Beziehung interpretieren. In Umwelten, in denen andere
Schwerpunkte angemessener sind (z. B. die Sachebene bei der Arbeit) oder vom Sprecher
anders gemeint waren (z. B. Selbstoffenbarung: „Ich fühle mich mit einigen deiner Aussagen nicht wohl."), kann das zu Fehlinterpretationen führen. Solche Fehleinschätzungen
beeinträchtigen den Kommunikationsfluss und können sich genau dort negativ auswirken,
wo die Folgen eigentlich eingedämmt werden sollten: auf der Beziehungsebene.

Für Menschen mit Furcht vor Zurückweisung gibt es mehrere Handlungsfelder für das
Personal Performance Management. Zunächst können sie Übungen zur Steigerung des
Selbstwertempfindens durchführen. Die gezielte und ggf. angeleitete Reflexion und „Aus-
wertung" positiver „Beziehungserlebnisse" ist hier vielversprechend. Außerdem kann man
an den eigenen Kommunikationskompetenzen arbeiten. Durch die gezielte Arbeit an den
gesendeten Botschaften sowie an der Interpretation der empfangenen Informationen kann
die Qualität der Kommunikation verbessert werden. Über gelingende Kommunikationsakte
kann eine positive Rückkopplung, in Form von direkten oder indirekten Feedbacks der
Austauschpartner erfolgen. Es folgen positive Erfahrungen, die Sicherheit für zukünftige
Kommunikation spenden. Darüber hinaus sollte über Reflexionsprozesse das Verständnis
geweckt werden, „es nicht allen gleichermaßen recht machen zu können". Dieser in die All-
tagspsychologie übernommene Ratschlag richtet sich vor allem an diejenigen, die in ihrem

(Führungs-) Verhalten zu vielen Kompromissen neigen, nur um die vermeintlich gute Stimmung zu retten. Letztlich steigt hierdurch jedoch die Gefahr, von der Umwelt ausgenutzt zu werden, erheblich an.

Macht suchen vs. Machtverlust fürchten

Bezüglich des Machtmotivs lassen sich (aktive) Annäherungs- und (passive) Vermeidungstendenzen feststellen, die sich auf der Verhaltensebene verschieden äußern. Menschen, die eher von der *Hoffnung auf Macht* getrieben werden, haben generell eine positivere Erwartungshaltung hinsichtlich ihrer Erfolgschancen bei Konfrontationen. Sie gehen eher in den Streit, weil sie die Erfahrung gemacht haben, ihre Position durchsetzen zu können und weil sie meinen, auf diese Weise Kontrolle über Situationen und Personen erlangen zu können (Brandstätter et al., 2018). Die Kompromissbereitschaft sinkt hierdurch erheblich. In besonders schlechten Fällen kann man auch befürchten, dass sich die Verhandlungsbereitschaft generell reduziert, weil die besonders ausgeprägte Zuversicht, sich im Konflikt notfalls auch mit anderen Mitteln durchsetzen zu können, dazu führt, Verhandlungen als Zeitverschwendung zu betrachten. Typischerweise können hieraus Karrieren resultieren, die sich durch exponierte Ämter kennzeichnen. Menschen, die Macht aktiv suchen, bekleiden Positionen, die besondere Anforderungen an die Konfliktbereitschaft bzw. Durchsetzungsfähigkeit stellen oder die durch ein solches Verhalten erreicht werden können.

Menschen hingegen, die eher von der *Furcht* getrieben sind, ihre *Macht zu verlieren,* tendieren zu einem passiven Verhalten. Sie versuchen auf diese Weise einerseits Macht dauerhaft empfinden zu können oder auch ihre Macht zu sichern. Klassische, passive Formen Macht zu empfinden, sind Ersatzhandlungen, die keine Gefahr bergen, tatsächlich in Konfliktsituationen zu geraten. Dennoch erlauben diese Ersatzhandlungen das Empfinden von Machtgefühlen. Der Konsum entsprechender Filme oder Literatur, die eine Identifikation mit einer dominierenden Figur zulassen, sind Ausdrucksformen dieser Suche nach „ungefährdeten" Machtgefühlen (Brandstätter et al., 2018). Die Identifikation mit bestimmten gesellschaftlichen Gruppen, politischen Parteien oder Sportvereinen kann ebenfalls Ausdruck einer passiven Befriedigung des Machtbedürfnisses sein.

Die Furcht vor dem Machtverlust kann auch mit Furcht vor dem Kontrollverlust gleichgesetzt werden (Brandstätter et al., 2018). Wenn ein Mensch also durch die Angst, die Kontrolle zu verlieren, getrieben wird, resultieren hieraus viele Handlungen, die dazu dienen, (gefühlte) Sicherheit herzustellen. Das Informationsbedürfnis in bestimmten Lebensbereichen kann beispielsweise erheblich ansteigen. Entscheidungen müssen doppelt und dreifach abgesichert sein und es wird immer wieder versucht, einen bestimmten Status quo zu schützen. Ein solches Verhalten kann z. B. in Bezug auf Führungsverhalten oder Beziehungen destruktiv wirken, weil es Handlungsweisen auslöst, die von der Umwelt als unsicher oder „überkontrollierend" empfunden werden können. Dies sind schlechte Voraussetzungen, wenn man – insbesondere in Krisenzeiten – Orientierung an Führungskräften sucht (vgl. Furtner, 2012).

Aus beiden Antriebstendenzen (Hoffnung und Furcht) lassen sich interessante Handlungsfelder für das *Personal Performance Management* ableiten. Wir hatten bereits festgestellt, dass das Machtmotiv ein wenig eingefangen (gehemmt) werden muss. Dies gilt insbesondere, wenn es mit einer besonders ausgeprägten Annäherungstendenz (Hoffnung auf Macht) verbunden ist. Konfliktbereitschaft und Durchsetzungswille können in vielen Situationen sehr nützliche Eigenschaften sein. Manche Kontexte erfordern solche Fähigkeiten geradezu. In anderen Zusammenhängen stellt sich jedoch heraus, dass Kompromissbereitschaft oder die Fähigkeit zur Suche nach belastbaren Konsensen (vor allem gesamtgesellschaftlich) wertvoller sind und zu insgesamt besseren Ergebnissen führen. Insbesondere die Fähigkeit zur Selbstregulation und zur Selbstkontrolle spielt in diesem Zusammenhang eine besondere Rolle (vgl. z. B. Bauer, 2015 u. Baumeister & Tierney, 2022).

Auf der anderen Seite behindert die Furcht vor Macht- oder Kontrollverlust vor allem die betreffenden Personen selbst. Sie bleiben durch übertriebene „Sicherheitsmaßnahmen" hinter ihren Möglichkeiten zurück und sind nicht in der Lage „Gewinne" zu erzielen, die sich nur durch eine gewisse Risikotoleranz erzielen lassen. Für Menschen, die ihre Furcht vor Machtverlust überwinden wollen, ist es wichtig, dass sie positive Erfahrungen mit riskanten Situationen sammeln. Solche Situationen müssen also einige Male gut ausgegangen sein, sodass sich positive Lernerfahrungen ableiten lassen. Dies sicherzustellen, ist allerdings nicht möglich, weil riskante Situationen ihr bestimmendes Merkmal, die Unsicherheit, ja gerade verlieren, wenn man einen bestimmten Grad an Sicherheit garantieren kann. Es bleibt also kaum etwas anderes übrig, als die Komfortzone (wohldosiert) zu verlassen und sich etwas zu trauen. Wenn man jedoch mit den „Ersatzbefriedigungen" des Machtbedürfnisses, z. B. durch Identifikationsprozesse bzw. der passiven Absicherung des Kontrollempfindens, zufrieden ist, ist das Verlassen der Komfortzone gar nicht erforderlich.

Differenziertes Bild unserer Motivstruktur

Auf Grundlage dieser Vertiefungen unseres Verständnisses von Motivstrukturen lässt sich nun ein differenziertes Bild der Motive menschlichen Handelns zeichnen. Für unsere Selbstbetrachtungen, aber auch für das Verständnis anderer Menschen ist dieses erweiterte Bild der drei Grundmotive sehr hilfreich und ermöglicht auch Einordnungen in besonderen Situationen. In Abb. 3.3 finden Sie das Profil eines fiktiven Menschen, das sich aus der Kombination der Grundmotive mit ihren Antriebstendenzen ergibt.

3.5   Das Verhältnis von impliziten und expliziten Motiven

Wenn wir unser *Personal Performance Management* auf stabile Füße stellen wollen, kommen wir an einer weiteren Perspektive auf unsere Motive nicht vorbei. Neben der Gewichtung der persönlichen Motivstruktur (Macht, Anschluss, Leistung) und den damit

Abb. 3.3 Differenzierte
Motivstruktur auf Grundlage
der drei Grundmotive und der
jeweiligen Antriebstendenzen

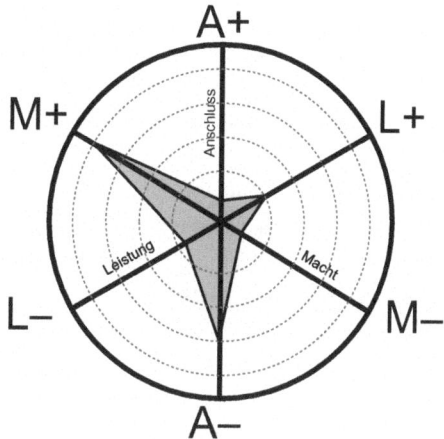

jeweils verbundenen Antriebstendenzen (Annähern, Vermeiden) spielt nämlich auch die Tiefe der Verwurzelung – oder vielleicht besser: die Herkunft – unserer Motive eine Rolle für unser mittel- bis langfristiges Wohlbefinden, die Leistungsbereitschaft und die Leistungsfähigkeit. Neben den bisher kennengelernten Unterscheidungen kann man außerdem implizite und explizite Motive voneinander unterscheiden. Der Deckungsgrad von impliziten und expliziten Motiven bestimmt zu einem großen Teil, wie gerne wir eine bestimmte Tätigkeit ausüben, wie viel Energie wir für sie mobilisieren können und wie resistent wir in unserem Handeln gegen Stressoren sind. Implizite und explizite Motive lassen sich nach ihrem Ursprung und ihrer Offensichtlichkeit unterscheiden.

Implizite Motive

Unsere *impliziten Motive* könnte man auch „verborgene Motive" nennen. Sie wurden sehr früh in unserer Kindheit angelegt und leiten sich häufig aus ersten Erlebnissen und Erfolgen ab, die wir schon in unseren ersten Monaten auf dieser Welt „einsammeln". Im Exkurs zum Verhältnis von Macht, Anschluss und Leistung (Kap. 3.3) haben wir bereits einen Hinweis auf den „Stammbaum" unserer Motive bekommen. In den ersten Monaten bis Jahren machen wir affektive (emotional gefärbte) Erfahrungen, die unsere (Selbst-) Wirksamkeit und unser Verhältnis zum sozialen Umfeld bestimmen werden. So gewichten sich unsere Motive zueinander (Motivstruktur) und wir verinnerlichen, welche Situationen wir eher aufsuchen und welche wir eher meiden sollten (Antriebstendenzen). Es ist tatsächlich das Kind, das da in den Brunnen fällt und seine Erfahrungen macht.

Unsere impliziten Motive entziehen sich im weiteren Lebenslauf der *bewussten* Wahrnehmung weitgehend. Sie sind vor allem mit unseren *Affekten* verbunden. Daher bleiben sie auch meist weitgehend verborgen, wenn wir uns nicht besonders um ihre Aufdeckung kümmern. Wollen wir unsere impliziten Motive aber aufdecken, müssen wir sie in der Regel indirekt bestimmen. Wir können sie beispielsweise aus bestimmten Äußerungen, Situationsbeschreibungen, Vorurteilen oder Vorlieben ableiten. So werden u. a. Bildbeschreibungen verwendet, um die bestimmenden oder dominierenden impliziten Motive einer Person zu erfragen. Den Personen werden mehrdeutige Bilder gezeigt. Die Situation darauf sollen sie dann mit ihren eigenen Worten beschreiben. Aus den Aussagen lassen sich Schwerpunkte erkennen, ob die betreffenden Personen eher macht-, anschluss- oder leistungsorientiert denken. Werden z. B. zwei Menschen vor einem Bürogebäude abgebildet, könnte ein anschlussorientierter Mensch auf die Beziehung der beiden eingehen und erklären, dass sich die beiden vor dem ersten spannenden Arbeitstag beim neuen Arbeitgeber verabschieden und Mut zusprechen. Machtorientierte Menschen sehen in der gleichen Szene vielleicht eine Projektleiterin und ihren Assistenten, die kurz davorstehen, den Firmensitz eines Konkurrenten zu betreten, um die Übernahme zu finalisieren. Leistungsmenschen betonen eher Leistungsaspekte: Es ist Montag, ein neuer Tag im Termingeschäft steht an und die beiden Kollegen unterhalten sich darüber, wer in dieser Woche wohl die meisten und besten Abschlüsse machen wird. Vielleicht schließen sie darüber eine Wette ab.

Versuchsanordnungen wie diese werden von Psychologen genutzt und können die verborgene Motivstruktur erkennbar machen. Sie können aber auch ohne fremde Hilfe den Weg über die Selbstbeobachtung gehen: Welche Situationen suchen Sie gerne auf? Wodurch kennzeichnen sich diese Situationen? Welche Aufgaben schieben Sie nicht vor sich her, sondern ziehen sie vielleicht sogar immer wieder vor? Bei welchen Aufgaben erhalten Sie aus ihrem Umfeld das Feedback: „Wieso machst du denn das? Musst du doch gar nicht." Oder: „Krass, die Selbstdisziplin würde ich auch gerne aufbringen." Bei welchen Gelegenheiten tun die Überstunden im Büro nicht weh? Bei welchen Tätigkeiten vergessen Sie die Zeit? Worin können Sie sich verlieren? Die besonderen Kennzeichen solcher Situationen und die Perspektive, die Sie auf diese Tätigkeiten einnehmen, können einiges über Ihre impliziten Motive verraten.

Wenn Sie sich auf die Suche nach Ihren verborgenen Motiven machen, sollten Sie außerdem sicherstellen, dass Sie einigermaßen entspannt sind. Da unsere impliziten Motive vor allem unserer affektiven Wahrnehmung zugänglich sind, sind Situationen besonders hoher Konzentration und Anstrengung eher hinderlich. Je stärker Sie sich konzentrieren, desto wahrscheinlicher werden Sie die jüngeren Areale Ihres Gehirns verwenden. Diese sind allerdings nicht dazu da, uns mit unseren Gefühlen und Empfindungen in Verbindung zu bringen, sondern dienen vor allem dem Planen, Abwägen und der bewussten Steuerung unserer Handlungen. Sie müssen für die Arbeit zur Aufdeckung Ihrer impliziten Motive zwar einige Analysearbeit leisten, aber Sie sind darauf angewiesen, emotionale und nicht kopfgesteuerte Reaktionen zu erforschen. Das gelingt nur in einem einigermaßen entspannten Zustand.

Die Suche nach Ihren impliziten Motiven kann also etwas mühselig sein, lohnt sich aber, wie wir gleich sehen werden.

Explizite Motive

Im Gegensatz zu Ihren impliziten Motiven sind Ihre *expliziten Motive* recht offenkundig. Wir haben sie später durch unsere Erziehung vermittelt bekommen, daher entsprechen sie in den ersten Jahren unseres Lebens häufig auch den expliziten Motiven unserer wichtigen Umwelt. Wir haben unsere expliziten Motive durch andere Menschen „erzählt" bekommen und haben sie so nicht aus uns selbst heraus entwickelt, sondern gelernt. Im Laufe der Zeit werden wir dann in die Lage versetzt, diese expliziten Motive selbst auszuformulieren und die Motivstruktur selbstbestimmt zu verändern. Je nach Art und Prägung der Umwelt, in der wir uns bewegen, kann sich unsere Motivstruktur auch schleichend an neue Anforderungen der Umwelt anpassen. Dies ist z. B. dann der Fall, wenn wir uns in der Schule das erste Mal mit einer neuen Bezugsgruppe identifizieren, später im Studium in ein neues soziales Umfeld kommen oder den Arbeitgeber wechseln. Die jeweiligen Wechsel können es erforderlich machen, dass wir unser explizites Motivsystem neu ausrichten, anpassen oder komplett ändern.

Dadurch, dass uns unsere explizite Motivstruktur anerzogen oder „nahegelegt" wird – vielleicht „kreieren" wir sie sogar selbst! –, ist sie uns „offenkundig". Sie ist uns einigermaßen bewusst, weil wir teilweise unverhohlen dazu aufgefordert werden, uns mit dieser Motivstruktur auseinanderzusetzen. Wir können unsere explizite Motivstruktur also oft gut ausformulieren und finden sehr zuverlässig eigene Tätigkeiten, Handlungen, Entscheidungen usw., die sich mit den so formulierten Motiven decken. Andere Menschen kommen zu ähnlichen Ergebnissen wie wir, wenn sie uns beschreiben sollen, und so ergibt sich ein schlüssiges, konkludentes Bild. Indirekte Umwege unsere expliziten Motivstrukturen zu bestimmen, braucht es meist nicht, es reicht, danach zu fragen.

Motivkongruenz und Motivinkongruenz

Implizite und explizite Motive sind nicht immer deckungsgleich. Die impliziten Motive entwickeln wir bereits sehr früh in unserem Leben. Sie sind vor allem unserem affektiven System zugänglich und entziehen sich im Gegensatz zu unseren expliziten Motiven weitgehend der rationalen Analyse und geben die „emotionale Richtung" vor. Sind unsere impliziten Motive deckungsgleich mit unseren expliziten Motiven, sprechen wir von einer *Motivkongruenz* und wir fühlen uns wohl. Wenn jemand motivkongruent ist und z. B. folgendes exemplarisches Motivprofil aufweist, nämlich dominierendes Machtmotiv (Annäherungstendenz), auf einem mittleren Niveau ausgeprägtes Anschlussmotiv (Vermeidungstendenz) und ein nur ansatzweise vorhandenes Leistungsmotiv (vgl. Abb. 3.4), dann lässt sich dies in gleicher Weise auf der impliziten wie auf der expliziten Ebene feststellen.

Passen die beiden Motivprofile (implizit und explizit) jedoch nicht zusammen, spricht man von einer *Motivinkongruenz*. Die Motivstrukturen sind bei einer Motivinkongruenz nicht deckungsgleich. Das, was uns auf einer tiefen affektiven Ebene (emotional) guttut, entspricht in diesem Fall nicht dem, was wir kognitiv als gut und richtig für uns erkannt haben. Es ist klar, dass es hier zu Spannungen kommen kann. Aber einen gewissen Grad der Motivinkongruenz können wir hinnehmen. Wenn die beiden Motivstrukturen nur wenig

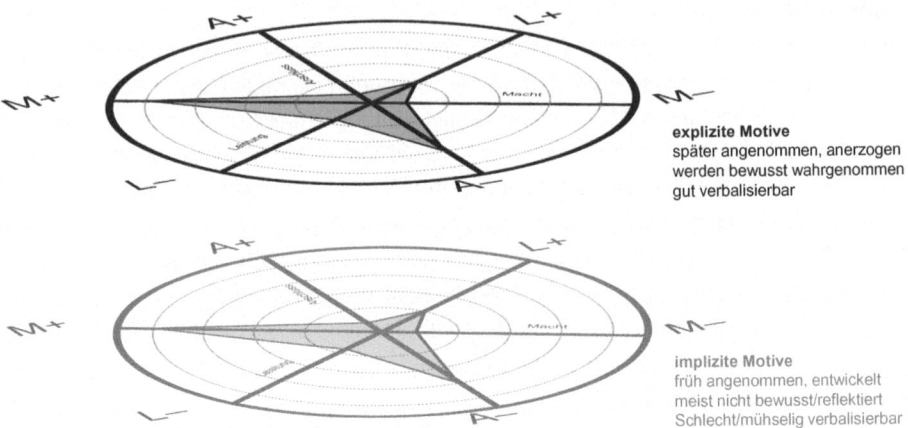

Abb. 3.4 Implizite und explizite Motive

voneinander abweichen, sind wir durchaus in der Lage, die daraus entstehenden, geringfügigen Inkongruenzen auch über längere Zeiträume mit uns selbst zu vereinbaren. Wenn die
implizite Motivstruktur jedoch erheblich von der expliziten Motivstruktur abweicht, führt
dies zu starken Dissonanzen. Wenn Sie beispielsweise ein sehr stark ausgeprägtes implizites
Anschlussmotiv haben, sich aber explizit zu einem hohen Machtmotiv „bekennen", führt
dies zu einer tiefen Unvereinbarkeit. Eine zu große Differenz zwischen den impliziten und
expliziten Motiven führt zu inneren Konflikten, die ähnlich wie andere psychische Stressoren
wirken. So ist eine zu große Motivinkongruenz verantwortlich für ein gestörtes emotionales
Wohlbefinden. Um dies auszugleichen und damit umgehen zu können, müssen wir außerdem auf unsere Willenskraft zurückgreifen (siehe ausführlich in Hilmer, 2023). So können
wir z. B. bestimmte Handlungen vor uns selbst – aber auch vor anderen – rechtfertigen oder
uns einreden, dass es uns damit gut geht, und dass es ja genau das ist, was wir *wollen*. In
diesem Fall spricht man von Rationalisierung. Sie dient in erster Linie dem Selbstschutz
(Brunstein et al., 1998; Kehr, 2004a, b; Baumann et al., 2005).

Wenn wir im Sinne eines ausgewogenen *Personal Performance Managements* dauerhaft Leistung erbringen wollen, ohne in eine „Falle" zu laufen, müssen wir Klarheit über
das Verhältnis unserer impliziten und expliziten Motive erhalten. Eine hundertprozentige
Deckung wird sich wahrscheinlich nur selten herstellen lassen. Wohl dem, dem dies gelingt.
Geringfügige Abweichungen zwischen unseren beiden Motivstrukturen sind allerdings gut
hinnehmbar. Vielleicht gelingt es uns durch die gelungene Vermittlung der Abweichungen zwischen impliziten und expliziten Motiven ja auch, ein noch reichhaltigeres Leben zu
führen. Vielleicht erfahren wir, dass wir selbst in der Lage sind, auch mit Dingen umzugehen, die uns eigentlich ein klein wenig stören. Auch das kann zu persönlichem Wachstum
beitragen. Was wir jedoch verhindern müssen, ist eine dauerhafte oder immer wiederkehrende krasse Missachtung unserer impliziten Motivstruktur. Das würde uns viel (Willens-)

Kraft und Aufmerksamkeit kosten, führt zu emotionalem Unwohlsein und kann in extremen Fällen auch zu psychischen und physischen Problemen führen. Welcher Art und Ausprägung diese dann sind, ist wieder sehr individuell und hängt auch von den Ausgleichs- und Bewältigungsstrategien (z. B. Sport, Yoga, Hobbys, Familie) ab.

Exkurs: Motiv und Umwelt

In der Auseinandersetzung mit den drei Motiven Macht, Leistung und Anschluss haben wir immer wieder auch die Bedeutung der Umwelt angerissen. So wissen wir, dass sich Leistungsmenschen in einem auf Anschluss ausgerichteten Umfeld wahrscheinlich nicht besonders wohlfühlen werden, oder dass Anschlussmenschen wahrscheinlich in einer auf Macht und Status zugeschnittenen Umwelt unter Druck gesetzt werden. Die Leistungsfähigkeit, so viel ist bereits erkennbar geworden, leidet, wenn die Motive nicht mit den Anforderungen übereinstimmen.

An dieser Stelle will ich einmal auf den Punkt bringen, wie es die Motivationspsychologie formuliert. Sie will u. a. das Verhalten von Menschen in bestimmten Situationen so beschreiben, dass es einigermaßen vorhersehbar – oder berechenbar – wird. Zur Darstellung benutzt sie Formeln. Demnach wird das resultierende Verhalten (V) als eine Funktion aus Person (P) und Umwelt (U) formuliert. Wobei sich in der Person (P) u. a. die jeweils persönlichen Motive ausdrücken. Formal kann man es dann folgendermaßen aufschreiben: P x U = V. Die Eigenschaften einer Person und die jeweiligen Umwelteinflüsse führen zu einem bestimmten Verhalten. Die Verknüpfung der beiden Operanden (P, U) mit einer Multiplikation drückt den Gedanken aus, dass beide Faktoren einen Wert haben müssen, damit ein Verhalten resultiert. Oder anders: Ist einer der Faktoren null, resultiert auch keine Handlung ($P \times 0 = 0$ oder $0 \times U = 0$) (Brandstätter et al., 2018). Dieser dargestellte Extremfall könnte z. B. bedeuten, dass ein ausschließlich machtorientierter Mensch in einer Umwelt agieren soll, die überhaupt keine Anreize zu machtorientiertem Verhalten liefert. In diesem Fall würde kein Verhalten resultieren.

Das ist natürlich reine und saubere Mathematik, die frei von irgendwelchen Unwägbarkeiten bleibt. In Wirklichkeit stehen dieser mathematischen Analyse mindestens zwei Aspekte im Wege: Zunächst ist es gar nicht so einfach – oder unmöglich – P und U in aller Genauigkeit zu beschreiben, sodass wir ein von Unschärfe befreites V als Vorhersagewert erhalten. Weder die Motive, Ziele und Bedürfnisse in der Person (P) sind jemals eindeutig in all ihrer gegenseitigen Vielfalt und Abhängigkeit beschreibbar, noch sind die sich auswirkenden Umweltbedingungen (U) jemals völlig eindeutig abbildbar. Neben den unzählbaren Faktoren aus unserer Umwelt (U) spielt bei deren Einbeziehung in diese Formel auch die Wahrnehmung und Bewertung in der Person (P) eine Rolle. Außerdem sind gegenseitige Wechselwirkungen sehr wahrscheinlich.

Daraus wird andererseits auch klar, dass der Term den theoretischen Wert von null (0) praktisch nie ausdrücken wird. Wir können schließlich auch nicht kein Verhalten an den Tag legen. Irgendwas wird schon geschehen. Irgendwie werden wir handeln. Außerdem wird es immer irgendwelche Aspekte in der mehrdimensionalen Motivstruktur einer Person (P) geben, die sich mit Eigenschaften einer Situation in der Umwelt (U) „verrechnen" lassen – seien sie noch so geringfügig – und so ein Verhalten (V) begründen. Formal könnte man dies vielleicht folgendermaßen ausdrücken:

$$P_{(M,L,A)} * U_{(M,L,A)} = V_{(M,L,A)}$$

Für die Erklärung praktischen Verhaltens (V) ist die formale Darstellung dennoch hilfreich, weil sie uns verdeutlicht, dass die Stärke eines Verhaltens (V) von der Größe der beiden Eingabewerte von P und U abhängt. Treffen beispielsweise eine hohe Leistungsbereitschaft der Person auf besondere Leistungsanforderungen der Umwelt, wird die betreffende Person diese Situationen suchen, gerne annehmen und motiviert in ihnen handeln. Andererseits müsste die Leistungsbereitschaft einer Person umso größer sein, wenn die Leistungsanforderungen der Umwelt geringer ausfielen, um die gleiche Verhaltensstärke resultieren zu lassen. Sie würde aber auch bei geringen Anforderungen niemals null werden. Nur wenn beispielsweise die (theoretisch) reine Machtorientierung einer Person auf eine ebenso (theoretisch) reine „Anschlusssituation" träfe, würde daraus eine Verhaltensstärke von null resultieren. Da dies in der Realität aber nicht zu erwarten ist, weil jede Person eine Mischung verschiedenster Motive in sich trägt und jede Situation eine Mischung aus verschiedensten Anforderungen mit sich bringt, wird immer irgendeine situationsbezogene Verhaltensstärke resultieren.

Achtung Verwirrung: ein verwandtes Begriffspaar
Zum Abschluss dieses Abschnitts noch ein wichtiger Hinweis: Wir werden später noch einem ähnlichen Begriffspaar begegnen, das in engem Zusammenhang mit dem Begriffspaar implizite – explizite Motive steht und auch eine ähnliche Wortwahl nutzt, konzeptionell aber zu unterscheiden ist. Um Verwirrungen vorzubeugen, will ich also bereits an dieser Stelle das Begriffspaar *implizite Motive – explizite Motive* von dem Begriffspaar *implizite Motive – explizite Ziele* abgrenzen. Der Gebrauch der Begriffe ist in der Literatur leider auch nicht immer ganz eindeutig (vgl. z. B. Brunstein et al., 1998; Baumann et al., 2005; Brandstätter et al., 2018; Kehr et al., 2018; Sachse, 2020), daher nehme ich für den Gebrauch in unserem Zusammenhang die folgende Setzung vor.

Während sich implizite von expliziten Motiven, wie eben beschrieben, unterscheiden, grenzen sich implizite Motive von expliziten Zielen folgendermaßen ab: *Motive* können in Abgrenzung zu Zielen *generell* als *implizit* beschrieben werden, weil sie in der Regel wenig spezifiziert (ausformuliert) und vor allem für uns selbst erkennbar sind. Für unsere Umwelt sind sie nicht ohne Weiteres wahrnehmbar, weil wir relativ wenig darüber sprechen. Häufig bleiben unseren Mitmenschen nur Rückschlüsse aus Beobachtungen, wenn sie Informationen zu unseren Motiven sammeln wollen. Und letztlich geht es uns selbst auch nicht anders, wenn wir nicht entsprechende Beobachtungen an uns selbst vornehmen. Die Tatsache, dass unsere innenliegenden (impliziten) Motive durch unser Umfeld beeinflusst werden können, ändert an dieser Feststellung nichts. Unsere Motive liegen für die Umwelt – und manchmal für uns – zunächst nicht erkennbar in uns verborgen. Motive sind das, *was uns generell antreibt,* aber *nicht zwangsläufig ausformuliert.*

Ziele werden hingegen als *explizit* beschrieben, weil sie offensichtlich sind und grundsätzlich sehr gut ausformuliert sind. Wenn „Vorhaben" nicht einem Mindestmaß an Ausformulierung genügen, kann man nicht von Zielen sprechen. Ziele können wir uns selbst wählen oder vorgegeben bekommen, aber wir sprechen recht offen über sie oder lassen sie durch unser Handeln erkennen. Unsere Umwelt hat in der Regel wenig Schwierigkeiten, sich Klarheit über unsere Ziele zu verschaffen, sofern wir nicht einige Energie investieren, sie zu verbergen. Auf Motive trifft dies nicht zu. Ziele sind also *präzise ausformuliert* und das, *wonach wir im Speziellen Streben, um unsere Motive zu befriedigen.*

Das Verhältnis von impliziten und expliziten Motiven auf der einen Seite und impliziten Motiven und expliziten Zielen auf der anderen Seite habe ich in Abb. 3.5 dargestellt. Im Bereich der Schnittmenge aller vier Teilbereiche (4) wird man den höchsten Grad der Kongruenz, Zufriedenheit und Stimmigkeit seiner Handlungen spüren. Je geringer

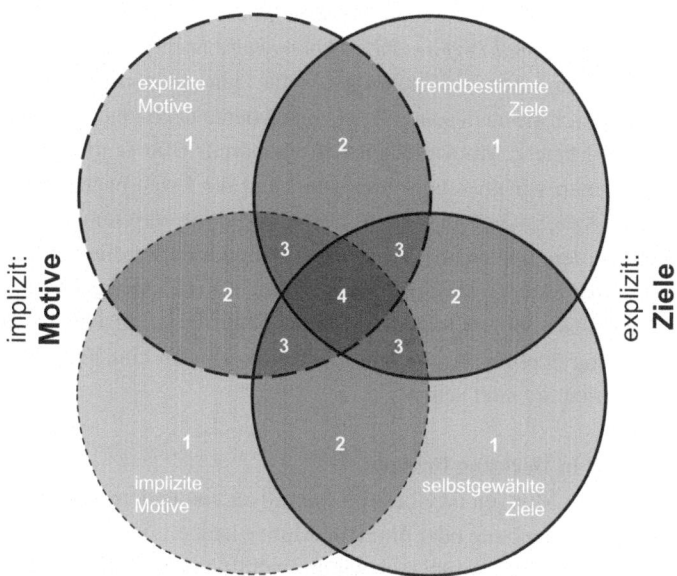

Abb. 3.5 Das Verhältnis von impliziten und expliziten Motiven zu impliziten Motiven und expliziten Zielen

die Schnittmenge ausfällt, desto geringer fällt auch das Gefühl von Zufriedenheit mit den eigenen Handlungen aus (z. B. 1 oder 2).

3.6 Motive im Personal Performance Management

Wir Menschen werden von einer bestimmten Motivstruktur aus den Motiven Macht, Anschluss und Leistung getrieben. Alle drei Motive ließen sich ohne Weiteres evolutionstheoretisch begründen. Sie alle stellen funktionale Überlebensstrategien zur Verfügung. Macht und Ansehen verschafft Vorteile bei der Partnerwahl und Vorrang bei der Futtersuche. Anschluss schafft Sicherheit, Geborgenheit und Rückhalt auch und insbesondere in schwierigen (Umwelt-) Situationen. Leistungs- und Konkurrenzbereitschaft haben nicht nur positive Effekte auf das Individuum, sondern auch auf die Produktivität der Gruppe. Bedenken Sie dabei auch die kulturellen Unterschiede und dass das *egozentrische* Leistungsverständnis im Gegensatz zum *gruppenbezogenen* Leistungsverständnis womöglich nur eine neuzeitliche – zumindest aber kulturell beeinflusste – Erscheinung ist. So wurde schon einmal von McClelland (1966) vermutet, dass insbesondere das protestantische Leistungsethos, das Max Weber (1904) beschrieben hat, besonders förderlich für die Leistungsorientierung ganzer Gesellschaften gewesen sei. Generell gilt aber, dass unsere

Motive absolut grundlegend sind.[10] So grundlegend, dass wir sie nicht ignorieren können, wenn wir über unser *Personal Performance Management* nachdenken.

Aus den vorangegangenen Erläuterungen sollte klar geworden sein, dass unsere Motive – so ursprünglich sie auch sein mögen – auch heute noch einen großen Einfluss auf unser Leben haben. Manche Motive haben wir uns bereits früh in unserem Leben durch die Umstände, in denen wir groß geworden sind, und die Erfahrungen, die wir gemacht haben, angeeignet. Andere sind uns durch die Menschen in unserem Umfeld anerzogen oder mitgegeben worden. Später im Leben haben wir auch selbst einigen Einfluss auf die Ausgestaltung unserer Motive. Das Verhältnis dieser Motive zueinander kann erhebliche Auswirkungen auf unser Wohlbefinden und unsere Leistungsfähigkeit haben. Daher ist eine gute Orientierung über ihre Gewichtung untereinander und ihr Verhältnis zueinander sehr wichtig. Erkennen Sie sich selbst!

Motive und Umwelt in Deckung bringen

Der Zugang zu unseren Motiven ist einerseits kognitiver und andererseits affektiver Art. Je nachdem, ob es sich um explizite oder implizite Motive handelt. Statt des Kopfs entscheidet aber überwiegend unser Bauch darüber, ob wir uns wohlfühlen oder nicht. Daher bestimmen vor allem unsere impliziten Motive, was uns guttut. Daher sollte man die Mühe auf sich nehmen und seine Motive kognitiv nachvollziehen bzw. kennenlernen. Seine impliziten oder expliziten Motive langfristig zu missachten, bedeutet nämlich, eine Dissonanz zu erzeugen. Ich will eigentlich etwas, bekomme es aber nicht. Das kann man zwar eine Weile ertragen und damit zurechtkommen, es baut sich allerdings eine zunehmende Diskrepanz zwischen dem auf, was sein soll und dem, was ist. Das bleibt nicht ohne Folgen, denn die entstehende Kluft muss irgendwie überbrückt werden. Verdrängung oder die Suche nach „Ersatzbefriedigungen" kann die Folge sein. Sowohl das „Ertragen" als auch die Suche nach einem Surrogat kosten uns Aufmerksamkeit und Energie, die eigentlich das Bewusstsein steuern soll. Diese Aufmerksamkeit und Energie müssen irgendwo frei, also verfügbar, sein, oder aus anderen energieaufwändigen Bereichen abgezogen werden. Da dies nur bis zu einem bestimmten Grad gelingen kann, ohne Schaden in anderen leistungsrelevanten Bereichen anzurichten, sollte man mindestens mittelfristig darauf achten, sein Leben so auszurichten, dass die grundlegenden Motive bedient werden, und dass man eine annähernde Deckung zwischen impliziten Motiven und expliziten Zielen erreicht. Wenn unsere Motive die Grundrichtung vorgeben, in die wir uns bewegen wollen, wäre alles andere ein Schwimmen gegen den Strom. Manchmal muss das sein, um ein Ziel zu erreichen. Dauerhaft ist es aber sehr ermüdend und je nach Grad der „Verleugnung seiner selbst" (Motivinkongruenz) sogar aussichtslos.

Im Sinne eines gelingenden *Personal Performance Managements* sollte man also herausfinden, wie die persönliche Gewichtung der Motive ausgerichtet ist, um sich die passenden Situationen zu suchen, diese gegebenenfalls entsprechend seiner Motive umzudeuten oder

---

[10] Offenbar lassen sich die Motive Macht, Anschluss und Leistung auch bei anderen Säugetieren nachweisen, wie Heinz-Dieter Schmalt feststellt (Westerhoff, 2010).

anzureichern. Außerdem kann man auch versuchen zu verstehen, warum man sich in bestimmten Situationen unwohl fühlt. Missachtet man die persönlichen Schwerpunkte in der Motivlage, wird dies auf Dauer sehr anstrengend bis schädlich.

Antriebstendenzen bei den Motiven beachten

Und wie wir auch gesehen haben, ist es ebenso wichtig zu wissen, welche Antriebstendenz den einzelnen Motiven zugrunde liegt. Sie differenzieren die Motivstruktur noch einmal weiter aus und liefern wichtige Erkenntnisse für die persönliche Leistungssteuerung. Zum Beispiel kann die dominierende Leistungsorientierung erfolgs- oder misserfolgsmotiviert sein, während ähnliche Annäherungs- oder Vermeidungstendenzen für die nachrangigen Macht- und Anschlussorientierungen gelten können. Die möglichen Kombinationen von dominierenden Motiven und dazugehörigen Antriebstendenzen sind unzählbar groß, weil beide Komponenten nicht binär, also z. B. vorhanden oder nicht vorhanden, sondern graduell zu verstehen sind.

In Abb. 3.3 sehen sie eine beispielhafte Motivstruktur eines fiktiven Menschen. Hieraus kann man ablesen, dass diese Person recht stark machtorientiert ist. Sie sucht aktiv danach, Kontrolle und Einfluss über andere Menschen und Situationen zu erlangen. Das Anschlussmotiv ist zwar auch stark ausgeprägt, hier jedoch mit negativem Vorzeichen. Hieraus ließe sich schließen, dass die fiktive Persönlichkeit neben ihrem Streben nach Macht auch recht große Furcht vor Zurückweisung verspürt. Sie will geliebt werden und fürchtet die Ablehnung. Eine solche Motivstruktur kann große Spannungen erzeugen. Die fiktiven Charaktere des Grafen von Krolock aus dem Tanz der Vampire oder des Commodus im Film Gladiator vermitteln eine solche Motivstruktur. Ihre innere Zerrissenheit wird von den Darstellern deutlich zum Ausdruck gebracht.

Im Bereich der Leistungsmotivation halten sich die Suche nach Erfolg und der Wunsch, Misserfolge zu vermeiden, auf recht niedrigem Niveau die Waage. Das Leistungsmotiv tritt in der Alltagswahrnehmung der betreffenden Person wahrscheinlich hinter dem Spannungsfeld zwischen den Annäherungstendenzen bezüglich ihrer Machtambitionen und den Vermeidungstendenzen hinsichtlich ihres Anschlussmotives in den Hintergrund.

Sie sehen: Wenn Sie Ihre implizite und explizite Motivstruktur kennen und darüber hinaus Klarheit über Ihre jeweiligen Antriebstendenzen in den Dimensionen Macht, Anschluss und Leistung haben, haben Sie wesentliche Grundlagen für Ihr *Personal Performance Management* gesammelt. Nun kennen Sie die Ausgangslage, auf der Sie ihre persönliche Leistungssteuerung aufsetzen können. Hieraus sollten sich viele persönliche Verhaltensweisen, Einstellungen und Wertungen ableiten lassen. Vielleicht können Sie auch schon erkennen, worin ein bestimmtes Unbehagen, ein Spannungsgefühl oder gar eine innere Zerrissenheit begründet liegen.

Um das Bild weiter abzurunden, ist es aber wichtig, sich über die *Motive* hinaus mit der *Motivation* auseinanderzusetzen. Sie ist vor allem an die Situationen gebunden, in denen wir uns befinden. Andererseits ist sie aber auch direkt von uns ansteuerbar.

Literatur

Arendt, H. (1970). *Macht und Gewalt*. Piper.

Atkinson, J. W. (1957). Motivational determinants of risk-taking behavior. *Psychological Review, 64,* 359–372.

Babiak, P., & Hare, R. D. (2019). *Snakes in suits. understanding and surviving the psychopaths in your office.* HarperBusiness.

Bauer, J. (2015). *Selbststeuerung. Die Wiederentdeckung des freien Willens.* Blessing.

Baumann, N., Kaschel, R., & Kuhl, J. (2005). Striving for unwanted goals: Stress dependent discrepancies between explicit and implicit achievement motives reduce subjective well-being and increase psychosomatic symptoms. *Journal of Personality and Social Psychology, 89*(5), 781–799.

Baumeister, R., & Tierney, J. (2022). *Die Macht der Disziplin: Wie wir unseren Willen trainieren können.* Campus.

Beck, H. (2016). *Hirnrissig. Die 20,5 größten Neuromythen - und wie unser Gehirn wirklich tickt.* Goldmann.

Brandstätter, V., Schüler, J., Puca, R. M., & Lozo, L. (2018). *Motivation und Emotion. Allgemeine Psychologie für Bachelor.* Springer.

Brunstein, J. C., Schultheiss, O. C., & Grässmann, R. (1998). Personal goals an emotional well-being: The moderating role of motive dispositions. *Journal of Personality and Social Psychology, 75*(2), 494–508.

Busch, H. (2018). Machtmotivation. In J. Heckhausen & H. Heckhausen (Hrsg.), *Motivation und Handeln* (S. 245–268). Springer.

Clance, P. R., & Imes, S. A. (1978). The imposter phenomenon in high achieving women. Dynamics and therapeutic intervention. Psychotherapy. Theory, Research and Practice, *15*(3), 241–247.

Dutton, K. (2014). *Psychopathen. Was man von Heiligen, Anwälten und Serienmördern lernen kann.* dtv.

Dweck, C. (2017). *Selbstbild. Wie unser Denken Erfolge oder Niederlagen bewirkt.* Piper.

Ericsson, K. A., & Pool, R. (2016). *Top: Die neue Wissenschaft vom bewussten Lernen.* Pattloch.

Externbrink, K., & Keil, M. (2018). *Narzissmus, Machiavellismus und Psychopathie in Organisationen. Theorien, Methoden und Befunde zur dunklen Triade.* Springer.

Festinger, L. (1957). *A theory of cognitive dissonance.* Stanford University Press.

Festinger, L. (1964). *Conflict, decission and dissonance.* Stanford University Press.

Foucault, M. (1993). *Überwachen und Strafen: Die Geburt des Gefängnisses.* Suhrkamp.

Foucault, M. (1994). *Überwachen und Strafen: Die Geburt des Gefängnisses.* Suhrkamp.

Foucault, M. (2005). *Analytik der Macht.* Suhrkamp.

French, J. R., & Raven, B. H. (1959). The basis of social power. In D. Carwright (Hrsg.), *Studies in social power* (S. 150–167). The University of Michigan.

Furtner, M. R. (2012). Wie beeinflussen Motive das Führungsverhalten? *Journal Psychologie des Alltagshandelns, 5*(2), 52–65. Von http://www.allgemeine-psychologie.info/cms/images/stories/allgpsy_journal/Vol%205%20No%202/Furtner.pdf abgerufen

Furtner, M. R., & Baldegger, U. (2013). *Self-Leadership und Führung: Theorien, Modelle, praktische Umsetzung.* Springer Gabler.

Grüter, T. (2010). Morgen war einmal. Warum wir Erinnerungen brauchen, um uns die Zukunft vorzustellen. *Gehirn & Geist. Basiswissen, 1/2010,* 42–47.

Habermas, J. (1976). *Hannah Arendts Begriff der Macht.* Von Merkur: https://www.merkur-zeitschrift.de/juergen-habermas-hannah-arendts-begriff-von-macht/. abgerufen

Hagemeyer, P. (2020). „*Gestatten, ich bin ein Arschloch.*": *Ein netter Narzisst und Psychiater erklärt, wie Sie Narzissten entlarven und ihnen Paroli bieten.* Eden.

Han, B.-C. (2005). *Was ist Macht?* Reclam.

Hare, R. D. (2005). *Gewissenlos. Die Psychopathen unter uns.* Springer.

Heckhausen, J., & Heckhausen, H. (Hrsg.). (2018). *Motivation und Handeln.* Springer.

Heidbrink, M., Berg, V., & Feltes, F. (2021). Die Jungbullen kommen. *Harvard Business Manager*, 38–53.

Hilmer, H. (2023). *Willenskraft und Gewohnheiten im Personal Performance Management. So bleiben Sie auf Ihre Ziele fokussiert.* Springer Gabler.

Hofer, J., & Hagemeyer, B. (2018). Soziale Anschlussmotivation: Affiliation und Intimität. In J. Heckhausen & H. Heckhausen (Hrsg.), *Motivation und Handeln* (S. 223–243). Springer.

Holodynski, M. (2009). Entwicklung der Motive. In V. Brandstätter & J. H. Otto (Hrsg.), *Handbuch der Allgemeinen Psychologie - Motivation und Emotion* (S. 272–283). Hogrefe.

Hübner, D. (03. Februar 2016). Politische Philosophie 12: Moderne 3 - Luhmann, Foucault. youtube.com: https://youtu.be/Bdu-e6IyYO0.

Kafka, F. (2006). *Die Zürauer Aphorismen.* Suhrkamp.

Kehr, H. M. (2004a). Implicit/explicit motive discrepancies and volitional depletion among managers. *Personality and Social Psychology Bulletin, 30*(3), 315–327.

Kehr, H. M. (2004. b). Integrating implicit motives, explicit motives, and perceived abilities: The compensatory model of work motivation and volition. *Academy of Management Review, 29,* 479–499.

Kehr, H. M., Strasser, M., & Paulus, A. (2018). Motivation und Volition im Beruf und am Arbeitsplatz. In J. Heckhausen, & H. Heckhausen (Hrsg.), *Motivation und Handeln* (S. 593–614). Springer.

Korte, M. (2019). *Wir sind Gedächtnis. Wie unsere Erinnerungen bestimmen, wer wir sind.* Pantheon.

Kuhl, J. (2018). Individuelle Unterschiede in der Selbststeuerung. In J. Heckhausen, & H. Heckhausen, *Motivation und Handeln* (S. 389-422). Springer.

Kuhn, T., & Weibler, J. (2012). *Führungsethik in Organisationen.* Stuttgart: Kohlhammer.

Luhmann, N. (2012a). *Macht.* UVK.

Luhmann, N. (2012b). *Macht im System.* Suhrkamp.

Malkin, C. (2021). *Der Narzissten-Test. Wie man übergroße Egos erkennt... und überraschend gute Dinge von ihnen lernt.* DuMont.

McClelland, D. C. (1958). Methods of measuring human motivation. In J. W. Atkinson (Ed.), *Motives in fantasy and society.* D. Van Nostrand.

McClelland, D. C. (1966). *Die Leistungsgesellschaft.* Stuttgart: Kohlhammer.

McClelland, D. C. (1975). *Power: The inner experience.* Irvington.

McClelland, D. C. (1985). *Human motivation.* Scott Foresman.

McClelland, D. C. (1987). Characteristics of successful entrepreneurs. *The Journal of Creative Behavior, 21,* 219–233.

McClelland, D. C. (1987). *Human motivation.* Cambridge University Press.

McClelland, D. C. (1993). Intelligence is not the best predictor of job performance. *Current Directions in Psychological Science, 2,* 5–6.

Mehrabian, A., & Ksionsky, S. (1974). *Theory of Affiliation.* Lexington: Heath.

Paulhus, D. L., & Williams, K. M. (2002). The dark triad of personality: Narcissism, Machiavellianism, and psychopathy. *Journal of Research in Personality, 36*(6), 556–563.

Pressestelle Universität Ulm. (22. Oktober 2018). *Studie: Der dunkle Faktor der Persönlichkeit.* Von Universität Konlenz-Landau: https://www.uni-koblenz-landau.de/de/aktuell/archiv-2018/studiedfaktor. abgerufen

Sachse, R. (2020). *Selbstregulation und Selbstkontrolle.* Hogrefe.

Scheffer, D., & Heckhausen, H. (2018). Eigenschaftstheorien der Motivation. In J. Heckhausen & H. Heckhausen (Hrsg.), *Motivation und Handeln* (S. 49–82). Springer.

Schultheiss, O. C., & Wirth, M. M. (2018). Biopsychologische Aspekte der Motivation. In J. Heckhausen & H. Heckhausen (Hrsg.), *Motivation und Handeln* (S. 297–329). Springer.

Schultz, D. P., & Schultz, S. E. (2006). *Psychology and work today: An introduction to industrial an organizational psychology*. Prentice Hall.

Schulz von Thun, F. (2011). *Miteinander reden: 1. Störungen und Klärungen. Allgemeine Psychologie der Kommunikation.* Rowohlt.

Schulz, M. (2013). Mach mal ein Foto. Die Sucht, das Leben in Bildern festzuhalten, verändert unsere Erinnerung. Manipulieren Fotos auch die Zeitgeschichte? *Zeit Wissen, 1/2014*, 11.

Schuster, B., Försterling, F., & Weiner, B. (1989). Perceiving the causes of success and failure. A cross-cultural examination of attributional concepts. *Journal of Cross-Cultural Psychology, 20*, 191–213.

Shaw, J. (2018). *Das trügerische Gedächtnis. Wie unser Gehirn Erinnerungen fälscht.* Heyne.

Staller, T., & Kirschke, C. (2019). *Die ID37 Persönlichkeitsanalyse. Bedeutung und Wirkung von Lebensmotiven für effiziente Selbststeuerung.* Springer.

Stiensmeier-Pelster, J., & Heckhausen, H. (2018). Kausalattribution von Verhalten und Leistung. In J. Heckhausen & H. Heckhausen (Hrsg.), *Motivation und Handeln* (S. 451–492). Springer.

Weber, M. (1904). Die protestantische Ethik und der Geist des Kapitalismus. *Archiv für Sozialwissenschaft und Sozialpolitik, 20*, 3–25.

Weber, M. (2002). *Wirtschaft und Gesellschaft: Grundris der verstehenden Soziologie.* Mohr Siebeck.

Weber, M. (2019). *Typen der Herrschaft.* Ditzingen: Reclam.

Westerhoff, N. (2010). Könnte, müsste, wollte. *Gehirn & Geist. Basiswissen. Denken, Fühlen, Handeln. Grundlagen der Psychologie, 1/2010*, 76–81.

Zimbardo, P. G., Johnson, R. L., & McCann, V. (2016). *Schlüsselkonzepte der Psychologie.* Pearson.

Spontane Motivation in der Situation

4

Selbstbetrachtungen

Bringt mich etwas von meinen Zielen ab? Was ist das normalerweise? Welche Bedürfnisse habe ich, die meinen Zielen im Weg stehen könnten? Was macht Neugier mit mir? Was motiviert mich aus mir heraus? Wozu lasse ich mich von anderen Menschen antreiben? Wie ist das Verhältnis zwischen den Dingen, die mich aus mir heraus antreiben und den Dingen, die ich tue, um den Erwartungen anderer zu entsprechen?

Welche Rolle spielen Emotionen in meinem Leben? In welchen Situationen stehen Sie meinen Zielen und Absichten im Wege? In welchen Situationen treiben mich Emotionen zu Höchstleistungen? Was sagen mir meine Emotionen? Was sagen mir die Emotionen von anderen Menschen?

Welche Rolle spielt der Flow in meinem Leben? Was bewirkt der Flow bei mir? Wie wirkt er sich auf meine Leistung aus? Welche Merkmale machen für mich ein Flow-Erleben aus? Kann ich gezielt in den Flow kommen? Wenn ja, wie gelingt mir das? Wenn nein, was könnte der Grund dafür sein?

Welche Rolle spielt Selbstbestimmung bei meiner Leistungserbringung? Empfinde ich bei meiner Arbeit und/oder in meinem Privatleben Kompetenz? Welche Tätigkeiten sind das? Bin ich (einigermaßen) frei in meinen beruflichen und privaten Entscheidungen? Fühle ich mich bei dem, was ich tue, ausreichend sozial eingebunden? Wie wirken sich mein Empfinden von Kompetenz, Autonomie und sozialer Eingebundenheit auf meine Leistungsbereitschaft aus?

Die Motivation unterscheidet sich von den einigermaßen zeit- und kontextstabilen Motiven. Sie können wir eher als spontan und situationsbezogen auffassen. Die grundlegenden Motive unseres Handelns begleiten uns über ganze Lebensabschnitte und stellen quasi das

H. Hilmer, *Motive, Motivation und Ziele im Personal Performance Management*, https://doi.org/10.1007/978-3-662-67844-2_4

Grundrauschen dar, das unserem Streben eine große Richtung gibt. Werden wir jedoch kurzfristig motiviert, kann sich diese Richtung für einige Zeit ändern. Manchmal sind es nur einige Minuten oder gar Sekunden, manchmal wird man über einen längeren Zeitraum von Wochen, Monaten oder sogar Jahren durch eine bestimmte Sache – einen Auslöser – motiviert. So können z. B. auch generell vielleicht eher an Anschluss interessierte Menschen ihre sozialen Kontakte einschränken, um sich durch ein einsames Training bei Wind und Wetter den „Traum vom Marathon" zu erfüllen. Vielleicht will man sich „nur einmal im Leben" selbst beweisen, dass man einen Marathon unter dreieinhalb Stunden laufen kann. Solche „Projekte" bleiben in der Regel kurzfristige Vorhaben, die nach ihrer Realisierung auch wieder ad acta gelegt werden. Man hat sich für einen kurzen Zeitraum – vielleicht ein paar Monate – zu etwas motiviert und das persönliche Streben an einem Ziel ausgerichtet, kehrt anschließend jedoch auch wieder zufrieden zu einem Verhalten zurück, das eher den grundlegenden Motiven entspricht.

Dieses Beispiel ist nur eines von vielen, in denen Motivation das Motiv überlagert. Dabei kann sich Motivation aus sehr unterschiedlichen Quellen speisen. In diesem Beispiel ist es vielleicht eine Wette mit sich selbst oder Freunden. In einem anderen Fall könnte es auch die Furcht vor einer schweren Erkrankung sein, die uns bestimmte Verhaltensweisen ablegen lässt, um andere dafür anzunehmen und diese gewissenhaft ausführen lässt. So können wir vielleicht grundsätzlich sehr leistungsmotiviert sein, nehmen uns aber für eine Weile beruflich, privat oder im Sport zurück, um absehbare oder bereits eingetretene Folgeschäden eines bestimmten Verhaltens zu minimieren. Oder wir lassen uns von unseren Freunden motivieren, das Training sausen zu lassen, um abends mit ihnen um die Häuser zu ziehen.[1]

Emotionen spielen hinsichtlich unserer kurzfristigen und spontanen Motivation eine herausragende Rolle. Sie hemmen oder verstärken Verhalten und können uns Dinge tun lassen, die wir ansonsten „niemals" getan hätten. Zunächst erscheinen sie uns, als würden sie sich unserer Einflussnahme entziehen. Manchmal stehen unsere Emotionen vermeintlich so übermächtig oder wiederkehrend Zielen oder Motiven entgegen, dass viele Menschen für sich den Schluss daraus ziehen, ihren Emotionen ausgeliefert zu sein – und verschenken auf diese Weise ein enormes Potenzial zur persönlichen Leistungssteuerung. Emotionen sind ganz wesentlich in Bezug auf die kurzfristige Ausrichtung unseres Verhaltens und häufig genug widerspricht die kurzfristige Motivation den eher langfristigen Motiven. Wir werden in diesem Kapitel sehen, wie unsere Motivation auf uns wirkt und dabei mehr als nur einen Seitenblick auf die Bedeutung von Emotionen für unsere Motivation werfen.

---

[1] Achtung! Diese Situation ist nicht ganz einfach zu analysieren. Die (fallen gelassene) ursprüngliche Absicht zum Training zu gehen, kann z. B. auch aus einem klar formulierten (instrumentellen) Ziel resultieren, das selbst gegen das eigentlich dominierende Anschlussmotiv (Geselligkeit) steht. Solche Ziele werden manchmal auf dem Weg zur Realisierung eines „höheren Ziels" formuliert, welches dann nicht zwangsläufig leistungsorientiert sein muss (s. Kap. 6).

4.1 Grundlagen des Motivationsbegriffs

Bevor wir uns jedoch den Emotionen zuwenden, wollen wir einige Grundbegriffe der Motivation verstehen. Wir wollen versuchen zu verstehen, woher diese Motivation kommt, die unseren Motiven gelegentlich oder immer wiederkehrend einen Strich durch die Rechnung macht. Es gibt z. B. verschiedene Reize aus unserer Umwelt, aber auch aus unserem Körper, die zu bestimmten, „programmierten" Reaktionen führen. Hieraus resultieren Mechanismen, die sich teilweise unserem Zugriff entziehen. Wir reagieren wie fremdgesteuert. Andere Bedürfnisse bauen sich mit der Zeit auf (kumulieren). Eine Weile können wir die Motivation zu einem Verhalten noch unterdrücken oder steuern, aber irgendwann ist ein Level erreicht, auf dem wir meinen, auf eine bestimmte Weise handeln zu müssen. Je nachdem, welchen Ursprung diese fast schon automatischen Mechanismen und Bedürfnisse haben, kann man zwischen *psychologischer* und *biologischer* Motivation unterscheiden. Damit wird unterschieden, ob die Motivation eher „aus dem Kopf" oder „aus dem Bauch" erwächst.

Daneben kann man aber auch fragen, ob die Motivation aus uns selbst kommt oder von außen an uns herangetragen wurde. Dies ist dann die auch unter Laien sehr beliebte Unterscheidung zwischen *intrinsischer* und *extrinsischer* Motivation. Häufig heißt es, die intrinsische Motivation wäre der extrinsischen Motivation vorzuziehen, weil sie „dauerhafter", „echter" und „selbstbestimmter" wäre. Damit wäre sie eher mit Spaß und Leichtigkeit verbunden. Der extrinsischen Motivation wird hingegen häufig angehängt, dass sie mit Manipulation verbunden wäre oder auch mit Zwang. Extrinsisch motiviert zu werden, sei also eher kein Spaß und auch nicht so nachhaltig, weil sich die auf diese Weise Motivierten zu gern der externen Einflussnahme entzögen. Diese Einteilung in Schwarz und Weiß (intrinsisch = gut; extrinsisch = schlecht) ist nicht ganz so einfach. Wir werden noch sehen, dass beide Formen der Motivation – insbesondere vor dem Hintergrund des *Personal Performance Managements* – ihre Berechtigung haben.[2]

Auslösende Mechanismen und physische Bedürfnisse

Die Psychologie kennt grundlegende „Beweger" (Motivatoren), die unseren Motiven, aber auch langfristigen Zielen entgegenstehen können. So kann Motivation z. B. aus einem *angeborenen auslösenden Mechanismus* resultieren, welcher gemeinhin als „Instinkt" bezeichnet wird (vgl. Instinkttheorie). Hierunter fallen z. B. „Mutter- oder Vaterinstinkte", die uns reflexartig reagieren lassen, wenn wir auch nur unbewusst wahrnehmen, dass unserem Nachwuchs Schaden droht. Zu den angeborenen auslösenden Mechanismen gehören auch Reaktionen, die in die Kategorie „Flucht" oder „Angriff" gehören. Wenn wir Gefahr „wittern", geraten wir in einen aktivierten Zustand, in dem wir u. a. Adrenalin ausstoßen. Durch die Aktivierung werden wir in Bereitschaft versetzt, körperlich aktiv zu werden. Sei es

---

[2] Im Zusammenhang mit der Vorstellung der Selbstbestimmungstheorie (Abschn. 5.2) wird das Begriffspaar intrinsisch = extrinsisch weiter vertieft bzw. ausdifferenziert.

in Form von Flucht oder in Form eines Angriffs zur Selbstverteidigung. Mitunter verhalten wir uns auf diese Weise kurzfristig motiviert, völlig entgegen unseren Motiven oder gefassten Zielen, sodass uns oder unseren Mitmenschen unser Handeln – ein wenig bis völlig – irrational vorkommt.

So unmittelbar, wie die entsprechend motivierten Verhaltensmuster bei uns ausgelöst werden, so schwierig sind sie auch zu verändern. Wir können uns nach einer kurzfristig motivierten „Eselei" zwar darüber bewusst sein und hoch und heilig schwören, dass so etwas nie wieder vorkommt, eine Garantie für das Gelingen gibt es dafür aber nicht. Eine Änderung der angeborenen auslösenden Mechanismen gelingt nur durch langfristige Lernerfahrungen, die wiederum Feedback-Erfahrungen, Bewusstsein und Änderungswillen als Minimum voraussetzen. Und selbst wenn diese Voraussetzungen alle gegeben sind, wird den so errungenen Lernerfahrungen nur ein relativ geringer Einfluss auf die ausgelösten Verhaltensmuster attestiert. Unsere angeborenen auslösenden Mechanismen sind sehr beständig (Zimbardo et al., 2016).

Wir können aber auch durch *physische Bedürfnisse* motiviert werden (vgl. Triebtheorie). So verbessert sich unsere Wahrnehmung für die Werbung von Fastfood-Läden, wenn wir Hunger haben. Sie versprechen uns immerhin in kurzer Zeit ein Maximum an (wertvollen?) Kalorien. Oder wir begeben uns auf die Suche nach etwas Trinkbarem, wenn wir durstig sind. Vielleicht wissen die Leserinnen und Leser noch aus eigener Erfahrung, wie schwierig es ist, anderen Gedanken zu folgen, wenn man gerade auf einem „Hungerast" sitzt. In diesen Fällen werden wir kurzfristig motiviert, unsere physischen Grundbedürfnisse zu stillen. Alles andere tritt in den Hintergrund. Auffällig ist, dass wir die Motivation zur „Futtersuche" nur selten zurückstellen können. In den überwiegenden Situationen dominiert diese Kategorie von Motivation die meisten anderen - aber nicht alle (Zimbardo et al., 2016).

Interessant ist auch, dass unser Gehirn seinen Energiehunger in diesen Zuständen der extremen Nahrungssuche (drohender Energiemangel) gar nicht herunterfährt, wie man vielleicht annehmen könnte. Das Gehirn wird weiterhin mit einer nahezu gleichbleibenden Nährstoffmenge versorgt – in erster Linie benötigt es Zucker für seine Arbeit. Das Gehirn tritt in dieser Hinsicht auf wie ein Vampir: Es versorgt erst einmal sich selbst und denkt dann an den Rest. Das macht es, indem ältere Hirnareale angesteuert werden, die für die Sicherung der grundlegenden Bedürfnisse verantwortlich sind. Langfristig planendes Denken – eine junge Errungenschaft des Homo – wird dann erst einmal nachrangig (Beck., 2020).

Maslows Erben

Maslows gemeinhin bekannte „Bedürfnispyramide" trägt der großen Bedeutung physischer Bedürfnisse für unsere Motivation Rechnung. Ich will sie in diesem Zusammenhang nicht im Einzelnen zitieren, weil die Details für das Verständnis des Grundgedankens hinter der Pyramide nicht von Belang sind. Im Grunde stehen die Bedürfnisse auf einer Basis von physischen Bedürfnissen, die sich aus dem Erhalt des Individuums ableiten. Hunger, Durst, Missempfinden über Temperaturen usw. sind z.B. grundlegende Bedürfnisse, die es zu decken gilt. Sind die physischen Bedürfnisse gedeckt, wird der Kreis etwas größer gezogen und die sozialen Bedürfnisse spielen eine zunehmend wichtige Rolle. Der Schutz und die Geborgenheit der Gruppe bzw. das Leben in ihr ist das nächsthöhere Bedürfnis. Sofern man nicht unmittelbar befürchten muss, zu verhungern oder von einem Säbelzahntiger verfolgt und gefressen zu werden, wird also das soziale Miteinander immer wichtiger. An der Spitze der Bedürfnispyramide von Maslow wird es schließlich einsam – das haben Spitzenpositionen so an sich –, denn hier steht das Individuum und schließlich seine Selbstverwirklichung. Wenn alle anderen Bedürfnisse nach Sicherheit und Geborgenheit gedeckt sind, strebt der Mensch danach, sich selbst zu sehen, wahrzunehmen und weiterzuentwickeln.

Diese Bedürfnispyramide „hinkt" jedoch an der einen oder anderen Stelle, daher wurde sie auch erweitert. Diese Erweiterung basiert auf Freuds psychodynamischer Theorie der Motivation (Stichworte: unbewusste Triebe, Sexualität und Aggression) und Darwins Evolutionstheorie. Demnach erkennt die evolutionspsychologisch überarbeitete *Motivationshierarchie* vor allem zwei Triebfedern menschlichen Verhaltens: Überleben und Fortpflanzung. Die Bedürfnispyramide von Maslow wird vor diesem Hintergrund geringfügig erweitert (Zimbardo et al., 2016): Sofern die biologischen Bedürfnisse nach Überleben (des Individuums) und Fortpflanzung (= Überleben des Genmaterials) grundsätzlich befriedigt sind, hat psychologisch motiviertes Verhalten mehr Raum. Die Biologie tritt dann zurück und überlässt der Psychologie das Spielfeld. Das passt ganz gut zu der Vampir-Analogie, die ich in Bezug auf das Gehirn und seine Funktionsweise zuerst bei Henning Beck (2020) gelesen habe: Das Gehirn tut so lange, was wir von ihm wollen, bis ein Mangel bei den biologischen Bedürfnissen festgestellt wird. Dann schaltet es um, um diese zuerst zu decken, bevor man sich wieder feinsinnigeren Dingen zuwenden mag.

Biologische und psychologische Motivation

Wenn die biologischen Bedürfnisse nicht befriedigt sind, werden wir *biologisch motiviert* und es ist ein erhebliches Maß an Selbstkontrolle (oder Impulskontrolle) erforderlich, um die große Motivation zur Befriedigung dieser Bedürfnisse (z. B. Futtersuche oder Suche nach Schutz) zu überwinden. Denken Sie z. B. daran, wie schwierig es ist, einer Vorlesung oder einem langweiligen Meeting zu folgen, wenn Sie echten Hunger verspüren. Oder wie viel Selbstkontrolle man aufwenden muss, um sicher am Straßenverkehr teilzunehmen, wenn man zu einem wichtigen Termin zu spät zu kommen droht (Angst - und ihre physiologischen Folgen) (Zimbardo et al., 2016).

Der biologischen steht die psychologische Motivation zur Seite. *Psychologische Motivation* entspringt aus den psychologischen Bedürfnissen und deckt den gesamten Raum außerhalb der biologischen Motivation ab. Sie ist kognitiv und einigermaßen willentlich gesteuert. Das heißt, dass wir einen gewissen Einfluss auf diese Form der Motivation haben. So kann z. B. aus bestimmten Zielen oder der Suche nach Bestätigung durch Erfolg psychologische Motivation entstehen. Wir streben etwas an, nicht um zu überleben, sondern um uns wohlzufühlen und Zufriedenheit zu empfinden (Zimbardo et al., 2016). So kann psychologische Motivation z. B. auch aus dem Streben nach (nicht erfüllten) Motiven resultieren, weil man sich hiervon Befriedigung verspricht. Wenn psychologische Bedürfnisse aus grundlegenden Motiven entspringen und zu einer entsprechenden Motivation führen, ist deren Ergründung und Bewertung erschwert, sofern nicht vorher die persönlichen grundlegenden Motive offengelegt worden sind. Dies kann dann zu Verhalten führen, das für die betreffende Person nicht in allen Aspekten nachvollziehbar ist (Warum habe ich das schon wieder gemacht?).

Generell kann man sagen, dass ungestillte biologische Bedürfnisse großen Einfluss auf die Motivation haben. Der Schutz des eigenen Genmaterials beispielsweise nimmt einen hohen Stellenwert ein, wenn man nach den kurzfristigen Antrieben für menschliches Verhalten sucht. Teilweise überlagern sich psychologische und biologische Motivation aber auch. Und es ist keineswegs so, dass die biologischen Bedürfnisse *zwangsläufig* einen Vorrang vor den psychologischen Bedürfnissen haben und der Mensch im Grunde bei ausreichendem äußerem Mangel und Gefahr *ausschließlich* durch seine biologischen Bedürfnisse motiviert wird.

Exkurs: Neugier ist etwas Besonderes

Neugier ist ein besonderes psychologisches Bedürfnis. Es konnte wiederholt festgestellt werden, dass die Neugier grundlegende Bedürfnisse wie Hunger und Durst überlagert. Sie wird der psychologischen Motivation zugeordnet und ist somit den biologischen Bedürfnissen eigentlich nachrangig – zumindest, wenn man Maslow und seinen Erben folgt. Und trotzdem ist sie in der Lage, biologische Bedürfnisse zu dominieren (Zimbardo & Montgomery, 1957). Und dies ist auch intuitiv nachvollziehbar, wenn man sich die Menschheitsgeschichte vor Augen führt. Einige der größten Entdeckungen der Menschheit sind auf die Sonderstellung der Neugier zurückzuführen: die Besiedlung des amerikanischen Kontinents über die zugefrorene Beringstraße, die Besiedlung der vielen weit verstreuten Inseln Polynesiens, die Besiedlung Madagaskars durch Austronesier aus dem äußersten Südosten Asiens (Diamond, 2007) oder die nun einsetzende Erkundung des Weltraums. Was, wenn nicht Neugier, könnte die treibende Kraft hinter diesen beeindruckenden Leistungen der Menschen gewesen sein? Wenn man sich diese Erschließungen neuer Räume und die damit verbundenen Entbehrungen ansieht, muss man zu dem Schluss kommen, dass die treibenden Motive kaum in Mangel, wie Hunger und Durst, zu finden sein können. Wahrscheinlich traten Hunger, Durst und Gefahren bei der Suche nach neuem Raum in weit größerem Maß ein, als wenn die Menschen einfach dortgeblieben wären, wo sie herkamen. Nicht die Suche nach der Befriedigung eines biologischen Bedürfnisses, sondern das Stillen der Neugier ist hier vermutlich die dominierende Motivation. Das schließt nicht aus, dass nicht auch Zwänge zu Wanderungsbewegungen geführt haben. Dies ist noch heute in erschreckendem Maß der Fall. Der Antrieb ist dann nicht Exploration, sondern der Existenzkampf. Doch wären wir Menschen nicht vom Grunde aus neugierig, würden wir wahrscheinlich noch immer nervös im Lendenschurz durch die Savanne streifen, statt (Raum-)Schiffe zu besteigen, den Horizont hinter uns zu lassen und in der Ungewissheit nach neuen Ufern suchen.

Weil Neugier so grundlegend in uns Menschen angelegt zu sein scheint, könnte man Neugier (oder Exploration) neben ihrer Eigenschaft als kurzfristige Motivation m. E. auch als eines der Grundmotive neben Macht, Anschluss und Leistung stellen.

Sagar das Konzept der Antriebstendenzen (Hoffnung und Furcht) lässt sich auf ein so formuliertes Motiv Neugier gut übertragen: Demnach kann man sich von der Hoffnung auf neues Wissen treiben lassen, um den eigenen Horizont zu erweitern.[3] Oder man befürchtet vor lauter Komplexität den Überblick zu verlieren, wenn man noch mehr erfährt. Häufig wird die Tendenz, extreme

---

[3] ... oder die Machtbasis zu stärken, oder mehr zu wissen als andere vor einem oder auf der nächsten Party ein gutes Gesprächsthema zu haben ...

Abb. 4.1 Mögliche
Erweiterung des klassischen
Motivmodells um das Motiv
„Neugier"

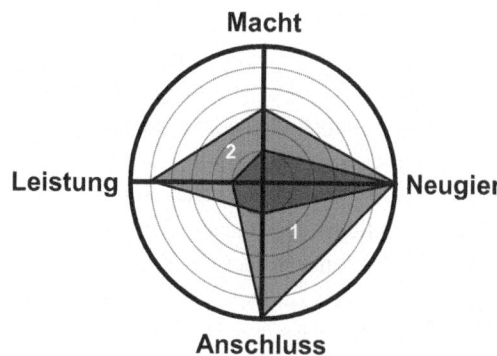

Positionen einzunehmen oder zu wählen, damit erklärt, dass die Informationsflut und die komplexe Verwobenheit der Akteure und Argumente viele Menschen überfordert.

In der Abb. 4.1 sehen Sie die Motivstrukturen zweier fiktiver Personen, die gleichermaßen neugierig zu sein scheinen, während jedoch die eine von den beiden Personen (1) ein recht stark ausgeprägtes Anschlussmotiv besitzt und die andere Person (2) ansonsten eher leistungsorientiert ist.[4] Diese Profile könnten sich z. B. darin unterscheiden, dass Person (1) in und mit Gruppen versucht, Neues zu entdecken oder neu Entdecktes mit Menschen teilt, um ihnen zu helfen. Person (2) hingegen kann viel zu wissen und immer Neues zu entdecken als Realisierung des Leistungsmotivs interpretieren. Außerdem wächst neues Wissen fast automatisch, wenn man viele Ziele erreicht. Andererseits unterstützt die Neugier nach Neuem auch das Leistungsmotiv, weil sich die betreffende Person hierdurch auf neue Exzellenzniveaus heben kann (mehr wissen und qualitativ hochwertiger wissen als die anderen).

Intrinsische und extrinsische Motivation

Neben der Unterscheidung nach biologischer und psychologischer Motivation kann man Motivation auch danach unterscheiden, woher sie kommt – aus uns oder aus unserer Umwelt.[5] Die *intrinsische Motivation* liegt in uns und basiert einerseits auf unseren Motiven (Macht, Anschluss, Leistung) und andererseits auf den biologischen (z. B. Hunger und Durst) sowie den aus uns selbst entspringenden psychologischen Motivationen (z. B. Ziele und Neugier, Exploration oder Spontanität; vgl. Deci & Ryan, 1993). Wer an einem heißen Tag in seinem Kühlschrank durstig nach einer kühlen Limonade sucht, handelt intrinsisch motiviert (biologische Motivation). Kinder, die vor Weihnachten neugierig die Geschenke unter

---

[4] Dieses Modell kann durch die Antriebstendenzen (Hoffnung und Furcht bzw. Annäherung und Vermeidung) konkretisiert bzw. erweitert werden. Damit es nicht zu komplex wird, verzichten wir an dieser Stelle aber darauf.

[5] Die Unterscheidung zwischen intrinsischer und extrinsischer Motivation wird in der Fachwelt breit und intensiv diskutiert (Rheinberger & Engeser, 2018; Heckhausen H., 1989). Hierfür werden diverse Ansätze formuliert, die sich teils erheblich und manchmal nur in Nuancen voneinander absetzen. Um die Leser von der theoretischen Diskussion zu entlasten, habe ich hier entschieden, diejenige Unterscheidung zu präsentieren, die dem Alltagsempfinden vermutlich am nächsten kommt.

dem Weihnachtsbaum umkreisen, handeln hochgradig intrinsisch motiviert (psychologische Motivation). Und wer sagen kann: „I play the game for the game's own sake!" braucht offenbar auch keine äußeren Anreize, um das Spiel zu spielen. Intrinsische Motivation bewegt die Menschen also dazu, Dinge um ihrer selbst willen zu machen. Höchstleistungen auf allen möglichen Gebieten des Sports, der Wissenschaft, der Wirtschaft, der Kunst, der Politik u.v.m. wären ohne einen großen Anteil intrinsischer Motivation gar nicht denkbar. Neben vielen glücklichen Umständen, genetischen Anlagen und der prägenden Umwelt muss für Höchstleistung auch immer eine große Menge intrinsischer Motivation vorhanden und abrufbar sein, um noch zu üben, zu trainieren, zu lernen, weiterzumachen, wenn Verlockungen oder Widerstände aus dem Umfeld unseren Zielen im Wege stehen.

Weil auch die Arbeitgeber, Eltern, Trainer, Lehrer und dergleichen erkannt haben, dass offenbar mehr aus den Schützlingen herauszuholen ist, je motivierter sie sind, spielt Motivation in ihren Überlegungen eine große Rolle. Weil man intrinsische Motivation aber nur schwer von außen ansteuern kann, setzen sie oft auf „Leistungsanreize". In diesem Fall sprechen wir von *extrinsischer Motivation*. Unser Gehalt ist z. B. ein solcher extrinsischer Reiz für etwas, das wir ansonsten wahrscheinlich nicht oder zumindest nicht so machen würden. Soziale Motivation, wie z. B. Gruppenzwang oder die soziale Verpflichtung[6], sind ebenso wie Gewinnbeteiligungen, Lob, Ehrungen und sonstige Belohnungen extrinsische Reize, die kurzfristig dazu führen können, die Leistung zu verbessern. Den Leistenden wird an der langen Angelroute eine Karotte vor die Nase gehängt, der sie folgen sollen.

Das Problem mit Belohnungen ist jedoch, dass sich die meisten extrinsischen Reize irgendwann einmal abnutzen. Sie werden zum neuen Normal und quasi erwartet. Es setzt der sogenannte „*Besitztumseffekt*" ein (vgl. Thaler, 1980). Man verbucht das ehemalige „Zubrot" auf der Habenseite und verdrängt, dass die gewährte Belohnung eigentlich eine Gegenleistung voraussetzt. Wenn zwei Jahre in Folge eine Weihnachtsgratifikation ausgezahlt worden ist, wird sie im dritten Jahr erwartet (Stichwort: Gewohnheitsrecht). Der Zusammenhang mit der eigenen Leistung oder der wirtschaftlichen Situation des Unternehmens wird dann nicht mehr unbedingt gesehen und der ursprüngliche Zweck – die Leistungssteigerung des Mitarbeiters – geht dem Arbeitgeber verloren.

Als wäre das nicht schon genug, kann extrinsische Motivation auch die intrinsische Motivation unter bestimmten Umständen korrumpieren. So kann man immer wieder im wahren Leben, ebenso wie in kontrollierten Experimenten, feststellen, dass die Motivation der Arbeitnehmer, Teammitglieder, Babysitter und Gartenhilfen nachlässt, sobald man sie für ihre Arbeit oder ihren Beitrag entlohnt. Was zunächst vielleicht aus einem eigenen, inneren Antrieb heraus getan wurde, z. B. um zu helfen, wird in der Folge nicht nur gegen

---

[6] Die soziale Verpflichtung wird gerne in Selbstmanagementkursen und -büchern verkauft: Sie erzählen Personen, die Ihnen wichtig sind, von einem Vorhaben, von dem Sie annehmen, dass Sie es wieder aufgeben, wenn Sie nicht einen kleinen externen Kick bekommen. Die Veröffentlichung in Ihrem Freundeskreis setzt sie dann unter Druck, das Ziel auch wirklich zu verfolgen, weil Sie nicht als willensschwach oder wortbrüchig dastehen wollen. Sie können den Effekt noch verstärken, indem Sie versprechen, eine (schmerzhafte) Summe X an einen Zweck zu spenden, den Sie beim besten Willen nicht unterstützen wollen.

Gegenleistung erledigt, sondern auch noch mit weniger Engagement. Die intrinsische Motivation leidet offenbar manchmal erheblich unter extrinsischen Motivationsversuchen. Der *Korrumpierungseffekt* tritt insbesondere dann auf, wenn die Belohnung materieller Natur ist, erwartet wurde und die Tätigkeit vorher bereits intrinsisch motiviert war (Rheinberger & Engeser, 2018). Zudem dann, wenn die Belohnung eine eindeutig kontrollierende Funktion erfüllt, also als reines Tauschgut zwischen Leistungsgeber und Leistungsnehmer fungiert (Brandstätter et al., 2018).

Glücklicherweise greift der Korrumpierungseffekt von Belohnungen nicht immer. Wenn die Belohnungen an definierte Leistungen gebunden sind, also an ganz klar abgrenzbare Erfolge bei einer Aufgabenerfüllung gekoppelt werden, wirken sie noch verstärkend auf die Motivation. Hier erfüllt die Belohnung nämlich eine Feedback-Funktion („Ah! Es war gut, was ich gemacht habe!") und dient der persönlichen Leistungsbeurteilung (Brandstätter et al., 2018; Zimbardo et al., 2016; Deci & Ryan, 1993).[7] Sogar bei Tätigkeiten, die für die betreffende Person eher unattraktiv sind, wirkt sich unerwartetes, verbales Lob förderlich auf die Motivation der betreffenden Person aus (Rheinberger & Engeser, 2018; Brandstätter et al., 2018).

Woran kann dieser unterschiedliche Effekt von Belohnung liegen? Wenn Belohnungen regelmäßig und in immer gleicher Höhe gewährt werden, verlieren sie ihren Bezug zur Leistung. Sie werden turnusmäßig erwartet und nicht mehr im Zusammenhang mit einer (bestimmten) Leistung gesehen. Noch problematischer wird die regelmäßige Belohnung, wenn der Zeitpunkt der Leistungserbringung weit vom Zeitpunkt der Belohnung entfernt liegt. Der Bezug zwischen Leistung und Belohnung wird außerdem noch weiter aufgeweicht, wenn nicht eindeutig auf den Grad der Leistung Bezug genommen wird. Wenn die Belohnung unabhängig vom Grad der Leistungserfüllung immer in gleicher Höhe gewährt wird, macht es keinen Unterschied, ob man eine herausragende oder nur eine überdurchschnittliche Leistung erbracht hat. Macht man es jedoch umgekehrt und koppelt die Belohnung eindeutig, zeitnah und unmissverständlich an die Leistung und deren Grad, wird die Belohnung zu einem Feedback (vgl. Ericsson & Pool, 2016). Leistung wird damit messbar gemacht, in einen Kontext gerückt und unmittelbar erfahrbar. Für die Leistenden wird unter diesen Umständen eindeutig erkennbar, was gefordert ist, und dass die erbrachte Leistung gesehen und geschätzt wird. Hierdurch kann die intrinsische Motivation extrinsisch zusätzlich unterstützt werden und nimmt nicht nur keinen Schaden, sondern kann sogar noch gesteigert werden (Deci & Ryan, 1993).

---

[7] Leistungs- und machtorientierte Menschen dürften hiervon besonders angesprochen werden.

4.2   Emotionen und Motivation

Es folgt eine schwierige Gratwanderung: Wenn man sich mit dem Thema Emotionen auseinandersetzen will, muss man sich so tief hineinbegeben, dass man sich aufgrund der
noch immer vorherrschenden Unbestimmtheiten darin verliert, oder notwendigerweise an
der Oberfläche bleiben, um nicht in den noch vielen ungeklärten Fragen zu versinken.
Emotionspsychologie kann, wie die Motivationspsychologie, aufgrund ihrer Geschichte,
Breite und Tiefe als eigenes Fach gelten. Wie uneinig sich die Forschungsgemeinde an
einigen Stellen in Hinsicht auf ganz grundlegende Fragen ist, will ich nur ganz kurz
anhand der Diskussion über die Basis-, Primär- oder Hauptemotionen – nicht einmal
bei deren Kategorienname herrscht letzte Einigkeit – zeigen. Denn bis heute herrscht
keine Übereinkunft über die genaue Anzahl und Benennung der grundlegenden Emotionen. Generell ist eine Auseinandersetzung mit dem Zusammenhang von Emotionen
und Motivation aber von großer Bedeutung für unser *Personal Performance Management,*
weil beide wechselseitig aufeinander Einfluss nehmen und unser Handeln leichter oder
schwerer erscheinen lassen können.

Wie viele Emotionen gibt es?
Viele stimmen zu, dass *Traurigkeit, Freude, Wut, Angst, Ekel und Überraschung* als die
sechs universellen, also kulturübergreifenden Primäremotionen bezeichnet werden können.
Sie werden als universell bezeichnet, da sie in verschiedenen Untersuchungen rund um den
Globus unabhängig von Herkunft, Geschlecht, kulturellem Hintergrund etc. erkannt und
differenziert werden können (Brandstätter et al., 2018). Diese Primäremotionen werden auch
als Basisemotionen bezeichnet, weil sie bereits bei Babys und Kleinkindern beobachtbar
sind, eine kulturelle Prägung ist daher eher unwahrscheinlich.
       Gelegentlich findet sich aber auch eine Erweiterung dieser sechs Basisemotionen um
eine siebte: die *Verachtung* (vgl. dazu Zimbardo et al., 2016 in Bezug auf Biehl, et al.,
1997; Ekman, 2003). Hier darf jedoch die Frage erlaubt sein, ob es sich bei Verachtung
tatsächlich um eine Basisemotion handelt, oder um eine mit der Zeit erlernte Emotion, die
auf dem Bedürfnis beruht, sich selbst zur erhöhen, indem man sein Gegenüber abwertet.
Oder anders: Glauben Sie, dass ein Baby jemanden verachten kann?
       Manche Forscher hingegen erkennen Überraschung, Ekel und Verachtung nicht als Basi-
semotionen an (Brandstätter et al., 2018). Wieder andere benennen auch *Erwartung* und
Akzeptanz als „Hauptemotionen" (Plutchik, 1980; 1984) oder zählen *Interesse* statt Überraschung zu den grundlegenden Emotionen (Izard, 2007). Einig sind sich hingegen die meisten
in der Feststellung, dass sich aus den Basisemotionen auf einer höheren Komplexitätsebene
weitere Emotionen wie Neid oder Scham durch Kombination zusammenfügen. Emotionen
höherer Komplexität sind durch die Kombination aus Basisemotionen häufig nicht eindeutig
oder sogar ambivalent und tragen mehrere Anteile unterschiedlichen Empfindens in sich.
       Sie merken vielleicht schon an dieser sehr oberflächlichen Darstellung und den wenigen
Worten, dass man beim Thema Emotionen schnell vom Hundertsten ins Tausendste kommen

kann. Da uns hier „nur" der Zusammenhang zwischen Emotionen und Motivation bzw. dem *Personal Performance Management* interessiert, bleiben wir gerne an der Oberfläche und verlassen diese beispielhafte Diskussion wieder, bevor wir uns darin verlieren. Aber was sind denn nun – unabhängig von deren genauer Bezeichnung, Verortung und Kategorisierung – Emotionen?

Was sind Emotionen?

„Emotionen sind eine spezielle Klasse von Motiven, die uns dabei helfen, unsere Aufmerksamkeit auf wichtige (gewöhnlich äußere) Situationen zu richten und darauf zu reagieren sowie anderen unsere Absichten mitzuteilen" (Zimbardo et al., 2016, S. 528). Diese Definition von Emotionen ist kurz und knackig und birgt doch einiges in sich. Ich habe einmal versucht, die verschiedenen Aspekte herauszuarbeiten.

So werden Emotionen als eine besondere Art von Motiven angesehen. Die enge Verwandtschaft dieser beiden Konzepte wird bereits durch den Wortstamm „*mot*" für Bewegung ausgedrückt. Das Präfix „E" (eigentlich *ex* a.d. Lateinischen) deutet darauf hin, dass es sich bei Emotionen um etwas handeln muss, das aus uns heraustritt, bzw. durch eine innere Regung zu äußeren Reaktionen führt. Emotionen bringen uns ebenso wie die bereits ausführlich besprochenen Motive und unsere Motivation „in Bewegung". Sie *veranlassen Handlungen, geben ihnen eine bestimmte Richtung und können verstärkend oder hemmend auf sie wirken*.

Darüber hinaus steuern Emotionen u. a. unsere *Aufmerksamkeit* – wie wir sehen werden, geht ihre Wirkung aber noch weiter. Emotionen helfen uns zu fokussieren, können uns aber auch ganz erheblich von unseren Zielen ablenken. Da sie häufig „aus der Tiefe" kommen, wirken sie viel schneller und unmittelbarer auf uns, als unser eher behäbiges Bewusstsein, das uns dabei hilft, Ziele zu definieren und deren Erreichung zu planen (vgl. Kahneman, 2016). Trotzdem bleiben sie für uns nicht unbeeinflussbar, wie wir später noch sehen werden.

Emotionen *stellen uns wichtige Informationen zur Verfügung*. Sie zeigen deutlich auf die Dinge in unserer Umwelt – aber auch in uns selbst –, von denen sie meinen, dass wir uns mit ihnen auseinandersetzen sollten. Diese Hinweise sind aus evolutionstheoretischer Sicht gerechtfertigt. Die *Reaktionen und Ausdrucksformen*, die diese Reaktionen annehmen können, sind heute jedoch nicht mehr immer angemessen und akzeptiert, daher ist es hilfreich, Zugriffsmöglichkeiten auf die Emotionsbildung und deren Expression zu haben.

Und schließlich benennt die zitierte Definition von Emotionen die Funktion, *uns und unsere Absichten anderen mitzuteilen*. Emotionen haben somit auch einen kommunikativen Aspekt, der die Vermittlung von Informationen und Nachrichten zwischen Individuen – auch über Artgrenzen hinweg – anreichert. Damit können Emotionen zu den non-verbalen Kommunikationskanälen gezählt werden, die weit über unsere verbale Mitteilungsfähigkeit hinausgehen.

4.2.1 Emotionen geben Richtung und Stärke unseres Strebens vor

Zu den wichtigsten Funktionen von Emotionen gehört es, unserem Handeln eine Richtung zu geben (Zimbardo et al., 2016). Damit haben sie eine große Ähnlichkeit mit den Antriebstendenzen (Annäherung/Erhalt vs. Vermeidung/Distanzierung), wie wir sie schon im Zusammenhang mit unseren grundlegenden Motiven kennengelernt haben. Außerdem laden Emotionen unser Verhalten mit Energie auf oder entziehen sie uns. Dabei gilt ganz grundsätzlich, dass sie versuchen, für uns angenehme Zustände zu erreichen oder zumindest zu begünstigen. Emotionen können also zu Leistungssteigerungen bei der Erreichung des „richtigen" Ziels, aber auch Leistungseinschränkungen bei dem Streben nach einem „falschen" Ziel führen.[8] Weil Emotionen einen so großen Einfluss auf unsere Handlungen haben, werden sie gelegentlich auch als „rudimentäres Motivationssystem" bezeichnet (vgl. Zimbardo et al., 2016; Schneider & Dittrich, 1990; Brandstätter et al., 2018). Damit wird der Beobachtung Rechnung getragen, dass sie ebenso tief in uns verwurzelt sind wie unsere grundlegenden Motive oder unsere Bedürfnisse, die sich vor allem melden, wenn wir einen Mangel empfinden und dann unsere Handlungsmotivation beeinflussen. Emotionen sind im Gegensatz zu Motiven und Bedürfnissen jedoch noch unmittelbarer und situationsgebundener. Sie treten reflexartig als Reaktion auf bestimmte innere, aber vor allem äußere Reize auf.

Für unser *Personal Performance Management* ist es wichtig, diese Funktion von Emotionen zu begreifen und zu würdigen. Einerseits können wir aus unseren Emotionen durch eine gute Selbstbeobachtung wichtige Informationen ziehen. Andererseits lassen sich die leistungsbeeinflussenden Wirkungen von Emotionen gezielt durch uns einsetzen, um bessere Leistungen zu erbringen, an der Leistungserbringung selbst mehr Freude zu haben und nicht so schwer an ihr zu tragen, als wenn wir auch noch mit negativen Emotionen kämpfen müssten. Es ist für uns also von Interesse, sowohl leistungsmindernde Aspekte zu vermeiden als auch leistungssteigernde Aspekte zu fördern.

Erregungszustand und Leistungserbringung
Der Erregungszustand, in dem wir uns befinden, spielt bei der Leistungserbringung mit und durch Emotionen eine wesentliche Rolle. Uns mit positiven Gefühlen gezielt zu „pushen", kann in der richtigen Situation den Extrakick geben, den wir benötigen, um unser Leistungsziel zu erreichen. Die meisten von uns kennen aber auch das Gefühl, wenn wir zu aufgekratzt sind und erst dadurch Fehler machen, die wir ansonsten nicht gemacht hätten. Generell lässt sich daher sagen, dass wir

- **bei leichten Aufgaben die Erregung hochfahren** müssen, um bessere Leistungen zu bringen, weil wir sonst aus Langeweile oder einer zu geringen Aktivierung Fehler machen, die wir bei dem Anforderungsniveau eigentlich nicht machen müssten,

---

[8] Z. b., wenn wir entgegen unseren grundlegenden Motiven oder spontaner Motivation handeln.

- **bei mittleren Schwierigkeitsgraden einen mittleren Erregungszustand ansteuern** sollten,
- **bei schwierigen Aufgaben den Erregungszustand herunterregulieren** müssen, um einen „kühlen Kopf" zu bewahren und die besten Leistungen abrufen zu können (Zimbardo et al., 2016).

Hierbei sind allerdings individuelle Unterschiede zu beachten. Manche Menschen suchen geradezu den Nervenkitzel und die Gefahr und laufen dabei auch zu Höchstform auf. Erst durch den Nervenkitzel, so scheint es, fühlen sie sich in den richtigen Erregungszustand versetzt und sind dabei sogar in der Lage erfolgreich zu handeln. Solche Menschen werden auch als *Sensation Seekers* oder *Big-T-Persönlichkeiten* (T = Thrill) bezeichnet. Aber obwohl sie durch ihr auffälliges Verhalten und ihre mediale Präsenz sehr prominent in Erscheinung treten, machen sie nur einen sehr geringen Anteil in der Bevölkerung aus. Bei den meisten Menschen würde die Kombination aus schwierigen Aufgaben und einem hohen Erregungszustand zu einem Effekt führen, der der Paralyse (Lähmung) ähnlich wäre (Zimbardo et al., 2016). Die Leistungserbringung wird dann ganz erheblich negativ beeinträchtigt, weil die erforderliche Verarbeitungskapazität von Informationen durch die zusätzlichen Informationen aus den anregenden Emotionen belegt und blockiert werden würde. Informationen können dann nicht mehr in dem erforderlichen Maß aufgenommen und (korrekt) verarbeitet werden, weil die Hirnaktivität von unseren planenden, abwägenden und bewusst steuernden Hirnbereichen in die eher affektiven und „intuitiven" Bereiche verlagert wird. Insbesondere bei komplexen Situationen (z. B. Verhandlungen, Projektarbeit, Mannschaftssport), in denen womöglich auch noch (indirekte) soziale Wechselwirkungen beachtet werden müssen (Wer kann mit wem? Wie können alle ihr Gesicht wahren? Was sind die Kurz-, Mittel- und Langzeitwirkungen eines bestimmten Verhaltens?), kann affektives und intuitives Verhalten unangebracht sein, weil daraus z. B. Stress, Leistungsdruck, Zeitnot, Fehler, Missverständnisse, „politische Verwerfungen" etc. an anderer Stelle oder zu einem späteren Zeitpunkt entstehen können. Das zu beurteilen ist schon unter normalen Bedingungen nicht einfach. In einem Zustand der Paralyse durch zu intensive Emotionen wird eine angemessene Situationsbewertung nahezu unmöglich.

4.2.2 Auswirkungen von Emotionen auf unsere Wahrnehmung

Emotionen können also unsere Leistung generell zum positiven oder negativen beeinflussen. Darüber hinaus haben sie aber auch ganz spezifische Wirkungen auf verschiedene Bereiche unserer Wahrnehmung und die aus ihr erwachsenden Kompetenzen (Brandstätter et al., 2018).
Emotionen

- … steuern unsere **Aufmerksamkeit**,
- … beeinflussen unsere **Gedächtnisleistung**,

- … beeinflussen unsere **Entscheidungen und Meinungen** und
- … verändern unsere **Problemlösungskompetenz**.

Aufmerksamkeit

Emotionen können die Aufmerksamkeit automatisch auf bestimmte Sachverhalte lenken. Da sie dabei sehr unmittelbar wirken und dadurch einen großen Einfluss auf unser situatives Verhalten haben, ist es wichtig zu wissen, wie wir unsere Aufmerksamkeit steuern können. Dieses Wissen wird umso wichtiger in Situationen, die besonders starke Emotionen, wie z. B. Angst oder Freude, auslösen. Hier kann es passieren, dass unsere Aufmerksamkeit von wichtigen Details abgelenkt wird.

Positive und negative Emotionen wirken in Bezug auf unsere Aufmerksamkeit jedoch unterschiedlich. In negativer Stimmung fokussieren wir eher auf negative Aspekte einer aktuellen Situation. Wir finden dann viel leichter „das Haar in der Suppe" und sind auch eher bereit, Missstände oder auch nur geringfügige Abweichungen von unseren Erwartungen offen anzusprechen. Wenn wir hingegen in einer guten Stimmung sind, lassen wir „Neune auch einmal gerade sein" und legen nicht „jedes Wort auf die Goldwaage". Dann erscheinen wir insgesamt etwas verträglicher für unsere Umwelt, weil wir eher zu Kompromissen bereit sind.

Für unser *Personal Performance Management* gibt es hier kein Besser oder Schlechter. Sowohl eine leichte „Verdunkelung" unserer Emotionen als auch eine „Aufhellung" kann nützlich sein. Es kommt auf die Situationen an, welchen Aufmerksamkeitsfokus wir idealerweise einnehmen sollten, um gute Ergebnisse für uns und andere zu erzielen. Da kann es ebenso angemessen sein, seine Stimmung für den Moment etwas heller oder dunkler „einzufärben".

Gedächtnis

Darüber hinaus haben Emotionen Einfluss auf die Menge und Qualität der Informationen, die zu speichern wir in der Lage sind. Emotional aufgeladene Ereignisse und Sachverhalte werden dabei generell besser gespeichert als eher „kühle" Informationen. Das erklärt z. B. auch, warum uns Geschichten von Menschen und Schicksalen so viel besser im Gedächtnis bleiben (Storytelling) als Zahlen, Daten, Fakten. Mit Geschichten können wir Emotionen verknüpfen. Wir fiebern mit, können nachempfinden, wie sich die Hauptpersonen gerade fühlen und nehmen eine emotional beeinflusste Stellung zum Geschehen ein. Das passiert beim Vokabellernen in der Regel nicht.

Ob das Vorzeichen der Emotionen (+ oder −) bei der Speicherung von Gedächtnisinhalten eine quantitative und/oder qualitative Rolle spielt, kann nicht eindeutig und pauschal gesagt werden. Zu viele Einflussfaktoren wirken hier auf den Erfolg einer Verankerung in unserem Gedächtnis ein.

Aber nicht nur bei der Speicherung, sondern auch beim Abruf von Gedächtnisinhalten sind Emotionen hilfreich – im Positiven wie im Negativen. Wenn wir z. B. gerade unter akutem Stress stehen, lässt unsere Gedächtnisleistung deutlich nach. Das kann sogar so weit gehen, dass eigentlich gut verfügbare Daten, Sachverhalte, Zusammenhänge, Namen oder Ähnliches aktuell nicht verfügbar sind. Dieser Zustand ist glücklicherweise vorübergehend – sofern der Stress nicht zum Dauerzustand wird. Dauerhafter Stress oder längere Zeit anhaltende Drucksituationen führen zu ebenfalls anhaltenden Beeinträchtigungen.

Sofern man jedoch sicherstellen kann, dass Stress und Drucksituationen nur zeitweilig auftreten und immer wieder von Zeiten der Erholung abgelöst werden, können die damit häufig verbundenen intensiven Emotionen dazu führen, dass sich unsere Gedächtnisleistungen, wie oben erwähnt, verbessern. Das erklärt z. B. auch, warum wir uns an unsere beruflichen oder privaten Glanzleistungen erinnern. Vielleicht, weil wir besonders glücklich waren oder weil wir besonders schwere Zeiten durchgestanden haben. Sich an die eher emotionslose Zeit dazwischen zu erinnern, fällt hingegen deutlich schwerer.

Die besten Erinnerungsleistungen erzielt man außerdem generell dann, wenn die aktuelle Grundstimmung zur Stimmung der Gedächtnisinhalte passt. Wir haben also in einer negativen Stimmung einen erleichterten Zugang zu negativen Erinnerungen. Das Phänomen des Grübelns lässt sich teilweise auf genau diese „Spirale" zurückführen: Negative Stimmung ruft negative Erinnerungen ab, was die Stimmung weiter runterzieht usw. Wenn es uns gelingt, unsere Stimmung ins Positive zu wenden, erleichtert dies den Zugriff auf positive Gedanken.

Dieser Befund kann für Ihre persönliche Leistungssteuerung von erheblicher Bedeutung sein. Wenn Sie merken, dass Sie sich in eine Negativspirale begeben, sollten Sie parat haben, welche Einflussmöglichkeiten Sie haben, Ihre Stimmung zu verbessern! Musik spielt hier bei vielen Menschen eine wesentliche Rolle – aber auch Schokolade, Sport und leider auch Alkohol und Drogen.

Entscheidungen und Meinungen

Emotionen erlauben uns reflexartige Entscheidungen über Fliehen oder Angreifen, Annähern oder Entfernen, Freund oder Feind, Mehr-davon oder Finger weg. Sie waren in dieser Hinsicht einmal überlebenswichtig. Die schnelle Erkenntnis über Gut oder Schlecht hat unsere Spezies vor so manchem Fehler bewahrt. Und wir lehnen uns nicht zu weit aus dem Fenster, wenn wir vermuten, dass Individuen, die hierin Defizite hatten, nicht viele Gelegenheiten zur Reproduktion der verantwortlichen Gene hatten.

Ein Großteil unserer täglichen Urteile basiert somit – wortwörtlich und darüber hinaus – seit Menschengedenken auf sehr schnellen, affektiven Bewertungsprozessen. Selbst heute, da viele der Problemstellungen der Steppe überwunden sind, sind unsere Entscheidungen und Meinungen mindestens noch von unseren schnell bereitgestellten Gefühlen zu einem Sachverhalt oder einer Person gefärbt. Mag ich jemanden oder nicht? Will ich etwas oder nicht? Bleibe ich oder gehe ich? Sie können eine noch so ausgeklügelte Entscheidungsmatrix anwenden: Entweder kommt trotzdem ihr Favorit heraus oder sie finden irgendeinen Vorwand, das Ergebnis anzuzweifeln und zu verwerfen, um dem Favoriten den Vorzug geben zu können. Sie fühlen, wenn eine Entscheidung subjektiv richtig oder falsch ist. Objektiv richtige Entscheidungen können sich emotional völlig falsch anfühlen – aber auch umgekehrt. Auch deswegen ist es wichtig, einen aufgeklärten Zugang zu seinen Emotionen zu haben, um sie zu verstehen und sich dadurch ein Stück weit von ihnen zu emanzipieren.

Das ist deswegen wichtig, weil Emotionen auf den Moment gerichtet sind. Ihr unmittelbarer Charakter spiegelt sich in der Beschränktheit ihres Horizontes wider. Eine aktuelle Emotion gilt für jetzt und berücksichtigt die akuten Informationen. Die Priorität der Emotionen liegt im Hier und Jetzt, mögliche künftige Entwicklungen werden zugunsten des kurzfristig erfolgversprechenden Verhaltens absolut vernachlässigt. Das müssen wir beachten, wenn wir emotional gefärbte Entscheidungen treffen oder feststellen, dass unsere Meinungen einmal von Emotionen geprägt wurden. Kurzfristig mögen die resultierenden Handlungen, Aussagen, Gedanken, Einstellungen etc. ihre Berechtigung gehabt haben. Mittel- und langfristig kann spontanes, affektgeleitetes Verhalten für uns von Nachteil sein – muss es aber nicht.

Gelingt die Emanzipation, können wir Emotionen als Informationsquelle über uns und unsere Umwelt nutzen. Manche Emotionen resultieren nämlich auch aus unterschwelligen (sublimen) Wahrnehmungen, die wir „intuitiv" bewerten. Kommen wir dahinter, warum wir ein schlechtes oder ein gutes Gefühl bei einer bestimmten Sache haben, können wir die gewonnenen Informationen für eine fundiertere Entscheidungsfindung berücksichtigen, als dies möglich wäre, wenn wir nur auf unsere „rationalen" oder „emotionalen" Abwägungen zurückgreifen würden.[9] So können wir z. B. Täuschungen oder verborgenen Gefahren vorbeugen und entgegenwirken.

Problemlösungskompetenz

Schließlich haben unsere Gefühle auch Wirkung auf unsere Problemlösungskompetenzen. Ob wir uns in positiver oder negativer Stimmung befinden, wirkt sich auf die Art unserer Entscheidungen aus, was davon besser ist, hängt aber wesentlich von den Anforderungen der Situation ab. Es kommt nämlich darauf an, ob die Auswirkungen der empfundenen Emotionen einen funktionalen Beitrag zur Problemlösung liefern.

So konnte man feststellen, dass positiv gestimmte Menschen weniger Informationen in ihre Problemlösung einbeziehen als Menschen in einer negativen Stimmung. Hieraus entstehen zwei Effekte, die in bestimmten Situationen hilfreich sind: In einer positiven Stimmung sehen wir eher das Große und Ganze. Wir verzichten dann auf den Blick auf die Details zugunsten der strategischen Lösungen eines Problems. Und dadurch, dass wir auf Informationen verzichten, kommen wir schneller zu Lösungen. Wenn die Zeit drängt und nicht

---

[9] Die *Trennung* zwischen „rational" und „emotional" ist m. E. vor allem semantischer Natur. Zwar lässt sich argumentieren, dass sich für beides verschiedene Hirnareale identifizieren lassen, letztlich sind es jedoch beides Funktionen des (entscheidenden, bewertenden, handlungsvorbereitenden) Denkens, die auf die (annähernd) gleichen Umweltinformationen zurückgreifen können. Dabei funktionieren sie lediglich unterschiedlich schnell und setzen, basierend auf ihren primären Funktionen, unterschiedliche Schwerpunkte bei der Gewichtung der Informationen. Letztlich gehören rational und emotional m. E. aber auf das gleiche Kontinuum und gehen fließend ineinander über.

kleckern, sondern klotzen angesagt ist, helfen uns positive Emotionen, diese Anforderungen zu erfüllen. Außerdem gelingen in einer positiven Stimmung häufig kreativere Lösungen, als wenn man gerade übellaunig oder traurig ist.

Negative Stimmungen hingegen fördern das analytische Vorgehen und verbessern die Risikoabwägung. Das Detail gewinnt an Gewicht. Daher sind die Problemlösungen häufig auch ausgewogener und weniger riskant – dauern aber auch länger. In einer miesen Stimmung sinkt also die Wahrscheinlichkeit für eine kreativ-geniale Idee, das, was beim Nachdenken herauskommt, wird tendenziell aber eher „Hand und Fuß" haben. Insbesondere in Situationen, in denen alles um einen herum von Euphorie und Aufbruchsstimmung geprägt ist, braucht es häufig jemanden, der den Advocatus Diaboli gibt und erst einmal prüft, ob die Rakete, mit der man gleich abheben möchte, überhaupt getankt wurde.

4.2.3   Emotionen als Informationsquelle

Wir haben es eben schon kurz angerissen: Emotionen dienen als Informationsquelle. Das gilt generell für diejenigen, die Emotionen empfinden und für diejenigen, die Emotionen beobachten. An dieser Stelle konzentrieren wir uns auf die Funktion von Emotionen als Informationsquelle für diejenigen, die Emotionen empfinden. Sobald Emotionen auch als Informationsquelle für andere Menschen (oder Tiere) dienen, können wir von einem Kommunikationsprozess sprechen, in dem Informationen zwischen zwei oder mehr Individuen ausgetauscht werden.

Wir haben bereits erfahren, wie Emotionen auf unsere Motivation und unsere Wahrnehmung wirken können. Wir brauchen diese Auswirkungen gar nicht bewusst wahrnehmen und sie sind dennoch vorhanden und sie leiten unser Denken, Reden und Handeln. In dem Moment, in dem es uns gelingt, bewusst darüber zu reflektieren, was wir gerade fühlen, bergen Emotionen eine zusätzliche Informationsquelle, die nicht zu unterschätzen ist. Dem liegt zugrunde, dass jede Emotion ihre Begründung hat und jede Emotion irgendeinem Zweck dient. Denn grundsätzlich ist der bunte Strauß unserer Emotionen einmal dagewesen, unser Überleben in einer rücksichtslosen Umwelt, bei Gefahren und in der Gruppe wahrscheinlicher zu machen. Dass einige Emotionen in unserer heutigen, künstlichen, sicheren und kulturell teilweise überprägten Welt nicht mehr angemessen sind oder zu stark ausfallen, steht auf einem anderen Blatt. Dennoch können sie uns wichtige Informationen über die Situationen geben, in denen wir uns gerade befinden, wie wir sie intuitiv einschätzen und sie liefern uns mindestens eine Handlungstendenz, die wir in unsere Abwägungen einbeziehen können.

Wenn wir z. B. Unlust empfinden, uns von unseren Emotionen „runterziehen" lassen und negative Gefühle bei einer aktuellen Handlung haben, sollten wir die Gründe hierfür erforschen. Vielleicht verfolgen wir die falschen Ziele. Vielleicht stören uns irgendwelche Begleitumstände, wie das Wetter oder Personen, mit denen wir arbeiten müssen. Möglicherweise haben wir auch „so ein Bauchgefühl", dass etwas nicht stimmt oder „Gefahr in der Luft liegt". Andererseits informieren uns positive Emotionen darüber, was uns generell und unmittelbar guttut. Ob positive oder negative Emotionen, es ist jedoch zu beachten, dass Emotionen den aktuellen Moment bewerten – und nur diesen. Sie sind ausschließlich auf das Hier und Jetzt ausgerichtet, interessieren sich nicht für die Zukunft und die Auswirkungen dieses Augenblicks, für das Geschehen oder unsere Pläne in ein paar Stunden, Tagen oder Wochen. Daher kann es durchaus angemessen sein, bei Unlust nicht sofort eine Handlung einzustellen oder einen Gedanken über Bord zu werfen, sondern sich kritisch damit auseinanderzusetzen. Emotionen liefern *einen Teil* der Informationen, die wir für ein ausgewogenes und selbstbestimmtes Leben benötigen.

Emotionen helfen, (gute) Entscheidungen zu treffen
Emotionen liefern uns also einen Teil der Informationen, die zu einer ausgewogenen Urteilsfähigkeit hinlenken. Sie betreffen in der Regel den Moment bzw. die momentane Einstellung und liefern sozusagen einen ersten affektiven (heißen) Teil einer informationellen Grundlage, die dann noch durch einen zweiten bewussten (kühlen) Teil ergänzt werden muss (vgl. Kahneman, 2016).

Um zu zeigen, dass Emotionen immer nur ein Teil der notwendigen Informationen für eine Entscheidung sein sollten, nehmen wir eine extreme Emotion: die Wut. Sie entsteht vor allem dann, wenn wir in unserer Handlungsausführung gestört werden. Wir haben uns etwas vorgenommen, wollen etwas erreichen und es gibt (meist äußere) Hindernisse, die die Zielerreichung verhindern. Jemand erlaubt uns nicht, etwas zu tun, oder behindert uns ganz offen bei der Zielerreichung, wie es z. B. bei vielen Sportarten der Fall ist. Manchmal sind wir aber auch wütend gegen uns selbst, wenn wir (wieder einmal) zu ungeschickt für etwas gewesen sind, eine Aufgabe einfach nicht beendet bekommen oder etwas gesagt oder getan haben, das uns von unserem Ziel abhält. Vielleicht kann man sagen, dass Wut die spontane und wildere Schwester der Frustration ist. Im Gegensatz zur Frustration neigt Wut jedoch viel eher dazu, Gewalt auszulösen. Sie setzt vor allem auf Dominanz und Durchsetzung der eigenen Belange. Damit ist Wut ein überaus egoistisches Gefühl, das sicherstellen soll, dass besonders hoch priorisierte Interessen in unserem persönlichen Sinne durchgesetzt werden.

Bei der Wut wird besonders gut deutlich, dass die Bewertung einer Situation unglaublich schnell durchlaufen werden kann, indem Informationen bereitgestellt werden und so den Prozess der Entscheidungsfindung vorbereiten. Die Kaskade Erregung – Interpretation – Gefühl – Handlung/Verhalten wird in einer unbegreiflichen Geschwindigkeit durchlaufen und führt zu einer meist eindeutigen Handlungsempfehlung. Im Falle der Wut können wir aber auch leicht erkennen, dass diese Handlungsempfehlungen nicht immer funktional sind. Häufig ist der Rat unserer Wut sogar hochgradig destruktiv. Und wenn sich diese Destruktivität auch zunächst nach außen richtet, sind die negativen Folgen für die anwendende Person doch absehbar. Daher sollten die Handlungsempfehlungen unserer Wut um bewusste Abwägungen ergänzt werden – oder zumindest durch bewusstes Denken auf den Prüfstand gestellt werden. Gelingt dies nicht auf Anhieb, kann man sich an den Dreisatz „Beschreiben, Erklären, Bewerten" halten, um zu einer neuen Bewertung einer Situation zu kommen und die verfügbare Informationsbasis für eine emanzipierte Entscheidungsfindung zu erweitern.

- **Beschreiben** Sie die Situation ganz nüchtern: Was sehen Sie? Was empfinden Sie? Wie würde eine unbeteiligte Person die Situation beschreiben? Wichtig! Benutzen Sie neutrale Adjektive und stellen Sie auch diese infrage. *Hoch* ist einigermaßen neutral, oder? Aber es kommt auf den Standpunkt des Betrachters an, was hoch ist. Es könnte also schon eine gewisse Wertung aus einer bestimmten Perspektive dahinterstecken. Wenn Sie „*zu* hoch" formulieren, ist es eindeutig, dass sie keine neutrale Beschreibung mehr durchführen.
- **Erklären** Sie, wie es zu dem beobachteten Sachverhalt kommen konnte. Hier stellt vor allem das Welt- und Menschenbild ein bedeutendes Hindernis für eine vielseitige und bunte Erklärungswelt dar. Je enger unser Fokus ist – und bei Wut ist er maximal verengt –, desto schwieriger wird es, verschiedene Aspekte, Sichtweisen und Interpretationen der Realität einzubeziehen.
- **Bewerten** Sie vor dem Hintergrund Ihrer Beschreibung und der möglichen Erklärungen den Sachverhalt neu. In der Regel spielen hier die spontanen Reaktionen von Wut und Ablehnung eine geringere Rolle. Jedenfalls sind die spontanen Reaktionen um weitere Aspekte erweitert worden und die resultierenden Handlungen oder das Verhalten ist weit ausgewogener als bei einer spontanen, affektgeleiteten Handlung.

Durch „Beschreiben, Erklären, Bewerten" können Sie ihre Handlungen und ihr Verhalten fundierter gestalten. Durch die Abkühlung spontaner Reaktionen ist die Wahrscheinlichkeit größer, dass Ihnen ihr heutiges Verhalten – so gut es Ihnen im Moment vielleicht auch tun würde – keinen Schaden in der Zukunft zufügt.

Manchmal ist es aber auch genau umgekehrt. Sie sind total „verkopft" und es gelingt Ihnen bei einer Entscheidung einfach nicht zu einem Schluss zu kommen. Sie finden keine einleuchtende oder eindeutige Gewichtung. Emotionen können in diesem Fall sehr hilfreich sein, denn sie dienen dazu, Prioritäten zwischen den Dingen, Ereignissen und Menschen zu setzen. Wenn wir eine Entscheidung zwischen zwei vermeintlich gleichwertigen Alternativen treffen müssen, ist es oft schwierig zu einem Schluss zu kommen. Als Reaktion darauf können wir anfangen, „objektive" Bewertungskriterien zu bestimmen, anhand derer wir die Alternativen bewerten. Meist führt das aber auch zu keinem Ergebnis. Wir sammeln eine schier unüberschaubare Menge von Informationen, bilden Kategorien und gewichten diese. In der einen Kategorie überwiegen die Vorteile der einen Alternative, in einer anderen diejenigen der anderen Alternative. Wie will man dies dann bewerten?

Manchmal laufen wir mit unserem Kopf also in eine Falle. Um den Knoten zu durchschlagen, kann es hilfreich sein, das Bauchgefühl wieder einzubinden. Sie können beispielsweise eine Münze werfen, um sich für eine Alternative zu entscheiden. Egal, was dabei herauskommt, die Wahrscheinlichkeit ist groß, dass Sie spontan eine affektive Einstellung zur auf diese Weise bestimmten Alternative spüren: „Ja, das ist es!" oder „Hm, eigentlich wäre mir das andere aber lieber gewesen." So oder so, Sie haben ein Ergebnis. Wenn das noch nicht hilft, können Sie für einen Tag oder eine Woche so tun, als hätten Sie sich für ein bestimmtes Vorgehen entschieden. Anschließend machen Sie das einen Tag oder eine Woche mit der Alternative. Spätestens jetzt sollte sich ein klärendes Gefühl einstellen. Sollte das nicht der Fall sein, haben Sie vielleicht die falschen Alternativen gegenübergestellt und Sie sollten sich auf die Suche nach einer weiteren machen.

Emotionen liefern also wichtige Informationen, die wir für unsere tägliche Lebensgestaltung benötigen. Durch Ihren Bezug zum aktuellen Moment und der unmittelbaren Zukunft, also den nächsten Minuten oder Stunden, können Sie aber nur einen Teil der Informationen bereitstellen, die wir für ausgewogene Entscheidungen und funktionales Verhalten in unserer heutigen Welt brauchen.

Emotionen helfen, mit anderen Menschen umzugehen

Emotionen dienen aber nicht nur dazu, uns Auskunft über uns selbst zu geben, sondern auch Informationen aus unserer Umwelt zu gewinnen. Die Bewertung von Situationen als gefährlich (vermeiden) oder potenziell nützlich (anstreben) sind naheliegend und bereits angesprochen worden. Darüber hinaus liefern uns Emotionen aber auch Informationen über unser soziales Umfeld. Für Lebewesen, die sich in Gruppen organisieren, sind diese Informationen enorm wichtig, um das Umgehen in einem sozialen Gefüge zu regeln. Dabei darf man annehmen, dass die emotionale Bewertung von sozialen Situationen anders funktioniert als die emotionale Bewertung anderer Umweltbedingungen.

Um andere Menschen „lesen" zu können, haben wir bestimmte neuronale Netzwerke darauf spezialisiert, Mimik, Gestik, Tonlage etc. anderer Artgenossen zu dekodieren. Diese Netzwerke helfen uns, eine Ahnung über die Stimmung anderer Menschen zu entwickeln (Theory of Mind), um angemessen darauf reagieren zu können. Sehen wir z. B., dass unser Gegenüber wütend ist, können wir in Kombination mit anderen Informationen Handlungsstrategien entwickeln. Andere Informationen sind in diesem Fall z. B. unsere eigenen Wünsche, Ziele, Absichten, der Vergleich der körperlichen oder sonstigen Ressourcen, die zur Durchsetzung der Handlungspräferenzen eingesetzt werden können (z. B. Zwang, Gewalt, Bestechung). Diese Informationen und deren Abwägung helfen uns, uns selbst durchzusetzen oder vielleicht eine sichere Verhaltensoption (Flucht) zu wählen. Auf diese Weise kann nicht nur das Überleben in sozialen Gruppen gesichert werden, sondern es werden auch Hierarchien gefestigt.[10]

Wir haben die Möglichkeit entwickelt zu erkennen, wenn jemand traurig ist. Wir sind sogar in der Lage, diese Stimmung „aufzunehmen" und nachzuempfinden. Dies ermöglicht es uns, Handlungen abzuwägen, die uns – und damit auch vielleicht dem Gegenüber – bei

---

[10] Aus den Sozialwissenschaften wissen wir, dass Hierarchien – im Gegensatz zu ihrem Ruf – nichts Schlechtes sein müssen. Sie dienen der Entlastung von Entscheidungsprozessen, regeln Zuständigkeiten und Verantwortung. Auf diese Weise tragen sie einiges dazu bei, das komplexe Miteinander von großen Gruppen bis Unternehmen zu regeln und damit überhaupt erst funktional nutzbar zu machen (hierzu z. B. Luhmann, 2012a, b).

der Bewältigung der Trauer helfen würden. Wir können unser Verhalten dementsprechend ausrichten und auf diese Weise die sozialen Bande stärken.

Diese Fähigkeit, sich in einen anderen Menschen hineinzuversetzen, nennt man emotionale Intelligenz. Sie stellt ein paralleles Konzept zur „klassischen Intelligenz" dar, wie sie z. B. in Intelligenztests gemessen wird. Zur Bewältigung eher technischer oder abstrakter Problemstellungen ist die „klassische Intelligenz" ein wichtiger Bestandteil, um unsere Leistungsfähigkeit zu beeinflussen. Die Bedeutung wurde ursprünglich jedoch stark überschätzt. Neben dieser Form der Intelligenz sind es auch die in diesem Buch vorgestellten Aspekte, die die Leistungsfähigkeit eines Menschen maßgeblich beeinflussen. Dies gilt z. B. für die Kenntnis der eigenen Motive, die Kongruenz von Motiven und Zielen und die Fähigkeit sich zu motivieren.[11] Es ist vor allem aber die emotionale Intelligenz, die es uns erlaubt, uns geschickt, angemessen und funktional in sozialen Kontexten zu bewegen. Andersherum werden wir erhebliche Schwierigkeiten und Hindernisse in Gruppen zu überwinden haben, wenn unsere Theory of Mind nicht ausreichend ausgeprägt ist.

Die Fähigkeit, auf die Gefühle anderer Menschen einzugehen, diese zu verstehen ggf. sogar vorwegzunehmen und zu erahnen, wie sie auf ein bestimmtes Verhalten von uns reagieren werden, ist ein, wenn nicht das wichtigste Werkzeug, um Menschen zu führen und zu beeinflussen. Das ist nicht nur in klassischen Führungssituationen, sondern auch in der Familie, dem Sportverein oder dem Buchclub wichtig. Die bewusste Anwendung als Führungsinstrument innerhalb einer *formellen* Hierarchie (z. B. im Unternehmen) ist sogar nur ein Nebenaspekt emotionaler Intelligenz. Vor allem in *informellen* Hierarchien, wie sie uns sonst überall begegnen, trägt die Fähigkeit, sich in andere einzufühlen, ihre Reaktionen vorwegzunehmen und mithilfe dieser Informationen (zum eigenen Vorteil) zu beeinflussen, besonders weit. Gerade in den Situationen, in denen man nicht auf disziplinarische Weisungsbefugnis zurückgreifen kann, darf oder sollte, hilft eine ausgeprägte und valide Theory of Mind, Hindernisse zu vermeiden oder zu überwinden, Widerstände aufzulösen, Konsens herzustellen, Kompromisse auszuloten und somit viel Energie zu sparen, die man ansonsten für „Kämpfe" gegen Widerstände hätte aufwenden müssen.[12]

Gerade im Umgang mit anderen Menschen in sozialen Gruppen und bei der Zusammenarbeit in Teams und Systemen ist die Fähigkeit, Emotionen lesen zu können, also ein wesentlicher Bestandteil unseres *Personal Performance Managements*. Emotionale Intelligenz hilft uns, unser Verhalten so auszurichten, dass wir unsere Motive optimal bedienen können. Anschlussmenschen hilft es, stabile Beziehungen aufzubauen, Machtmenschen hilft

---

[11] Korrekterweise muss man sagen, dass auch die Fähigkeiten zur Selbststeuerung und der Umgang mit Gewohnheiten zu einem wesentlichen Teil zum *Personal Performance Management* beitragen. Diese sollen in diesem Buch jedoch nicht eingehend thematisiert werden, weil dies den Rahmen sprengen würde. Einen Hinweis auf diese beiden Aspekte gibt es aber im Exkurs: Willenskraft und Gewohnheiten am Ende dieses Unterkapitels.

[12] Denjenigen, die sich für die sogenannte „laterale Führung" interessieren, seien Kühl (Laterales Führen. Eine kurze organisationstheoretisch informierte Handreichung, 2017) und Luhmann (Funktionen und Folgen formaler Organisation, 1999) empfohlen.

emotionale Intelligenz, andere zu beeinflussen und Leistungsmenschen kann eine ausgeprägte Theory of Mind dabei unterstützen, ihre eigenen Leistungsziele möglichst effizient
und effektiv zu erreichen, ohne viel Energie in „Nebenkriegsschauplätzen" zu verschwenden.

4.2.4 Emotionen als Kommunikationsmittel

Ob wir nun in der Lage sind, aus unseren Emotionen selbst Informationen zu gewinnen oder nicht, Emotionen haben Auswirkungen auf unser Verhalten, auf unsere körperlichen Reaktionen, auf Gestik, Mimik und Körpersprache. Damit dienen sie nicht nur der
eigenen Informationsgewinnung, sondern auch dem Informationsaustausch mit unserer
Umwelt. Neben Menschen sind auch Tiere in der Lage, unsere Emotionen zu „lesen".
Damit sind Emotionen ein Teil unserer Kommunikation, durch die wir bewusst oder
unbewusst mit unserer gesamten Umwelt in Austausch treten.

Für unser *Personal Performance Management* sind Emotionen als Kommunikationsmittel interessant, weil wir sie beispielsweise dazu einsetzen können, um unsere derzeitige
Stimmung mitzuteilen. Dies können wir machen, um auszudrücken, dass wir bestimmte
Dinge nicht wollen. Wir sagen damit unserer Umwelt, dass wir den Auslöser der bestref-
fenden negativen Emotion gerne vermeiden wollen. Damit setzen wir unsere Mitmenschen
in die Lage, uns hierbei zu unterstützen. Umgekehrt gilt dies natürlich ebenso für Dinge,
die wir mögen, über die wir uns freuen und über die wir damit ausdrücken, dass wir sie
anstreben und mehr davon haben wollen. Ist diese Ausdrucksfähigkeit über unsere Emotionen gehemmt oder gar blockiert, beeinträchtigt dies unsere Interaktionsmöglichkeiten
mit der Umwelt und erschwert somit die persönliche Leistungssteuerung.

Emotionen auch bewusst einsetzen, um etwas mitzuteilen
Der Ausdruck von Emotionen kann über unsere Selbststeuerung gezielt beeinflusst werden
(s. Exkurs: Willenskraft). Die meisten Menschen erlernen diese Fähigkeit bereits im Kin-
desalter, wenn sie beispielsweise affektiert weinen oder einen Wutausbruch „spielen", um
eine bestimmte Sache zu bekommen. Später kommen dann „Flirtstrategien" hinzu, die nicht
nur bei der Partnerwahl, sondern auch zur Manipulation des Umfeldes eingesetzt werden.
Positive Emotionen zur Schau zu stellen ist in unserer Zeit besonders „angesagt" und wird
exzessiv betrieben.

Hier eröffnet sich für uns also ein weites Feld, das sich zwischen der manipulativen Beeinflussung unserer Umwelt und der angemessenen Emotions- und Verhaltenssteuerung bewegt.
Wir können den Ausdruck von Emotionen nutzen, um unsere Ziele zu erreichen. Die ausgedrückten Emotionen dienen somit beispielsweise als Drohung und sollen ausdrücken, dass
eine bestimmte Form der Reaktion oder Handlung der betreffenden wütenden oder zornigen
Person wahrscheinlicher ist als eine andere. Damit dienen ausgedrückte Emotionen auch
der Mitteilung über eine Handlungsvorbereitung, nimmt diese durch die Vorausschau der
Umwelt quasi vorweg und kann in bestimmten Fällen dadurch bereits handlungsersetzend

wirken. Die Handlung muss aufgrund der Vorwegnahme und Anpassung der Reaktionen nicht mehr ausgeführt werden. Natürlich gilt dies auch für positivere Emotionen.

In anderen Fällen zeigen wir Zuversicht und Freude, weil dies die angemessenen Gefühle in einer bestimmten Situation sind. Dies kann auch einmal erforderlich sein, obwohl wir uns völlig anders fühlen. In diesem Fall kann der Ausdruck von Emotionen auch der Verschleierung dienen. Das muss nicht immer mit moralisch fragwürdigen Absichten verbunden sein, denn unseren Gefühlen authentischen Ausdruck zu verleihen, ist nicht immer angemessen und transportiert in einigen Situationen vielleicht die falsche Botschaft. Führungssituationen sind hierfür besonders prädestiniert. Wer führen will, muss seine Emotionen auch dazu einsetzen, andere Menschen mitzureißen und bestimmte Informationen im Austausch mit der interessierten Öffentlichkeit (Stakeholder) zu transportieren. Aber auch als Trostspender kann es erforderlich sein, mittels emotionaler Gesten Zuversicht zu geben – nötigenfalls auch, ohne dass wir sie selbst empfinden.

Schließlich dienen Emotionen und deren Ausdruck zur Beziehungsgestaltung und zur Mitteilung über die Bewertung von Situationen oder Verhaltensweisen. Auch in diesem Zusammenhang spielen sie in Führungssituationen, aber ebenso im ganz alltäglichen Austausch mit unseren Mitmenschen eine wesentliche Rolle. Dies müssen wir beachten, wenn wir über unsere persönliche Leistungssteuerung nachdenken. Welche Bewertungen können oder müssen wir über Emotionen transportieren? Muss ich alles kommentieren oder kann ich vielleicht auch über den Ausdruck meiner Emotionen, z. B. durch die Mimik und Gestik, signalisieren, dass ich mit etwas nicht einverstanden bin? Oder welche Reaktionen muss ich unterdrücken, welche Emotionen sollen meine Kollegen oder Vorgesetzten nicht sehen, damit ich meine Ziele erreichen kann, nicht ungewollt für Irritationen sorge und meinen Mitmenschen ein guter Partner in den Beziehungen bin?

Motive und die Mitteilung von Emotionen

Wenn wir über unser *Personal Performance Management* nachdenken, dürfen wir die Wirkung unserer Emotionen als Kommunikationsmittel mit – oder Informationsquelle für – unsere(r) Umwelt nicht unterschätzen. Insbesondere unter Berücksichtigung unserer grundlegenden Motive ist es interessant, wie und welche Emotionen die Befriedigung dieser Motive befördern können. Wenn Sie beispielsweise eher machtorientiert sind, kann es sein, dass sie Ihre Emotionen einsetzen, um andere zu dominieren. So können gezielte Wutausbrüche Oppositionsgedanken Ihrer Mitmenschen vielleicht schon im Keim ersticken. Oder aber Sie verbergen Ihre Abneigung gegen die Pläne Ihrer Vorgesetzten und machen „gute Miene zum bösen Spiel", weil Sie Ihre Machtbasis nicht gefährden wollen. Als beziehungs- und anschlussorientierter Mensch setzen Sie Emotionen vielleicht ein, um zu trösten, oder Ihre Mitmenschen mitzureißen, um sich wieder gemeinsam an eine Aufgabe zu setzen. Die weniger an den Mitmenschen ausgerichteten leistungsorientierten Menschen nutzen, z. B. im Sport, den Ausdruck positiver Emotionen, um sich selbst zu pushen. Damit zeigen sie ihrer Umwelt, dass sie trotz der Widrigkeiten gewillt sind, die Dinge anzupacken, die

Herausforderungen anzunehmen und auch Hindernisse überwinden werden. Damit kommunizieren sie nicht nur mit ihrer Umwelt, sondern auch mit sich selbst und überzeugen sich vielleicht ganz nebenbei, dass alles doch irgendwie machbar ist. Das verbessert nicht nur ihre Leistungsbereitschaft, sondern auch die Leistungsfähigkeit, weil sie weniger an das mögliche Scheitern und mehr an das angestrebte Gelingen denken.

4.2.5 Durch Emotionen gesteuert werden und Emotionssteuerung

Bisher dürfte klar geworden sein, welchen großen Einfluss Emotionen auf uns haben. Sie wirken auf uns handlungsverstärkend und geben zu einem großen Teil auch vor, in welche Richtung unser Handeln spontan motiviert wird. Andererseits haben wir auch Zugriff auf unsere Emotionen. Emotionen können also sowohl Bottom-up entstehen als auch Top-down „moduliert" werden (Beckmann & Heckhausen, 2018b).

Emotionen steuern uns

Die Bedeutung von Emotionen auf unsere Wahrnehmung und unsere Entscheidungen haben wir bereits thematisiert. Damit haben Emotionen wesentlichen Einfluss auf unsere Verhaltensvorbereitung und Verhaltenssteuerung. So werden regulatorische Prozesse, u. a. die Meinungsbildung, durch Emotionen angesteuert und wir werden durch Emotionen aktiviert, ein bestimmtes Verhalten anzustreben und schließlich auch zu initiieren. Damit spielen Emotionen für willentliche (volitionale) Prozesse eine entscheidende Rolle. Emotionen lösen Handlungen jedoch nicht nur aus, sondern geben ihnen auch eine andere Richtung oder stoppen sie. Entscheiden wir vielleicht ein berufsbegleitendes Studium aufzunehmen und machen uns mit viel Elan daran. Dann lernen wir jemanden kennen und verlieben uns. Plötzlich verschieben sich die Prioritäten. Die Aufmerksamkeit setzt andere Schwerpunkte und unser langfristiges Ziel, einen bestimmten Abschluss zu erreichen, um unsere mittelfristige Karriereplanung in die gewünschten Bahnen zu lenken, verliert gegenüber den akuten emotionalen Bedürfnissen und kurzfristig erwarteten Belohnungen massiv an Attraktivität. Weniger dramatische Ableger dieses extremen Beispiels ereilen uns nahezu täglich bei der Arbeit oder in der Freizeit. Bestimmte Reize lösen Emotionen wie Sehnsucht, akute Neugier, Zorn oder Freude aus. Mit diesen „heißen" und im Moment gebundenen Emotionen sind dann Folgehandlungen verbunden, die großes Potenzial haben, uns von unseren eher „kühlen" Zielen abzulenken, die ihren (ungewissen) Lohn erst in einer verhältnismäßig fernen Zukunft versprechen.

Fehlattributionen

Auch wenn uns unsere spontanen und akuten Emotionen von langfristigen Zielen abhalten oder diese behindern, so haben sie in aller Regel doch eine Rechtfertigung. Wie wir schon gesehen haben, haben Emotionen immer einen informativen Charakter und unterstützen uns meistens recht zuverlässig bei der Entscheidungsfindung. Manchmal jedoch kommen die Emotionen durcheinander und es treten Empfindungen auf, die eigentlich nicht zu der Situation passen. Hier spricht man von Fehlattribution (Falschzuweisung). Dies geschieht vor allem in komplexen Situationen, in denen viele Emotionen um Aufmerksamkeit buhlen. Man könnte dieses Phänomen auch das „Speed-Phänomen" nennen. Im Film „Speed" mit Keanu Reeves und Sandra Bullock wird sogar explizit darauf hingewiesen, dass Beziehungen, die in extremen emotionalen Situationen entstanden sind, meist nicht besonders lange halten. Warum? Weil in extremen Situationen Fehlattributionen passieren. Man ist mit einer Vielzahl verschiedener Emotionen konfrontiert, Angst bis hin zur Panik, Freude bis Euphorie, Zorn, Zweifel usw. Wenn dann, wie im Film, auch noch körperliche Attraktion, gepaart mit einer verbindenden gemeinsamen Extremsituation, für zusätzliche emotionale Reaktionen sorgen, resultiert ein Hormon-Cocktail, der kaum noch in geregelte Bahnen zu lenken ist und sich der willentlichen Steuerung fast gänzlich entziehen kann. Dann kann es sein, dass bestimmte Emotionen aufgrund der Vielfalt und Stärke anderer Emotionen mit bestimmten Merkmalen der Situationen verbunden werden und die spätere Bewertung ähnlicher Situationen beeinflussen. Und dies, obwohl eine andere Bewertung vielleicht angemessener wäre.

Auf diese Weise kann man beispielsweise erklären, warum die Paella im Urlaub am Strand in angenehmer Begleitung nach einem entspannten Tag viel besser schmeckt als die Paella, die man in seiner schäbigen Einbauküche nach einem stressigen Arbeitstag noch schnell ansetzt, bevor man sich vor den Fernseher auf das Sofa schmeißt. Wir können die gleichen Zutaten verwenden, die gleiche Garzeit beachten und trotzdem wird die Pantry-Paella nicht an die Palma-Paella heranreichen, denn die vielen positiven Emotionen, die wir auf die Palma-Paella projizieren, bezogen sich ursprünglich auf viele verschiedene Aspekte dieses einen Tages mit dem Bummel durch die Straßen, die Eindrücke von den hellen Häuserwände in den engen Gassen, den bunten Souvenir-Ständen, den exotischen Früchten auf dem Bauernmarkt, dem Spaziergang am Strand, dem Kribbeln des Sandes zwischen den Zehen, während man über das Meer den Sonnenuntergang beobachtet. Das alles gipfelt in diesem unvergleichlichen Abendessen an einem Lagerfeuer am Strand mit der Paella als Höhepunkt, der durch einen schweren Rotwein aus der Region abgerundet wird. Dagegen hat die gleiche Paella zwischen einem stressigen Tag im Büro, dem Gedränge in der Straßenbahn, den Nachrichten mit Tom Buhrow und dem Highlight-Film des Abends „Speed" leider überhaupt keine Chance.

Wenn die Paella zu Hause nicht so schmeckt wie im Urlaub, ist das vielleicht ärgerlich und ein guter Grund, irgendwann einmal wieder in den Urlaub zu fahren. Fehlattributionen können aber auch problematische Formen annehmen. Werden wir beispielsweise bereits bei der Fahrt zur Arbeit so aktiviert, dass wir einen dauerhaften und schädlichen Blutdruck entwickeln, nervös werden oder uns so verspannen, dass Kopfschmerzen die Folge sind, dann ist dies sehr wahrscheinlich auf bestimmte Emotionen zurückzuführen. Generell ist die Fähigkeit, „sich hochzufahren" sehr positiv zu bewerten, weil man sich damit in einen leistungsfähigeren, aufmerksameren Zustand versetzt. Gelingt es diesen Zustand jedoch nicht wieder herunterzuregeln oder wird er über einen längeren Zeitraum dauerhaft hochgehalten, sind gesundheitliche Schäden sehr wahrscheinlich.

Wenn die emotionale Aktivierung bereits in einer eher unverdächtigen Situation wie der Fahrt zur Arbeit erfolgt, liegt der Verdacht nahe, dass hier eine Fehlattribution vorliegt. Eindeutiger ist dies, wenn die Aktivierung immer dann erfolgt, wenn man sich auf dem Weg zu einem bestimmten Kollegen, zum Chef oder in eine Besprechung begibt. In diesen Fällen sind die Auslöser sehr viel leichter einzugrenzen und gut gezielt zu bearbeiten. Durch Fehlattributionen fällt es jedoch oft schwer, den tatsächlichen Auslöser für diese Reaktion zu identifizieren. In den allermeisten Fällen wird es jedenfalls nicht die Fahrt zur Arbeit oder der Anblick des Bürogebäudes sein. Vielmehr kann man annehmen, dass die problematische Aktivierung fälschlicherweise an diese Auslöser gebunden wurde, ihren Ursprung jedoch in einer anderen, sehr viel spezifischeren, Situation hat. Es ist nicht die Strecke, auf die wir uns begeben, es ist nicht die Tiefgarage, es sind auch nicht die Kollegen oder Vorgesetzten. In der Regel wird es einen recht isolierten Auslöser oder eine Kombination ganz bestimmter Umstände geben, die eigentlich die Emotionen und den Stress auslösen. Durch die Komplexität der Situationen, denen wir bei der Arbeit ausgesetzt sein können, kann dann eine Falschzuweisung der Emotionen erfolgen. Sie wird besonders problematisch, wenn die Zuweisung der Emotion zu einem häufig auftretenden Auslöser erfolgt und nicht an die eine spezielle Situation gebunden bleibt. Dies erschwert auch die Identifikation des ursprünglich auslösenden Reizes. So wird die Bewältigung deutlich erschwert und bedarf einiger aufmerksamer Reflexion.

Wie wir am Beispiel des Films „Speed" gesehen haben, kann eine Falschzuweisung von bestimmten Emotionen zu ebenso bestimmten Auslösereizen auch im Positiven geschehen. So ist es auch möglich, bereits beim Anblick des Firmengeländes ein positives Kribbeln zu verspüren. Dies wird wahrscheinlich weniger mit dem Firmengelände selbst als mit einigen Menschen dort oder bestimmten Aufgaben zu tun haben. Bei einer solchen Fehlattribution müssen wir nicht einschreiten, da sie uns unterstützt und Kraft spendet.

Wir steuern unsere Emotionen
Nachdem wir zuletzt so viel darüber gelernt haben, wie Emotionen auf uns einwirken und welche Auswirkungen sie auf unsere akute Motivation haben, ist es angebracht, sich noch einmal einige Gedanken zur Steuerung von Emotionen zu machen. Sie kommen nämlich nicht nur aus einem unerforschten Dunkel unseres Reiz-Reaktions-Schemas, sondern unterliegen auch einem Top-down-Prozess. So sind wir in der Lage, die aufkommenden Emotionen zu modulieren, sodass sie uns nicht so hart treffen. Wir können sie auch in bestimmte, nützliche Bahnen lenken oder ihren Ausdruck, z. B. in Form eines roten Kopfes oder erhöhten Pulsschlages, kontrollieren. Andererseits sind wir auch in der Lage, Emotionen zu „erfinden". Abschätzig könnte man formulieren, dass man sich dann etwas vormacht. Diese Fähigkeit, richtig eingesetzt, ist jedoch ein überaus scharfes Schwert bei der Überwindung von Motivationslöchern, wenn es nötig wird, noch einmal ein paar Prozent Leistung

draufzupacken, oder wenn man sich nach einem belastenden Ereignis emotional wieder sortieren muss.

Insbesondere bei der Steuerung besonders heftiger negativer Emotionen, wie Wut, Zorn und anderen mit Aggression verbundenen Empfindungen, kann die Fähigkeit, seine Emotionen zu steuern von großem persönlichem und gesellschaftlichem Wert sein. Die Hoffnung durch das Ausleben seiner negativen Emotionen Katharsis (Reinigung) zu erleben, ist nämlich leider ein populärer Irrtum. Zwar gibt es immer wieder Tipps und Aufforderungen, seinen Gefühlen freien Lauf zu lassen, insbesondere bei destruktiven Gefühlen hilft es aber nichts, die Wut an einem Sandsack auszulassen oder in sportliche Aktivität umzusetzen. Aggressive Tendenzen werden hierdurch bestenfalls konsolidiert oder verstärken sich noch. Was hingegen hilft, ist die Steuerung der Aufmerksamkeit. Entweder weg von den Aggressionen und den entsprechenden Umweltreizen oder, besser noch, hin zu Dingen, die einen beruhigen, die Ereignisse und Gefühle relativieren und so zu einer Beruhigung der destruktiven Emotionen führen (z. B. Zumkley, 1978; Beckmann & Kossak, 2018; Bushman et al., 1999; Krahé, 2001; Tavris, 1989, 1995; Zimbardo et al., 2016).

Ausreden, wie „So bin ich aber nun einmal" oder „Da kann ich einfach nichts gegen mein aufbrausendes Temperament machen" oder „Solche Sachen haben mich schon immer runtergezogen", taugen in Bezug auf die Emotionssteuerung dann auch eher als Konversationsfloskeln denn als Begründung für das Versäumen, die eigenen Emotionswellen zu brechen. Für die Bewältigung von „Alltagsstress" und den Emotionen, die uns so häufig begegnen, dass sie uns gute Bekannte sind, sind allgemeine persönliche Voraussetzungen (Dispositionen), wie z. B. „ein cooler Typ" zu sein, nicht relevant. Vielmehr ist es wichtig, situationsangemessene Verhaltensweisen erlernt zu haben (Folkman & Lazarus, 1980). Fehlen diese (noch), ist es schwierig, sich konstruktiv mit den eigenen positiven wie negativen Emotionen auseinanderzusetzen. Dann bleibt man getrieben. Nach allem, was wir in Sachen Persönlichkeitsbildung und aus den Neurowissenschaften wissen, sind wir aber alle in hohem Maß bis ans Ende unseres Lebens veränderungsfähig (z. B. Dweck, 2017; Korte, 2019; Beck, 2016; Baumeister & Tierney, 2022). Das heißt, dass wir durchaus aktiv gegen Emotionen vorgehen können. Die Frage ist dann nur, ob wir auch veränderungswillig sind.

Was steuert unsere Emotionen?

Ich habe angedeutet, dass wir gute Möglichkeiten besitzen, unsere Emotionen bewusst und gezielt zu steuern. Der ganze *Komplex des Wollens, aber auch „gute Gewohnheiten"* spielen hier eine weitreichende Rolle (s. nächsten Exkurs). Darüber hinaus dürfte es aber auch klar sein, dass die *Menschen*, mit denen wir uns umgeben, einen wesentlichen Einfluss auf unsere Stimmung haben. Daher – und diesen Tipp gibt es nicht erst seit dem Aufkommen von Resilienzseminaren – ist es sinnvoll, sich mit einem stabilen und kraftspendenden sozialen Netzwerk zu umgeben. Aus Beobachtungen[13] ist bekannt, dass hierin ein wesentlicher Einflussfaktor für ein emotional gesundes Leben besteht (Brandstätter et al., 2018).

Auf der anderen Seite gibt es auch eine Reihe von Emotionsauslösern, die aber überhaupt nicht beobachtet werden können. So können z. B. eigene *Wahrnehmungen, bestimmte Handlungen, Gedanken oder auch Orte und Emotionen* in uns auslösen, die mal mehr und mal weniger fest mit physisch Beobachtbarem verbunden sind. Was da was in uns auslöst, kann dann von außen nur unzulänglich beobachtet werden. Manchmal entziehen sich die Auslöser bestimmter Emotionen sogar unserer eigenen Wahrnehmung so weit, dass wir kaum Selbstauskunft darüber geben können.

Da Emotionen vor allem hormongesteuert sind, sollte man nicht vernachlässigen, dass sie auch völlig ohne erkennbaren Grund mit positiver oder negativer Wirkung auftreten können. Die Steuerung des *Hormonhaushalts* ist bis heute nicht völlig nachvollziehbar, da verschiedenste Umwelteinflüsse auf ihn wirken.

Einigermaßen gut nachvollziehbar ist der Einfluss von *Medikamenten und Drogen* auf unsere Stimmung. Die Wirkmechanismen sind recht gut nachvollziehbar, weil die meisten künstlichen Stoffe mit einer entsprechenden Intention kreiert worden sind. Das heißt, dass den Herstellern ein bestimmter Zweck vorschwebte, den sie in der Entwicklung gezielt angesteuert haben. Risiken und Nebenwirkungen kommen zwar vor, werden in der Entwicklung jedoch auf ein Minimum reduziert und sind generell auch beherrschbar – sofern aufgrund der chemischen Zusammensetzung der Medikamente und Drogen keine stoffgebundenen Abhängigkeiten entstehen.

Für Stoffe, die wir mit der *Nahrung* aufnehmen, haben wir hingegen nicht unbedingt immer ein besonders gutes Verständnis von den Risiken und Nebenwirkungen. Zwar kann man feststellen, dass vor allem Süßes und Fettes sehr anziehend auf uns wirken. Süßes und Fettes regen unsere Dopaminausschüttung an und lassen uns in Folge Glück empfinden. Dieser Mechanismus war in einer Zeit, in der Nahrungsknappheit an der Tagesordnung war, durchaus ein Selektionsvorteil. Was allerdings darüber hinaus durch diese (überdosierten) Nährstoffe ausgelöst wird, ist bisher nur in Ansätzen bekannt. Außer dem suchtartigen Essverhalten können auch schwere Langzeiterkrankungen wie Diabetes, Krebs u. Ä. die Folge sein.

Neben diesen Auslösern und Verstärkern von Emotionen spielt vor allem der *Sport* eine wichtige Rolle für unseren Gefühlshaushalt. Grundsätzlich gilt natürlich, dass er sowohl das Potenzial für positive wie für negative Gefühle mit sich bringt. Die vielen verschiedenen

---

[13] Die ethischen Hürden für systematische Untersuchungen von Emotionsauslösern sind recht hoch. Insbesondere bei der Untersuchung von Auslösern negativer Emotionen ist die Wissenschaft vor allem auf Beobachtungen und Selbstauskünfte angewiesen. Aus diesem Grund lässt sich oft nicht mit letzter Gewissheit sagen, ob eine Emotion tatsächlich durch einen bestimmten Reiz ausgelöst worden ist, oder lediglich gemeinsam mit ihm auftritt. Die alltägliche und intuitive Verknüpfung, also Ursache-Wirkungs-Kette aufgrund beobachteter zeitlicher Nähe oder Abfolge kann in die Irre führen.

Situationen, Bedingungen und Erlebnisse, die man bei den verschiedensten Sportausübungen erfahren kann, wirken natürlich in unterschiedlicher Stärke und Richtung. Aber man kann ebenso allgemein sagen, dass körperliche Aktivität für positive Stimmung sorgt. Der Mensch ist ein Bewegungstier. Für das emotionale Wohlbefinden kann also generell die Forderung erhoben werden: Bewegt Euch!

Für unser *Personal Performance Management* spielen die Auslöser und Beeinflusser unserer Emotionen eine wesentliche Rolle. Wenn Emotionen tatsächlich richtungsweisend für unsere Motivation sind und darüber hinaus auch noch verstärkend oder hemmend wirken, sollten wir eine Vorstellung davon haben, wie bei uns bestimmte Auslöser mit bestimmten Emotionen zusammenhängen. Mit Ausnahme der meisten stoffgebundenen Emotionsauslöser und -verstärker können die kausalen Ketten jedoch für die Menschen hinsichtlich der Richtung und der Stärke der Reaktion sehr unterschiedlich ausfallen. Manche Menschen bekommen Panik, wenn sie Hunde sehen und für andere sind sie mehr wert als der beste Freund. Es gibt Menschen, die sich gerne in Achterbahnen setzen, weil sie den Adrenalinkick lieben und dadurch Glück empfinden. Andere haben eine ausgeprägte Angst vor Höhe und ungewissen Situationen (oder solchen, die so wahrgenommen werden). Kommen Sie bei einem Spaziergang runter und können Ihre Gedanken schweifen lassen? Oder ist dazu der Trail-Lauf am Feierabend besser für Sie? Müssen Sie Ihre Worte im Gespräch loswerden, um wieder klarer zu sehen, oder schreiben Sie so etwas lieber auf?

Zwischen unseren Emotionen, unserer Motivation und unseren Handlungen gibt es vielseitige und vielschichtige Wechselwirkungen, die wir weder von psychologischer noch von physiologischer Warte aus voll durchblicken. Wichtig ist allerdings zu begreifen, dass es diese Wechselwirkungen gibt, sich selbst zu beobachten und kennenzulernen. Wenn Sie dann noch das berücksichtigen, was man über die Zusammenhänge bereits weiß und vermutet, dann haben Sie ein wichtiges Werkzeug für Ihre persönliche Leistungssteuerung in der Hand.

Exkurs: Willenskraft

Willenskraft (Volition) ist ein bedeutender Einflussfaktor für jedes *Personal Performance Management,* der einer eigenen und ausführlichen Betrachtung bedarf – für die hier jedoch kein Platz ist. Da einige der in diesem Kapitel angesprochenen Aspekte allerdings einer gewissen Flankierung durch Hintergrundwissen über Willenskraft erfordern, die ich nicht bei jeder Leserin und jedem Leser voraussetzen kann, soll dieser Exkurs genutzt werden, ein paar Grundgedanken zu vermitteln.

Der Begriff Willenskraft ist ein wenig angestaubt und ist in der Vergangenheit aufgrund seines altpreußischen Klangs auch wiederholt auf Ablehnung gestoßen. Daher wird auch gerne der Begriff Volition benutzt. Unter Willenskraft oder Volition verstehen wir die bewusste und willentliche Fähigkeit, uns gegen innere und äußere Widerstände durchzusetzen. Wenn wir keine Lust haben, etwas zu tun oder auch durch unsere Umwelt gehindert werden, einen Plan zu verfolgen, wird es anstrengend. Dann müssen wir uns überwinden, aufraffen und den Reflex beiseiteschieben, die Sache einfach auf sich beruhen zu lassen. Dies gelingt z. B., indem wir unsere Absichten in konkrete Vorhaben überführen, die wiederum einer konkreten Planung zugrunde gelegt und schließlich zur Umsetzung gebracht werden.

Dabei unterscheiden wir zwei Formen der Selbststeuerung. Die erste Form ist diejenige, die uns meistens als Erstes in den Kopf kommt, wenn wir an Überwindung von Widerständen denken: die

Selbstkontrolle. Selbstkontrolle wenden wir in ganz konkreten Fällen an und sie hat eine gewisse Verwandtschaft zum Zwang – nur, dass wir ihn gegen uns selbst anwenden. Mithilfe der Selbstkontrolle sind wir in der Lage, auch gegen unsere grundlegenden Motive aktiv zu werden. Selbstkontrolle ist u. a. auch für die Emotionssteuerung wichtig, weil wir mit ihr beispielsweise unsere Gesichtsausdrücke und körperlichen Reaktionen kontrollieren können. Selbstkontrolle ist darüber hinaus wichtig, um unsere spontane Motivation anzusteuern. Indem wir unsere Gedanken „heiß" oder „kalt" machen, können wir unsere Motivation dahingehend beeinflussen, dass sie besser zu unseren grundlegenden Motiven oder gesetzten Zielen passt. Die Beeinflussung unserer Gedanken erfolgt ganz praktisch u. a. über Relativierungen, die wir in jede Richtung vornehmen können. So können wir z. B. künftige Gewinne zu den heutigen Kosten in Relation setzen. Gerade spontane Motivation oder emotionale Bewertungen gewichten den Moment in der Regel über und vernachlässigen die abstrakte Zukunft. Selbstkontrolle unterstützt uns also bei unserer Selbstbeherrschung.

Da die Selbstkontrolle sehr anstrengend sein kann und uns viel Energie kostet, sind wir meist nicht in der Lage, sie über besonders lange Zeiträume aufrechtzuerhalten (es gibt jedoch Ausnahmen, wie z.B. den Flow, auf den wir später noch zu sprechen kommen (Job et al., 2010)). Außerdem gibt es Hinweise darauf, dass die Selbstkontrolle eine einigermaßen universelle Ressource ist. Sie ist demnach nicht auf bestimmte Tätigkeiten oder Gedanken beschränkt, sondern lässt sich flexibel nahezu überall einsetzen. Das bedeutet allerdings auch, dass sie überall ermüden kann. Die Selbstkontrolle, die ich für die eine Sache verbraucht habe, kann ich an anderer Stelle nicht noch einmal einsetzen. Es handelt sich also nicht um eine in irgendeiner Weise zugewiesene Ressource. Vielmehr schöpft jeder willentliche Akt aus der gleichen Quelle.[14]

Um die Kräfte für die Selbstkontrolle zu sparen, können wir unsere *Selbstregulation* schulen. Selbstregulation bezieht alle möglichen Informationen über unsere langfristigen Motive, unsere kurzfristige Motivation oder spontane Gefühle mit ein. Selbstregulation bedeutet demnach einen hochgradigen Vermittlungsprozess, ohne jedoch den Inhalt unseres Wollens aufzugeben. Selbstregulation ist in diesem Sinne ein Art Mediator, der es ermöglicht, alle Selbstanteile zu berücksichtigen. Dies geschieht mittelfristig so, dass man sein Leben so einrichtet und gestaltet, dass bestimmte (gewollte) Verhaltensweisen wahrscheinlicher werden. Entscheidungsspielräume werden vielleicht durch ein bestimmtes Verhalten eingeschränkt. So kann man Situationen meiden, von denen man weiß, dass man ungewollt „heiß" reagiert. Oder man macht es sich zur Gewohnheit, bestimmte „Prüfgedanken" anzuwenden, um eine Situation nicht nur bezogen auf den Moment, sondern bezogen auf die eigenen Motive und Ziele abzuwägen.

Diese Form der Anwendung von Willenskraft ist viel weniger energieaufwändig und bedeutet in der Regel auch keinen Zwang, den wir gegen uns selbst anwenden. Durch die Einrichtung unseres Lebens auf eine bestimmte – selbst gewollte – Weise erreichen wir unsere Ziele leichter und können eher im Kontakt zu unseren Motiven bleiben. Selbstregulatorische Fähigkeiten erfordern jedoch auch einen hohen Reflexionsgrad hinsichtlich unserer Motive, Motivation, Ziele und Emotionen. Das eine beeinflusst das andere (für eine erste Annäherung an das Thema Willenskraft empfehle ich folgende Quellen: Baumeister et al., 1998; Baumeister, 2018; Baumeister & Tierney, 2022; Mischel, 2015 u. 2017).

---

[14] Hier gibt es mittlerweile Hinweise, die darauf hindeuten, dass Selbstkontrolle doch zumindest bei Kindern zweigeteilt stattfindet und für „heiße" und „kalte" Gedanken unterschiedlich angesteuert wird (Berger et al., 2022; Podbregar, 2022 b). Da eine Übertragung auf das erwachsene Gehirn bisher jedoch noch nicht gelungen ist, vertiefen wir diesen Gedanken an dieser Stelle nicht.

4.3   Motivation im Personal Performance Management

Wir haben bis hierher gesehen, dass neben den grundlegenden Motiven auch die akute oder aktuelle Motivation Einfluss auf unser Handeln hat. Sie setzt die Dinge in Relation zueinander und gibt uns Rückmeldung darüber, wie wir Handlungsalternativen für den betreffenden Moment untereinander gewichten. Dabei kann die Motivation unterschiedlich begründet sein. Sie kann sich aus *biologischen oder psychologischen Bedürfnissen* ableiten. Ist der Mangel in den entsprechenden Bereichen ausreichend groß, dominieren die resultierenden Motivationen unser Handeln sehr deutlich und sind willentlich nur schwer zu überlagern. Da unser Handeln dann nicht mehr durch langfristige Zielsetzungen oder Motive gelenkt wird, sondern von kurzfristigen Bedürfnissen quasi gekapert werden, kann es sich manchmal anfühlen, als sei man fremdgesteuert. Zwar befriedigen wir noch die *eigenen* Bedürfnisse, aber die Motivation zur Befriedigung schwerwiegender kurzfristiger Bedürfnisse ist nicht immer unbedingt in unserem Sinne. Manchmal geben wir langfristige und gewissermaßen „ertragreiche" Ziele zugunsten kurzfristiger Befriedigung auf.

Vielleicht können wir abends den Fernseher nicht ausschalten, weil wir gerne noch einen Film sehen möchten, der schon lange auf unserer Liste stand. Oder wir surfen auf der Suche nach interessanten Beiträgen im Internet oder suchen in Streamingdiensten wahllos nach irgendwelchen Belanglosigkeiten. Damit befriedigen wir beispielsweise unsere Neugier – ein psychologisches Bedürfnis. Andererseits schaden wir womöglich unseren langfristigen Zielen, die es erfordern, dass wir ausgeschlafen bei der Arbeit erscheinen oder morgens eine Stunde früher aufzustehen, um noch ein paar Zeilen zu lesen oder vor der Arbeit zum Sport zu gehen. Die Folgen der Befriedigung von kurzfristigen Bedürfnissen können aber auch schwerwiegender sein, als morgens nicht fit aus dem Bett zu kommen. Man denke hier nur an die unreflektierte Befriedigung des biologischen Bedürfnisses zur Fortpflanzung und der teils schwerwiegenden familiären, gesellschaftlichen und gesundheitlichen Folgen.

Antriebstendenzen durch Motivation steuern
Andererseits kann Motivation aber auch dazu eingesetzt werden, um kurzfristig Ziele zu erreichen, die man sich selbst oder von der Umwelt gesetzt bekommen hat. Denn nützliche Motivation ist von uns in der Weise lenkbar, dass wir unsere *Antriebstendenzen* verstärken und unsere *Vermeidungstendenzen* umgehen können. Versteht man z. B. seine Neugier gezielt zu aktivieren und zu lenken, hält man ein mächtiges Instrument in der Hand, sich selbst weiterzuentwickeln, Grundlagen für berufliche oder private Ziele zu legen und ein spannendes auf intellektuelles Wachstum ausgerichtetes Leben zu führen. *Muss* man beispielsweise ein bestimmtes Lernziel erreichen, ist es nützlich, sich vorab für das Thema (aktiv) zu interessieren. Dies kann z. B. gelingen, indem man den persönlichen oder beruflichen Bezug herstellt. Wozu ist es gut? Wofür kann ich es gebrauchen? An welche bereits

vorhandenen Kenntnisse und Fähigkeiten kann ich das Neue anknüpfen? Ist der Bezug hergestellt, ist der Weg zum Interesse bereitet. Anschließend kann man sich neugierig auf die
Suche nach neuen Informationen und Wissen machen. Insbesondere in Phasen, in denen man
recht kurzfristig zu einem erhöhten Kenntniszuwachs kommen muss, z. B., weil man für
die Chefin etwas recherchieren muss, kann die Fähigkeit, seine Neugier zu wecken, enorm
hilfreich sein. Und dadurch, dass die Neugier imstande ist, andere Bedürfnisse zu überlagern, spart man noch Energie, die man dort einsetzen kann, wo man auf Selbstkontrolle
angewiesen ist.

Im Gegensatz dazu kann man auch in seinem Desinteresse aufgehen und darauf verzichten, sich zu interessieren. Man ist dann also *unmotiviert*. Die Aufgabe verschwindet
dadurch jedoch nicht. Sie wird nur anstrengender, weil man nicht von der Motivation getragen wird, sondern gegen das Desinteresse und all die damit verbundenen „Verlockungen
am Wegesrand" ankämpfen muss. Diese Verlockungen am Wegesrand werden daher umso
schwerwiegender, weil unsere Aufmerksamkeit auf der Flucht vor den uninteressanten
Dingen etwas sucht, womit sie sich stattdessen beschäftigen kann. Dann schlendert man
vielleicht noch einmal in der Büroküche vorbei, um sich Kaffee nachzuschenken, trifft auf
dem Weg einen Kollegen, dem man unbedingt noch von der Doku gestern Nacht erzählen
muss und klickt zurück am Arbeitsplatz schnell die neuesten Mails durch. In dieser Zeit lösen
sich jedoch weder die Aufgabe noch die damit verbundene Verantwortung oder der Abga-
betermin auf. Man muss nur hinterher in weniger Zeit, gegen all die Vermeidungstendenzen
ankämpfend, trotzdem die liegen gebliebene Arbeit erledigen. Das ist energieaufwändig und
man setzt die Willenskraft für Dinge ein, die für andere Herausforderungen fehlt.

Ist man also in der Lage, andere Antriebstendenzen in Folge von biologischen Man-
gelerscheinungen vorwegzunehmen und sorgt z. B. rechtzeitig für ein ausreichendes
Sättigungsgefühl, wird die Konzentration auf das Ziel nicht dadurch gestört, dass man über-
all nur Essbares sieht, sucht oder riecht. Ähnliches gilt auch für psychologische Bedürfnisse.
Wenn man weiß, was man braucht, wie die Motive gelagert sind, was das Ziel des innersten Strebens ist, und (!) befriedigt diese Bedürfnisse rechtzeitig und ausreichend, sinkt die
Gefahr, sich durch sie aus der Bahn werfen zu lassen. Andererseits kann man auch dafür
Sorge tragen, dass man nicht durch allzu mächtige Vermeidungstendenzen „gestört" wird.
„Störungen gehen vor" weiß jeder, der schon einmal ein Seminar geleitet hat. Und so ist
es auch mit unserer Aufmerksamkeit. Um sich also auf ein bestimmtes Ziel zu fokussieren,
hilft es, Störfaktoren planmäßig aus dem Weg zu räumen und sich so einzurichten, dass
Vermeidungsverhalten, z. B. in Form von Internetsurfen oder Pläuschchen, gar nicht erst
ausgelöst wird. Selbstkenntnis gepaart mit einer gewissen Vorausschau ist ein mächtiges
Werkzeug für Ihr *Personal Performance Management*.

Emotionen nutzen
Emotionen spielen für unsere Motivation eine bedeutende Rolle. Unsere motivationale Lage
hängt nämlich häufig auch von unseren Gefühlen ab, die wir gegenüber einer bestimmten
Aufgabe oder den Menschen, mit denen wir zusammenkommen, hegen. Emotionen haben

für uns eine dienende Funktion. Sie liefern uns innerhalb kürzester Zeit Entscheidungshilfen. Sie sind in den meisten Fällen einigermaßen eindeutig ausgerichtet und helfen uns bei der Entscheidung, ob wir etwas anstreben sollten oder lieber die Finger davonlassen. Nur haben Emotionen einige Haken: Emotionen stammen aus einer längst vergangenen Zeit. Damals haben sie dabei geholfen, das Überleben unserer Spezies zu sichern. Sie waren integraler Bestandteil unserer Überlebensfunktionen. Für diese Funktion war es wichtig, schnelle und sehr eindeutige Entscheidungen in einigermaßen einfachen Situationen zu treffen. Priorität hatte, im Hier und Jetzt zu überleben, da das Hier und Jetzt damals für einen Menschen absolut gefährlich sein konnte. Realistisch betrachtet, befand sich der frühe Mensch ohne seine geistigen und handwerklichen Fähigkeiten und ohne Bewaffnung vielleicht irgendwo im mittleren Drittel der Nahrungskette. Objektiv gesehen war er schwach, langsam und von der Natur nur unzureichend mit Krallen und Reißzähnen ausgestattet. Emotionen halfen also u. a., den Moment zu überleben.

Heutzutage haben Emotionen diesen Teil ihrer Funktion weitgehend eingebüßt. Es ist so wahrscheinlich wie noch nie in der Menschheitsgeschichte, dass wir den morgigen Tag, die nächste Woche, den nächsten Monat erleben. Der Moment und das Heute benötigen also viel weniger Aufmerksamkeit von uns. Das Gewicht der Zukunft ist mit der Zeit immer größer geworden. Bei unseren Emotionen ist dieser Umstand jedoch noch nicht angekommen. Sie nehmen immer noch einen wesentlichen Teil in unserem Motivationssystem ein. Aber sie sind weiterhin auf das Hier und Jetzt gerichtet. Damit liefern sie nicht mehr unbedingt den wichtigsten Teil der Informationen, um in unserer modernen Welt zurechtzukommen – von der Notwendigkeit in einem lebensgefährlichen Alltag zu überleben, kann für die meisten von uns gar keine Rede mehr sein.

Neben der relativen Sicherheit unserer Tage ist unsere Welt auch durch eine stetig wachsende Komplexität gekennzeichnet. Es begann einmal mit den Gruppen, die immer größer wurden, bis irgendwann einmal Stämme und ganze Staaten entstanden. Aus der Nomadensippe wurden immer größere Dörfer, später Städte und heute Metropolen, die teilweise so vielen Menschen Unterschlupf bieten wie ganze Weltreiche der Vergangenheit.[15] Neben diesen sozialen Aspekten spielen immer mehr technische und organisatorische Gesichtspunkte eine Rolle und wirken auf unser emotionales System. Wechselnde situative Anforderungen folgen nicht mehr in gemütlichem Abstand aufeinander, sondern wechseln sich in hoher Frequenz ab. Manchmal scheinen die Dinge sogar gleichzeitig zu passieren. Und auf alles reagieren wir emotional. Die schnelle Folge, die schiere Menge und der Zusammenhang all dieser Eindrücke kann dann zu Fehlattributionen (Falschzuweisungen) führen, die die Sache noch einmal komplizierter machen und eine bewusst gesteuerte Reflexion erschweren, wenn Emotionen und Situationen nicht zusammenpassen.

Für unser *Personal Performance Management* ist es also wichtig, Emotionen einordnen zu können, um Zugriff auf sie zu erlangen. Das persönliche Empfinden, die Häufigkeit, Schwere und Ausrichtung (positiv/negativ) von Emotionen und emotionalen Falschzuweisungen sind

---

[15] In Tokio und Jakarta wohnen heute zusammengenommen so viele Menschen wie im gesamten Römischen Reich um die Zeitenwende unter der Regierung von Kaiser Augustus.

zwar sehr individuell. Abhängig vom konkreten Fall gibt es aber meist eine Vielzahl von möglichen Ansatzpunkten, die sich langsam zu erkennen geben, wenn man nur bewusst in die Reflexion der Emotionen eintreten kann. Dann werden sie auch für uns begreifbar, verlieren so an Stärke (wo nötig) und lassen sich durch uns (mehr oder weniger) gut steuern. Gelingt uns das, sind Emotionen ein wichtiger Teil unseres *Personal Performance Managements,* weil sie uns einerseits weniger Ressourcen rauben und andererseits wichtige Ressourcen zur Verfügung stellen können.

Die Informationen, die ich Ihnen bisher gegeben habe, sollten Ihnen einige Ableitungen für Ihre persönliche Leistungssteuerung ermöglichen.

Abschließend kann man also formulieren: Unsere kurzfristige und teils spontane Motivation ist vielschichtig. Sie kann uns bei der Verfolgung unserer großen Ziele unterstützen, aber auch im Wege stehen. Je besser wir generelle Motivatoren wie z. B. Hunger, Angst oder Neugier und ihre spezielle Wirkung auf uns kennen, desto besser sind wir in der Lage, sie vorwegzunehmen – entweder, um uns vor ihnen zu wappnen oder um sie für uns zu nutzen. Wenn wir darüber hinaus noch Zugang zu unseren Emotionen gewinnen, sie zu deuten wissen, ihre Herkunft und ihr Ziel kennen, sind wir in der Lage, ganz erheblich steuernd einzugreifen und nicht Opfer äußerer Umstände und ungezügelter Interpretationen zu werden.

Literatur

Baumeister, R. (2018). Willenskraft. Wo ein Wille ist... *Spektrum der Wissenschaft. Kompakt. Motivation und Kreativität, 1/18,* 20–27.

Baumeister, R., & Tierney, J. (2022). *Die Macht der Disziplin: Wie wir unseren Willen trainieren können.* Campus.

Baumeister, R., Bratslavsky, E., Muraven, M., & Tice, D. M. (1998). Ego depletion: Is the active self a limited resource? *Journal of Personality and Social Psychology, 74,* 1252–1265.

Beck, H. (2016). *Hirnrissig. Die 20,5 größten Neuromythen - und wie unser Gehirn wirklich tickt.* Goldmann.

Beck, H. (2020). *Das neue Lernen heißt Verstehen.* Berlin: Ullstein.

Beckmann, J., & Heckhausen, H. (2018b). Situative Determinanten des Verhaltens. In J. Heckhausen, & H. Heckhausen (Hrsg.), *Motivation und Handeln* (S. 83–118). Springer.

Beckmann, J., & Kossak, T.-N. (2018). Motivation und Volition im Sport. In J. Heckhausen & H. Heckhausen (Hrsg.), *Motivation und Handeln* (S. 615–639). Berlin: Springer.

Berger, P., Friederici, A. D., & Grosse Wiesmann, C. (2022). Maturational indices of the cognitive control network are associated with inhibitory control in early childhood. *Von JNeurosci - The Journal of Neuroscience*: https://www.jneurosci.org/content/42/32/6258. abgerufen

Biehl, M., Matsumoto, D., Ekman, P., Hearn, V., Heider, K., Kudoh, T., & Ton, V. (1997). Matsumoto and Ekman's Japanese and Caucasian facial expressions of emotion (JACFEE): Reliability data and cross-national differences. *Journal of Non-verbal Behavior, 21,* 3–21.

Brandstätter, V., Schüler, J., Puca, R. M., & Lozo, L. (2018). *Motivation und Emotion. Allgemeine Psychologie für Bachelor.* Berlin: Springer.

Bushman, B. J., Baumeister, R. F., & Steck, A. D. (1999). Catharsis, aggression, an persuasive influence: Self-fulfilling or self-defeating prophecies? *Journal of Personality and Social Psychology, 76,* 367–376.

Deci, E. L., & Ryan, R. M. (1993). Die Selbstbestimmungstheorie der Motivation und ihre Bedeutung für die Pädagogik. *Zeitschrift für Pädagogik, 39,* 223–238.

Diamond, J. (2007). *Arm und Reich. Die Schicksale menschlicher Gesellschaften.* Fischer.

Dweck, C. (2017). *Selbstbild. Wie unser Denken Erfolge oder Niederlagen bewirkt.* Piper.

Ekman, P. (2003). *Emotions revealed: Recognizing faces and feelings to improve communication and emotional life.* Times Books, Henry Holt and Company.

Ericsson, K. A., & Pool, R. (2016). *Top: Die neue Wissenschaft vom bewussten Lernen.* Pattloch.

Folkman, S., & Lazarus, R. A. (1980). An analysis of coping in a middle-age community sample. *Journal of Health an Social Behavior, 21,* 219–239.

Heckhausen, H. (1989). *Motivation und Handeln.* Springer.

Izard, C. E. (2007). Basic emotions, natural kinds, emotion schemas, and an new paradigm. *Perspectives on Psycho logical Science, 2,* 260–280.

Job, V., Dweck, C., & Walton, G. (2010). Ego depeltion - Is it all in your head? Implicit theories about willpower affect self-regulation. *Psychological Science, 21,* 1686–1693.

Kahneman, D. (2016). *Schnelles Denken, langsames Denken.* Siedler.

Korte, M. (2019). *Wir sind Gedächtnis. Wie unsere Erinnerungen bestimmen, wer wir sind.* Pantheon.

Krahé, B. (2001). *The social psychology of aggression.* Psychology Press.

Kühl, S. (2017). *Laterales Führen. Eine kurze organisationstheoretisch informierte Handreichung.* Springer VS.

Luhmann, N. (1999). *Funktionen und Folgen formaler Organisation.* Dunker & Humbolt.

Luhmann, N. (2012a). *Macht.* UVK.

Luhmann, N. (2012b). *Macht im System.* Suhrkamp.

Mischel, W. (2015). *Der Marshmallow-Test. Willenstärke, Belohnungsaufschub und die Entwicklung der Persönlichkeit.* Siedler.

Mischel, W. (2017). Belohnungsaufschub. Selbstkontrolle kann man lernen. (F. Jötten, Interviewer)

Plutchik, R. (1980). *Emotion: A psychoevolutionary synthesis.* Harper & Row.

Plutchik, R. (1984). Emotions: A general psychoevolutionary theory. In K. Scherer, & P. Ekman (Hrsg.), *Approaches to emotion.* Erlbaum.

Podbregar, N. (2022b). *Selbstkontrolle im Gehirn verortet. Zwei Formen der Impulskontrolle gehen bei Kindern auf verschiedene Hirnareale zurück.* Von scinexx: https://www.scinexx.de/news/psychologie/selbstkontrolle-im-gehirn-verortet/. abgerufen

Rheinberger, F., & Engeser, S. (2018). Intrinsische Motivation und Flow-Erleben. In J. Heckhausen & H. Heckhausen (Hrsg.), *Motivation und Handeln* (S. 423–450). Springer.

Schneider, K., & Dittrich, W. (1990). Evolution und Funktion von Emotionen. In K. R. Scherer (Hrsg.), *Enzyklopädie der Psychologie: Psychologie der Emotionen* (S. 41–114). Hogrefe.

Tavris, C. (1989). *Anger: The misunderstood emotion.* Touchstone.

Tavris, C. (1995). From excessive rage to usefull anger. *Contempory Psychology, 40,* 1101–1102.

Thaler, R. H. (1980). Toward a positive theory of consumer choice. *Journal of Economic Behavior and Organisation, 1*(1), 39–60.

Zimbardo, P. G., & Montgomery, K. D. (1957). The relative strengths of consummatory responses in hunger, thirst and exploratory drive. *Journal of Comparative an Physiological Psychology, 50,* 504–508.

Zimbardo, P. G., Johnson, R. L., & McCann, V. (2016). *Schlüsselkonzepte der Psychologie.* Pearson.

Zumkley, H. (1978). *Aggression und Katharsis.* Hogrefe.

Besondere Perspektiven auf Motivation

Selbstbetrachtungen

Hatten Sie schon einmal einen Flow? Wie sind Sie in den Flow gekommen? Und was hat der Flow mit Ihnen gemacht? In welchen Situationen, meinen Sie, kommt man besonders leicht in den Flow? Woran liegt das? Falls Sie noch nicht im Flow waren: Wie stellen Sie sich den Flow vor, wenn andere darüber berichten? Was meinen Sie, warum Sie bisher noch nicht in den Flo gekommen sind? Was behindert den Flow?

Welche Bedeutung hat selbstständiges Arbeiten für Sie? Fällt es Ihnen leichter auf Weisung oder nach eigener Maßgabe zu arbeiten? Fühlen Sie sich in ihrem Beruf oder Hobby kompetent? Worauf basiert dieses Gefühl? Wie wichtig ist Ihnen die Eingebundenheit in ein soziales Netzwerk?

Nachdem wir nun ein gutes Fundament in Sachen Motivation gelegt haben, wollen wir uns zwei besonderen Perspektiven auf Motivation widmen. Sie haben für unsere motivationale Steuerung praktische Auswirkungen, die unsere Leistungsfähigkeit massiv beeinflussen können. Wenn wir wissen, wie wir in den *Flow* kommen können, haben wir ein Instrument in der Hand, über lange Zeit in einem hoch motivierten Zustand Leistung zu erbringen. Ermüdungsempfinden, wie wir bei geistiger und körperlicher Arbeit sonst vielleicht viel schneller spüren würden, tritt gar nicht auf. Der Fokus unseres Denkens ist ganz ohne Mühe auf den Inhalt unserer Handlungen gerichtet. Damit ist der Flow eine Art Super-Tool des *Personal Performance Managements* – wenn man ihn zu nutzen weiß. Außerdem will ich Ihnen die *Selbstbestimmungstheorie* vorstellen. Sie gibt konkrete Hinweise, darauf, wie Ihre Arbeit gestaltet sein sollte, damit Sie motiviert und engagiert Ihre Ziele erreichen können. Die Forderungen, die die Selbstbestimmungstheorie an ein optimales Arbeitsumfeld stellt, werden wir jedoch kritisch betrachten müssen, weil sie m. E. nur

H. Hilmer, *Motive, Motivation und Ziele im Personal Performance Management*, https://doi.org/10.1007/978-3-662-67844-2_5

teilweise in unserer Arbeitswelt umsetzbar sind. Außerdem erweitert die Selbstbestimmungstheorie unser bisheriges Verständnis von intrinsischer und extrinsischer Motivation. So werden wir in die Lage versetzt, noch reflektierter mit den Faktoren umzugehen, die unmittelbaren Einfluss auf unsere Motivation haben.

5.1   Der Flow – das fließende Erleben

Die (kurzfristige, spontane) Motivation zur Befriedigung unserer physiologischen Bedürfnisse ist überaus stark. Sie überlagert mit Leichtigkeit unsere grundlegende Motivstruktur aus Macht-, Leistung- und Anschlussmotiv (implizite Motive). Außerdem kann z. B. der starke Drang wegen Hunger etwas Essbares zu suchen, unsere Ziele (explizite Motive) sabotieren. Erst, wenn unsere physiologischen Bedürfnisse gedeckt sind, fällt es uns wieder leichter, uns motivkonform und zielorientiert zu verhalten. Die physiologischen Bedürfnisse, zu denen neben Hunger und Durst unter anderem auch ausreichender Schlaf oder ein optimales Temperaturspektrum zählen, sind einigermaßen dominant für die jeweils aktuelle Ausrichtung unseres Verhaltens. Diese physiologischen Bedürfnisse können nur durch besondere Willensanstrengungen bewusst in den Hintergrund gedrängt werden, um unser Verhalten nicht übermäßig zu beeinflussen. Daneben gibt es die Instinkte (auslösende Mechanismen), wie z. B. die Fluchtreaktion bei Angst, die auf eine völlig unbewusste bzw. vorbewusste Weise unsere physiologischen Bedürfnisse überdecken und die Kontrolle über unser Verhalten übernehmen. Im Gegensatz zur willentlichen Verhaltenssteuerung sind wir bei instinktiven Reaktionen aber auch nicht in der Lage, unser Verhalten auf ein selbstgewähltes Ziel auszurichten. Wir fliegen mit dem Autopiloten.

Um unsere physiologischen Bedürfnisse zu überwinden, dabei jedoch nicht durch instinktives Verhalten geleitet zu sein oder enorme Willensressourcen anzapfen zu müssen, muss unser Handlungserleben in einen besonders „fließenden" Zustand gelangen. Dieser fließende Zustand wird schon lange als das „Runners High" beim Laufen beschrieben und wurde später auch für andere Tätigkeiten als „Flow" bekannt (Czikszentmihalyi, 2012, 2013). Im Flow spüren wir unsere physiologischen Bedürfnisse nicht oder erst sehr spät und dann nur schwach. Außerdem üben wir unsere Handlungen und Gedankengänge in einem Zustand aus, der sich selbst befeuert. Willentliche Anstrengungen sind in der Regel ebenso wenig spürbar, wie z. B. Hunger und Durst.

Für das *Personal Performance Management* spielt der Flow eine wichtige Rolle. Physische Bedürfnisse sind sehr dominant und fordern unsere Aufmerksamkeit, die wir in diesem Moment nicht oder nur unter einem ganz erheblichen Aufwand willentlich steuern. Meist müssen wir unsere physiologischen Bedürfnisse erst einmal befriedigen, bevor uns wieder mit vollem Elan unseren eigentlichen Zielen zuwenden können. Um sich dem bei Bedarf zu entziehen und das Handeln auch über die physischen Bedürfnisse hinweg auf ein bestimmtes von uns gewähltes Ziel auszurichten, wäre es also hilfreich, einen

Trick zu kennen, die Motivation, die unseren physischen Bedürfnissen entspringt, für einen bestimmten Zeitraum zu überlagern.

Für ein solches Vorhaben auf unsere Instinkte (auslösende Mechanismen) zu setzen, ist nicht sehr erfolgversprechend. Sie sind irgendwann einmal in grauer Urzeit in unserem genetischen Bauplan abgelegt worden und sollten das Überleben in Dschungel und Steppe sicherstellen. In vielen Fällen, wie z. B. dem Suchverhalten bei Hunger und Durst, dem Flucht- oder Angriffsverhalten bei Gefahren etc., *dienen* die Instinkte sogar der Befriedigung physischer Bedürfnisse (vgl. Zimbardo et al., 2016). Die meisten – wenn nicht alle – Instinkte taugen also wenig, um sie dauerhaft zur persönlichen Leistungssteuerung zu nutzen. Umso weniger, da sich die ausgelösten Handlungen ihrerseits nur sehr schwer von uns steuern lassen.

Das Flow-Erleben hingegen ist ein Zustand, den man theoretisch bei fast allen Tätigkeiten in unterschiedlicher Qualität erzeugen kann. Zwar eignen sich nicht alle Arbeiten und Handlungen in gleicher Weise, um ein Flow-Erleben zu haben, aber häufig sind es eher die Begleitumstände, die sich schädlich auf die Entstehung von Flow auswirken – weniger die Tätigkeit selbst. Den Flow kann man auch bei Tätigkeiten empfinden, die den Anforderungen des Lebens in der Steppe oder dem Dschungel von damals gar nicht ferner sein könnten. Hierzu zählen vor allem bestimmte Bildschirmtätigkeiten, denen wir täglich im Büro ausgesetzt sein können. Für das Gaming sind Flow-Zustände ebenfalls gut dokumentiert (Rheinberger & Engeser, Intrinsische Motivation und Flow-Erleben, 2018).

Mittlerweile lassen sich die Bedingungen für das Erleben eines Flows ziemlich präzise beschreiben, sodass es für uns möglich wird, diesen Zustand gezielt anzusteuern oder zumindest die Chancen zu erhöhen, in diesen nützlichen und angenehmen Zustand zu gelangen (Czikszentmihalyi, 2012, 2013; Brandstätter et al., 2018; Rheinberger, 2002; Rheinberger & Engeser, 2018). Das macht den Flow zu einem hervorragenden Instrument für unser *Personal Perfomance Management*.

Aber was genau ist der Flow? Was kennzeichnet das Flow-Erleben? Wie kann ich es gezielt erzeugen, um in einen fließenden Handlungsstrang zu gelangen, der in der Lage ist, meine physischen Bedürfnisse und sogar meine Instinkte zu überlagern? Was muss ich dabei beachten, wenn ich mich in einen Flow begebe?

5.1.1 Hauptmerkmale des Flows

Der Flow wird insgesamt als tiefes Aufgehen in eine Handlung beschrieben. Außer der aktuellen Handlung zählt nichts anderes, alles andere wird ausgeblendet. Dabei kann man verschiedene Aspekte des Flow-Erlebens unterscheiden (vgl. Czikszentmihalyi, 2012, 2013; Rheinberger & Engeser, 2018; Brandstätter et al., 2018).

Im Flow erleben wir die *absolute Form der Konzentration*. Wir sind maximal auf das Handeln fokussiert und blenden alle Ablenkungen von außen und innen aus. In einem tiefen Flow fällt es uns nicht schwer, das Klingeln, Blinken und Piepen unserer Handys zu ignorieren, Hintergrundgespräche im Büro oder der Küche auszublenden und mit nahezu 100 % unserer Konzentration bei der Sache zu bleiben. Störende Gedanken, z. B. aus anderen Projekten, spielen im Flow keine Rolle. Ablenkungen zerren also nicht an uns, sie finden keinen richtigen Ansatzpunkt, weil der größte Teil unserer Aufmerksamkeit bei der Handlungsausübung und den damit verbundenen Gedanken liegt.

Durch den besonders hohen Grad der Konzentration empfinden wir auch das *Verschmelzen von Handlung und Bewusstsein*, sodass das Selbst keine Rolle für und während der Handlungsausübung spielt. Wir werden nicht einmal mehr durch Schmerzen, Müdigkeit, Hunger oder Durst aus dieser Konzentration gerissen. Manche Menschen beschreiben den Zustand des höchsten Flow-Erlebens sogar so, als würden sie selbst in der Aufgabe aufgehen. Die eigene physische Präsenz, die uns im Tagesverlauf immer wieder durch Rücken- oder Nackenschmerzen, Hunger oder Durst und andere Wahrnehmungen innerer und äußerer Reizverarbeitung bewusst wird, wird im Flow nicht mehr wahrgenommen.

Flow zeichnet sich auch durch eine *verzerrte Zeitwahrnehmung* aus. Aus Stunden werden gefühlte Minuten oder das Zeitgefühl wird sogar völlig aufgelöst und man taucht aus einer Flow-Tätigkeit auf und wundert sich, dass es draußen schon dunkel geworden ist. Der hohe Grad der Konzentration, also das Ausblenden von nicht relevanten Umweltreizen, wie dem Stand der Sonne und der Verlust des Selbstgefühls unterstützen den Verlust des Zeitgefühls. Empfindungen und Wahrnehmungen, die für unsere eigene, innere Chronologie verantwortlich sind oder zu ihr beitragen, gehören einfach nicht zu den Dingen, die für die Handlungsausübung im Flow wichtig sind. Es geht beim Tun um die Sache selbst, nicht darum, dass sie zu einem bestimmten Zeitpunkt fertig ist.

Interessanterweise hilft uns die Zeitvergessenheit im Flow – im Verbund mit einem außerordentlichen Grad der Konzentration – Dinge häufig viel effizienter und schneller zu vollbringen oder abzuarbeiten, als wenn wir nicht in diesem Zustand sind. Häufig ist es gerade der Zeitdruck selbst, der unsere Gedanken von der Erledigung der Aufgaben abhält, uns mit Sorgen füllt und so ablenkt, dass wir Zeit verlieren.

Durch den hohen Grad der Konzentration, das Aufgehen des Selbst in der jeweiligen Handlung und den Verlust des Zeitempfindens erlangt man im Flow leicht das *Gefühl von absoluter Kontrolle*. Trotz vielleicht gefährlicher Umstände, wie z. B. beim Freeclimbing, werden Gefahren einerseits weniger stark wahrgenommen und andererseits treten die daraus resultierenden Gefühle, wie z. B. Angst und Zweifel, in den Hintergrund und werden nicht oder nur überaus schwach wahrgenommen. Dadurch, dass wir uns voll auf die Handlungsausübung fokussieren, verlieren wir den Blick für alternative Handlungsverläufe. Wir sehen nicht, dass unser Handeln auch negative Folgen haben kann, weil es in dem Moment, in dem wir gerade verhaftet sind, keine unmittelbaren negativen Folgen gibt. Überlegungen über weiterreichende Folgen oder die Zukunft werden durch den hohen Grad der Konzentration auf den Moment und das Aufgehen darin, zusammen mit anderen äußeren, nicht mit der Handlung unmittelbar verbundenen Reizen ausgeblendet.

Im Flow empfindet man eine besonders starke *inneren Logik des Handelns,* die nicht erst kognitiv aufwändig und bewusst erschlossen werden muss, sondern aus sich heraus erwächst. Der nächste Handlungsschritt ergibt sich automatisch aus dem Letzten. Alternativen brauchen in diesem Zustand nicht geprüft werden. Ziele und Zwischenziele scheinen auf der Hand zu liegen und müssen nicht erst beschrieben oder ausgewählt werden. Entscheidungen, die uns manchmal als sehr schwierig vorkommen und daher oft auch schwerfallen und Zeit kosten, ergeben sich aus dem Fluss der Handlung selbst. Hierdurch empfinden wir den Flow auch als besonders glatt und reibungslos. Es gibt keine Punkte, an denen wir stocken, zaudern oder zögern.

Die innere Logik des Handelns geht sogar so weit, dass die ausgeübten *Handlungen und Gedanken interpretationsfrei* wahrgenommen werden. Es gibt für die Flow-Erlebenden keine zweite Sicht auf die Dinge. Keine Unklarheiten oder Zweifel stören das Denken in der Handlung. Jedes Feedback aus der Handlung selbst bestätigt das Vorgehen bzw. führt zu automatisierten Kurskorrekturen. „Echte" Entscheidungen, die sich durch Abwägung und Unsicherheit auszeichnen, entfallen hierdurch fast gänzlich. Das innere Team aus vielen verschiedenen Sprechern mit vielen verschiedenen Ansichten schweigt. Die Außenperspektive wird völlig vernachlässigt.

So extrem, wie der Flow-Zustand hier beschrieben wird, tritt er natürlich nur selten auf. Wenn alle Punkte in vollem Umfang zutreffen, kann man von einem besonders hohen Grad des Flow-Empfindens sprechen. Hierbei, so kann man vermuten, wird das Handeln und Denken wahrscheinlich nicht einmal mehr als fließend und glatt empfunden, sondern gar nicht. Theoretisch müsste sich das reflektierte Empfinden im höchsten Grad des Flows gänzlich auflösen, sodass man beim Austritt aus dem Flow nur noch verwundert und erstaunt hinter sich blicken kann.

5.1.2 Bedingungen und Voraussetzungen für ein Flow-Erleben

Aus den soeben formulierten Hauptmerkmalen für ein Flow-Erleben lassen sich zumindest schon einmal zwei Ableitungen treffen: 1. Flow benötigt Konzentration (oder Versenkung); und 2. auf sich selbst fokussierte Achtsamkeit kann als schädlich für das Flow-Erleben gelten. Diese beiden Feststellungen sind für unser *Personal Performance Management* durchaus interessant, da sie heutzutage einerseits schwer zu erlangen sind und andererseits auch bestimmten Trends widersprechen, die vielen als „angesagt" gelten.

Konzentration zu erlangen, widerspricht der Forderung nach Multitasking. Diese Forderung wird zwar glücklicherweise immer seltener (wörtlich) formuliert, weil die Schädlichkeit von Multitasking für die Leistungsfähigkeit mittlerweile gut belegt ist (Beck, 2016; Goleman, 2014; Manhart, 2010; Psychologie Heute, 2014), aber die Arbeitsrealität vieler Menschen und die Anforderungen, die aus der sich immer diverser gestaltenden Umwelt resultieren, fordern Multitasking dennoch von uns – oder verleiten uns zumindest dazu. Situationen, die durch ständigen Wechsel der Aufgaben oder

verschiedene Ablenkungen, wie z. B. Kunden- und Kollegengespräche oder ständig pie-
pende Kommunikationsmedien, geprägt sind, sind sehr abträglich für das Entstehen von
Flow. Wenn Sie hingegen Ihre Konzentrations- und Fokussierungsfähigkeit trainieren und
verbessern, begünstigt diese Fähigkeit den Eintritt in den Flow.

Andererseits gibt es einen Trend dahin, dass Achtsamkeit ein besonders hoher Wert
zugeschrieben wird. *Mindfullness* ist modern und man solle sich auf sich selbst fokussieren und mit sich selbst in Kontakt treten, um ein erfüllteres Leben zu führen. Diesen
Gedanken will ich gar nicht ganz von der Hand weisen, da ich ja selbst darauf verweise,
dass man sich über seine Motive, Motivation und Ziele bewusst sein muss, um eine verbesserte persönliche Leistungssteuerung zu erreichen. Dies darf aber nicht dazu führen,
dass man sich in sich selbst verliert. Wir leben in einer Welt, die Anforderungen an uns
stellt, denen wir manchmal einfach gerecht werden *müssen*.[1] Da hilft auch ein hohes Maß
an Achtsamkeit nicht. Manchmal geht es einfach darum, die Dinge zu einem Ende zu
bringen. Und die Fähigkeit sich in einen Flow-Zustand zu versetzen, ist eine gute Möglichkeit, genau das zu erreichen. Zu viel Mindfullness ist dabei hingegen hinderlich.[2] Die
besondere Konzentration auf das Selbst oder das Ich verhindert das Aufgehen in der Aufgabe oder Situation, weil die eigenen psychologischen und physiologischen Bedürfnisse
ihre motivationale Kraft entfalten und vom aktuellen Handeln ablenken. Angst, Zweifel, Hunger, Durst oder die Furcht um das eigene Image beispielsweise sind auf das Ich
bezogen und fordern unsere Aufmerksamkeit. Mindfullness fordert von uns, diese Bedürfnisse zunächst zu befriedigen, bevor wir uns um die sonstigen Anforderungen kümmern.
Als Folge beschäftigen wir uns zuallererst mit uns selbst. Unsere psychologischen und
physiologischen Bedürfnisse müssen aber in den Hintergrund treten und wir müssen den
Fokus auf die eigene Person aufgeben, um „die Sache" in den Mittelpunkt des Handelns
zu stellen und in ein Flow-Erleben eintreten zu können.

Über die erforderliche Versenkung in „die Sache" und den Verzicht auf Mindfullness
hinaus gibt es weitere Bedingungen und Voraussetzungen, die erfüllt sein müssen, um
den Eintritt in den Flow wahrscheinlicher werden zu lassen. So müssen *Anforderungen
und Fähigkeiten* in einem optimalen Verhältnis zueinanderstehen. Dies jedoch nicht auf
einem niedrigen Niveau, wie z. B. beim Fernsehen, sondern auf einem höheren Niveau,
das durchaus mit einer Herausforderung verbunden sein kann. Die Anforderungen aus
der Umwelt sind auf einem (subjektiv empfundenem) hohen Niveau, aber wir besitzen
auch ein (subjektiv empfundenes) hohes Fertigkeitsniveau, um mit diesen Herausforderungen fertig zu werden. Die Bewältigung der Anforderungen erfordert, dass wir unsere
Fähigkeiten und Fertigkeiten auf hohem Niveau und an der Grenze des Scheiterns abrufen.

Hingegen merken wir es spätestens mittelfristig, wenn Anforderungen und Fähigkeiten
nicht zueinanderpassen. Sind wir zu lange solchen Situationen ausgesetzt, können Phänomene wie Burnout oder Boreout resultieren und zu einer erheblichen und nachhaltigen
Reduzierung unserer Arbeitsfähigkeit und Lebensqualität führen.

---

[1] Das galt übrigens auch schon für alle Generationen vor uns!

[2] … und kann darüber hinaus narzisstische Tendenzen fördern (Kaufman, 2021).

Gelegentliche Phasen, in denen die Anforderungen die Fähigkeiten übersteigen, sind kein Problem. Unsere residualen Ressourcen reichen in der Regel aus, um diese Phasen gut zu überstehen. Außerdem resultieren aus solchen Zeiten der (leichten oder kurzzeitigen) Überforderung normalerweise Wachstums- und Anpassungsprozesse (Lernen), sodass wir eher gestärkt aus ihnen hervorgehen. Als Ausgleich sind dann allerdings auch Phasen der (kurzzeitigen und geringfügigen) Unterforderung nötig, in denen die Anforderungen nicht unser ganzes Fähigkeitspotenzial in Anspruch nehmen. In diesen Zeiten kann die Verarbeitung der vorangegangenen Überforderungen stattfinden und Lern- sowie Anpassungsprozesse auslösen. Wenn die Zeiten der Unterforderung zu lange anhalten, verlernen wir allerdings Fähigkeiten oder langweilen uns. Das führt dann zu unnötigen Leistungsminderungen.

Um das Flow-Erleben zu begünstigen, sind überdies eine *klare Zielsetzung* und *unmittelbares Feedback aus der Handlung selbst* erforderlich. Beides hängt miteinander zusammen. Klare Ziele erlauben es, die betreffende Handlung zu strukturieren. Sie separieren das Notwendige von allen anderen Dingen. Erst wenn Sie ein Ziel formulieren, sind Sie in der Lage dasjenige, was zur Erreichung beiträgt, von dem zu unterscheiden, was nicht dazu beiträgt. Ziele dienen in diesem Sinne nicht der Bewertung des Handlungsergebnisses, sondern der Bewertung des Weges zum Ziel und erlauben dadurch unmittelbares Feedback aus der Handlung selbst. Während des Handlungsvollzugs wird also ersichtlich, ob die Ausführung zum Handlungsziel beiträgt oder nicht. Dadurch kann auch bereits bei geringfügigen Abweichungen von einem bestimmten, als ideal empfundenen Verlauf sofort gegengesteuert werden und man bleibt „im Fluss".

Unklare Ziele verhindern diese aus der Handlung selbst erwachsende Kontrolle des Handlungsflusses. Der Stoiker Seneca formuliert bereits kurz nach der Zeitenwende in seinen moralischen Briefen an Lucilius (Seneca, 1992): „Wer Weg und Ziel nicht kennt, dem weht kein Wind günstig." Wo Ihnen also klar formulierte Ziele fehlen, sollten Sie selbst nachsteuern, um Eindeutigkeit zu erhalten und Feedback aus der Handlung heraus möglich zu machen. Ohne eindeutige Ziele und daran ausgerichtete Rückkoppelungen resultiert Orientierungslosigkeit. Dann werden Sie viel Aufmerksamkeit dafür verwenden, Orientierung zu erlangen. Oder Sie verzichten im schlimmsten Fall ganz darauf und werden mal dieses und mal jenes machen – immer in der Hoffnung, aus der Umwelt ein entsprechendes Feedback zu erhalten. Eine ungünstige Folge solcher „Suchbewegungen" ist Aktionismus: Sie machen irgendetwas und verschwenden viel Energie, ohne jedoch ein *bestimmtes* Ergebnis oder Ziel zu erreichen. Natürlich produzieren Sie auch so *irgendwelche* Ergebnisse. Die Sicherheit, sich auf dem richtigen Weg zu befinden, und die echte Befriedigung ein Ziel erreicht zu haben, können sich so aber nicht einstellen. Vielmehr erzeugen Sie für sich ein Alibi, das die ziellose Tätigkeit rechtfertigt.

Exkurs: Das 3-K-Modell der Arbeitsmotivation und der Flow
Hugo M. Kehr greift das Flow-Konzept auf und stellt das Flow-Erlebnis in den Mittelpunkt seines „3-K-Modells der Arbeitsmotivation" (Kehr, 2004a, b, 2014; Kehr et al., 2018). Demnach wird Flow-Erleben auf der Handlungsebene in der Schnittmenge impliziter *Motive*, expliziter *Ziele* und

subjektiver Fähigkeiten – also die Selbsteinschätzung über das persönliche Vermögen, eine Aufgabe zu bewältigen – möglich.[3] Diese *drei Komponenten* (Motive, Ziele, Fähigkeiten; daher 3 K) sind die Voraussetzung für die Möglichkeit, einen Flow in der Tätigkeit zu erleben. Fehlt eines dieser Kriterien, kann Flow nicht erlebt werden. Dies ist nachvollziehbar, wenn man sich vorstellt, eine Handlung auszuführen, die zwar den Zielen und Motiven entspricht (= hohe intrinsische Motivation, siehe Abschn. 4.1 u. 5.2), aber die Selbsteinschätzung zu dem Schluss kommt, dass die persönlichen Fähigkeiten nicht ausreichen, um die Aufgabe zu bewältigen. Ein Flow-Erlebnis kann demnach auch nicht aufkommen, wenn man nach eigener Einschätzung über Fähigkeiten verfügt, die den Motiven entsprechen, jedoch kein entsprechendes Ziel hat, auf die diese beiden ausgerichtet werden könnten. Und schließlich kann Flow auch nicht erlebt werden, wenn man zwar ein Ziel hat und die entsprechenden Fähigkeiten besitzt, jedoch diese Kombination völlig am dominierenden Motiv der betreffenden Person vorbeigeht.

Diese Überlegungen haben eine auffällige Ähnlichkeit mit der altbekannten Erkenntnis, dass Leistung nur möglich ist, wenn Können (= Fähigkeiten), Wollen (~ Motive, Ziele) und Dürfen (bezogen auf Ziele und Motive) zusammenfallen.

5.1.3   Wie kann ich den Flow erzeugen?

Sowohl aus den Merkmalen des Flow-Erlebens als auch aus dessen Bedingungen und Voraussetzung lassen sich Hinweise formulieren, wie man Flow erzeugen kann. Für uns als „Anwender" gibt es drei Handlungsebenen, auf die wir zugreifen können, um in ihnen aktiv zu werden. Auf diesen Ebenen lassen sich Veränderungen herbeiführen, die uns das lohnende Flow-Erleben leichter machen. Sozusagen von außen nach innen sind dies die Umwelt, die Tätigkeit und das Selbst.

Umwelt und Tätigkeit
Auf den Ebenen Umwelt und Tätigkeit sind die Forderungen für ein wahrscheinlicheres Eintreten des Flow-Erlebens schnell formuliert: Vermeiden Sie Ablenkungen, strukturieren Sie Ihre Arbeit so, dass konzentrierte Arbeit möglich wird. Die Forderungen, dies zu erreichen, kennen Sie aus Ihrem letzten Zeit- und Selbstmanagementseminar: Schließen Sie für bestimmte Zeiten Ihre Bürotür (auch für Familienmitglieder), stellen Sie Ihr Telefon ab oder um, verzichten Sie auf das Checken Ihres E-Mail-Postfaches (früher ist man auch nicht alle fünf Minuten zum Briefkasten gerannt), bereiten Sie Ihre Arbeitspakete gut vor, sodass alle Informationen und Arbeitsmittel, die Sie brauchen, auch parat sind. Informieren Sie Ihr Umfeld, dass Sie nun für ein oder zwei Stunden ab- oder besser: eintauchen. Darüber hinaus sollten natürlich die Ziele Ihres Tuns klar formuliert sein. Sind sie das nicht per se, dann fordern Sie ruhig weitere Informationen an. Erhalten Sie auch dann keine eindeutige Auskunft – manchmal ist das so –, dann sollten Sie den Mut aufbringen, sich selbst Ziele zu formulieren, um Eindeutigkeit und Feedback in und aus Ihren Handlungen zu ermöglichen.

---

[3] Zum Verhältnis von Motiven und Zielen, siehe Kap. 6 und vgl. auch Sachse (2020 b) und Heckhausen & Heckhausen (2018).

Und dann der Extra-Tipp: Setzen Sie sich ruhig etwas unter Zeitdruck. Kennen Sie diese Energie und Konzentration, die Sie durchströmt, wenn Sie kurz vor dem Feierabend, dem Wochenende oder dem Urlaub noch etwas fertigbekommen wollen? Diesen Zustand können Sie theoretisch jederzeit abrufen, es bedarf nur ein wenig Übung. Aber Achtung: Einerseits zeichnet sich Flow ja gerade dadurch aus, dass Zeit keine besondere Rolle spielt. Nutzen Sie diesen kleinen Kick also tatsächlich nur als Kick, ansonsten kann er auch hinderlich für das Flow-Erleben werden. Andererseits bedeutet der Zustand, in den Sie sich da begeben, auch Stress. In Folge des (selbstverursachten) Zeitdrucks wird Ihr Körper das Stresshormon Adrenalin ausstoßen. Dies führt nicht nur zu einer verbesserten Konzentration, sondern auch dazu, dass sich die Blutgefäße kurzzeitig verengen und der Blutdruck ansteigt. Ursprünglich mag dies einmal u. a. dazu gedacht gewesen sein, dass die Wunden in Folge eines Kampfes nicht zu stark bluten. Am Schreibtisch ist die Wahrscheinlichkeit ernsthafte Verletzungen zu erleiden zwar recht gering, unsere Stressreaktionen haben sich aber noch nicht darauf angepasst. Daher kann die Herstellung erhöhter Leistungsbereitschaft durch das freiwillige Verursachen von Stress auch negative physische Folgen haben. Darüber hinaus müssen wir beachten, dass ein zu hohes Stressniveau eher abträglich für das Empfinden von Flow ist, weil wir das Gefühl von Kontrolle verlieren können.

Wenn wir diese Forderungen zur Gestaltung von Umwelt und Tätigkeit so formulieren, kommt automatisch der (richtige) Gedanke, dass sich wahrscheinlich nicht alle Tätigkeiten eignen, um Flow in gleichem Maß zu ermöglichen. Generell zählen zu den eher ungeeigneten Tätigkeiten solche, die durch häufige Störungen oder durch zu großen Zeitdruck gekennzeichnet sind. Oberflächliches Arbeiten, ohne die für den Flow notwendige Vertiefung der Gedanken – sogenannte Shallow Work (Newport, 2020) – oder ein schlechtes Miteinander in der Gruppe, dem Team oder der Familie sind für das Flow-Empfinden ebenfalls abträglich (Triemer, 2001; Triemer & Rau, 2001). Auch absolute Routinetätigkeiten stehen im Verdacht, den Flow zu erschweren, da sie durch ihre geringen Anforderungen ein hohes Potenzial für Langeweile in sich tragen. Aber dennoch kommt die Forschung zu dem Ergebnis, das sich annähernd jede Tätigkeit grundsätzlich dazu eigne, in den Flow zu gelangen (Cziksztentmihalyi, 2012, 2013). Dass dies gelingt und immer wieder von Menschen berichtet wird, liegt vor allem an deren Fähigkeiten, Umwelt, Situationen und Tätigkeiten so zu verändern, dass sie das angenehme Gefühl „im Fluss" zu sein, aktiv gestalten.

Die Ebene des Selbst: die autotelische Persönlichkeit
Autotelische Persönlichkeiten sind Menschen, denen es besonders leichtfällt, in den verschiedensten Situationen und bei den unterschiedlichsten Aufgaben in einen Flow-Zustand zu gelangen. Hierin wird die Folge hoher motivationaler Kompetenz gesehen, die in besonderem Maß für den fortgesetzten und erfolgreichen Kompetenzerwerb notwendig ist (Rheinberger, 2002). Menschen, die besonders leicht und häufig Flow erleben, wissen, was ihnen guttut und wo ihre Stärken liegen, suchen entsprechende Situationen gezielt auf und integrieren sie in ihre übergeordnete Lebensplanung. Darüber hinaus sind sie in der Lage, sich selbst realistische Ziele zu setzen, können Probleme als Herausforderungen betrachten

und sind immer bereit, aus Fehlern zu lernen und dadurch ihre Fähigkeiten und Fertigkeiten zu verbessern. Außerdem sind autotelische Persönlichkeiten willens und in der Lage, sich voll auf eine Sache zu konzentrieren und die Aufmerksamkeit auf das eigene Ich herunterzufahren (Brandstätter et al., 2018). Damit sind autotelische Persönlichkeiten nicht nur in der Lage, häufiger Flow-Situationen zu erleben, sondern auch fähig, weniger Flow-verdächtige Tätigkeiten, wie z. B. langweilige Routinehandlungen, so mit Attributen anzureichern, dass Sie trotzdem die Möglichkeit haben, in den Flow zu gelangen (Rheinberger & Engeser, 2018).

Aus der Beschreibung der autotelischen Persönlichkeit wird jedoch auch klar, dass nicht alle Bedingungen für das leichte Hineingleiten in den Flow-Zustand allein durch uns zu erreichen sind. So wird beispielsweise formuliert, dass solche Menschen in der Lage sind, sich *selbstbestimmte* Ziele zu setzen. Das ist nicht in allen Kontexten möglich. So spielt z. B. unsere Position im Unternehmen oder unsere Rolle als Familienmitglied eine wichtige (einschränkende, bestimmende oder befreiende) Rolle bei der Definition von Zielen. Wir treffen Entscheidungen und tragen Verantwortung, die teilweise dazu führen können, dass wir Aufgaben annehmen, die sogar eher Flow-schädlich sind. Trotzdem können wir versuchen, unser Leben so autotelisch einzurichten, wie es eben geht, um die Chancen auf das Flow-Erleben zu verbessern.

Autotelisch bedeutet damit einerseits „auf den Selbstzweck ausgerichtet". Solche Handlungen bereiten bereits in der Ausübung Freude, können auch ohne konkretes Ziel für sich stehen und motivieren aus sich heraus. Andererseits bedeutet autotelisch so verstanden aber auch „selbstständig bzw. unabhängig" (vgl. Czikszentmihalyi, 2012 u. 2013; Rheinberger & Engeser, 2018). Beide Gedanken werden uns im nächsten Unterkapitel im Zusammenhang mit der Selbstbestimmungstheorie noch einmal begegnen. Autotelisch als unabhängig zu verstehen, ist gerade im Zusammenhang mit der Gestaltung von Situationen, Aufgaben und Tätigkeiten eine schöne Übersetzung, denn sie betont die Selbstverantwortung und die Möglichkeit zur selbstgewollten, gezielten und erfolgversprechenden Beeinflussung. Autotelische Personen sind demnach nicht abhängig von Glück, Zufall, Schicksal oder dem guten Willen anderer, sondern haben einzelne Situationen und die Gestaltung ihres Lebens selbst in der Hand. Jeder (autotelische) Mensch ist seines eigenen Glückes Schmied.

Die Folgerungen hieraus sind weitreichend: Wenn wir häufiger in den Genuss von Flow-Zuständen kommen wollen, um die positiven Folgen aus diesem Zustand für unser *Personal Performance Management* nutzen zu können, müssen wir selbst aktiv werden und handeln. Mit den oben genannten Ansätzen zu Umwelt und Tätigkeit sind wir bereits in der Lage, die Bedingungen in unserer Umwelt und bezüglich unserer Tätigkeiten zu verbessern. Über die bisherigen Erkenntnisse hinaus können wir aber auch daran arbeiten,

- unsere *Motivstruktur* zu bestimmen, um unsere Handlungen mittelfristig daran auszurichten,
- unsere Stärken zu erkennen, um daraus Ziele zu entwickeln, die wir realistischerweise erreichen können,

- die *Motivation* aufzubringen, Probleme als Herausforderungen anzunehmen, um ein bestimmtes, übergeordnetes Ziel zu erreichen,
- *willentlich* Situationen aufzusuchen, die unseren Motiven, Stärken und Zielen entsprechen,
- diese Situationen mittelfristig *in unser Leben zu integrieren,* um nicht immer wieder in hohem Maß auf Willenskraft zurückgreifen zu müssen,
- lernbereit zu bleiben/werden und uns lebenslang als wachsende oder zumindest *veränderliche Wesen* zu begreifen (Dweck, 2017)[4] und
- *Konzentration* gezielt herzustellen bzw. so zu schulen, dass wir sie auch gegen äußere Ablenkungen längere Zeit aufrechterhalten können.

Ein autotelischer Mensch, wie wir ihn hier kennengelernt haben, ist also eine Person, die viele Fertigkeiten verinnerlicht hat, die zu den Grundlagen des *Personal Performance Managements* zählen. Er wird sich im Idealfall nur wenig anstrengen, Selbstausbeutung vermeiden und stattdessen Situationen so zu gestalten wissen, dass die expliziten und impliziten Ziele weitgehend übereinstimmen. Dies erleichtert das Erleben von Flow ebenso wie den nachhaltigen persönlichen Erfolg, ohne sich selbst zu überfordern.

5.1.4   Was muss ich beachten, wenn ich Flow erlebe?

Wie wir vielleicht auch schon am eigenen Körper erlebt haben, ist das Flow-Erleben ein berauschender Zustand. Dadurch, dass wir das Zeitempfinden verlieren, in der Sache aufgehen und dabei auch den Kontakt zu Teilen unserer Selbstwahrnehmung verlieren (z. B. das Hungerempfinden), sind wir in der Lage, über einen langen Zeitraum nahezu mühelos große Leistungen zu erbringen. Das macht den Flow zu einem sehr interessanten Zustand, wenn wir an unsere persönliche Leistungssteuerung denken. Während wir im Flow sind, greifen wir allerdings mitunter auf unsere autonomen Reserven zurück. Das sind diejenigen Kraftressourcen, auf die wir in der Regel keinen willentlichen Zugriff erhalten. Sie sollen uns eigentlich für Notsituationen erhalten bleiben. Durch entsprechendes Training – das weiß man auch aus dem Leistungssport – lässt sich ein gewisser Zugriff auf Teile der autonomen Reserven gewinnen. Der Flow-Zustand scheint eine Möglichkeit zu sein, genau auf diese Kraftreserven zugreifen zu können. So wird eine ausdauernde und hochwertige Leistungserbringung möglich, die ansonsten an den vielen kleinen Ablenkungen und Verlockungen des Alltags (z. B. Bürotratsch oder Multitasking) oder an demotivierenden Gedanken (z. B. „Dankt dir das eigentlich jemand?" oder „Hängen die anderen sich eigentlich auch so rein?") scheitert. Wenn wir leicht in den Flow kommen und dadurch Zugriff auf Teile unserer autonomen Reserven gewinnen, weil wir uns entsprechende Techniken hierfür angeeignet haben, müssen wir einige Punkte beachten.

---

[4] Auch hierfür sind in hohem Maß motivationsregulierende Fähigkeiten erforderlich, wie sie in diesem Buch beschrieben werden.

- Die **innere Logik des Handelns** lässt uns schnell und leicht Ziele finden, die sich aus der Handlung selbst ableiten. Aber es ist eben eine *innere* Logik und keine äußere. Daher muss man aufpassen, dass man nicht im Flow in die falsche Richtung rennt. Die erforderlichen nächsten Schritte oder Ziele werden eben nicht immer durch die Handlung an sich vorgegeben, sondern leiten sich auch aus dem Erfordernis der Umstände ab. Manchmal muss man die Dinge auch einfach fertigbekommen, statt die Dinge ihrer selbst wegen zu machen. Wenn man über verbesserte Fertigkeiten verfügt, sich gezielt in den Flow zu versetzen, sollte man sich vorher vergewissern, ob man auch das richtige Ziel erreichen wird. (Das gilt natürlich nur sehr eingeschränkt für Freizeitaktivitäten, bei denen womöglich nicht das Ziel, sondern der Weg dorthin das Wichtigste ist.)

- Zu viel **Konzentration** kann uns auch der Welt entrücken. Wenn eine Aufgabe unsere maximale Fokussierung erfordert – oder erhält –, brauchen wir bei Unterbrechungen eine Weile, um überhaupt aufnahme- und handlungsfähig zu werden, weil man uns „aus dem Fluss gebracht hat". Im beruflichen Kontext stehen vor allem Führungskräfte der mittleren Führungsebenen vor dieser Herausforderung. Sie sind nicht nur mit Führungsaufgaben beschäftigt, sondern teilweise auch noch mit operativen Tätigkeiten. Wenn Sie dann aus einer Fachaufgabe herausgerissen werden, weil Sie gerade ein Führungsthema behandeln müssen (z. B. eine Meinungsverschiedenheit zwischen Kollegen), ist dies eine schwierige Situation. Sie müssen ihre Konzentration aus dem Fluss herauszureißen, um sie auf einen neuen Inhalt zu fokussieren.[5] Umgekehrt kann sich die Konzentration aber auch derart in fachlichen Aufgaben binden, dass Führungsthemen übersehen werden. Gerade für Führungskräfte, aber auch für Eltern und in einer Partnerschaft, ist es häufig wichtig, sich nicht zu sehr auf nur eine Handlung zu konzentrieren, sondern das Große und Ganze ins Auge zu fassen, viele verschiedene Aspekte zu berücksichtigen, die nicht immer zu einem Themengebiet gehören und sich dadurch auch gelegentlich ganz gezielt ablenken zu lassen.

- Das **Gefühl der absoluten Kontrolle** ist in den meisten Fällen trügerisch. In einigen Situationen ist es sogar problematisch bis gefährlich. Gerade von Freeclimbern wird häufig berichtet, dass sie in einen Flow geraten. Natürlich, wenn die Anforderungen hoch sind, die persönlichen Kompetenzen gut zu diesen Anforderungen passen und aus der Handlung selbst ein entsprechendes Feedback erwächst, besteht eine gewisse Deckung – die sich gut anfühlt. Das Gefühl, die absolute Kontrolle zu haben, resultiert vielleicht aber auch nur aus dem Rausch, wenn man wahrzunehmen *meint*, dass man gerade im Moment besondere Anforderungen spielerisch meistert. Nicht immer

---

[5] Wenn Sie den Fokus Ihrer Aufmerksamkeit immer wieder von einem Gegenstand auf einen anderen Gegenstand richten müssen, spricht man vom Sägezahneffekt. Er beschreibt die wellenartige Auf- und Abbewegung der Konzentration. Die Wellenberge sind die Grade höchster Konzentration. Die Täler drücken einen geringen Grad der Konzentration zwischen zwei höhergradigen Konzentrationszuständen aus. Die steigenden und fallenden Bereiche zwischen den hohen Konzentrationszuständen sind der Zeit- und Energieverlust, den wir erleiden, wenn wir unsere Aufmerksamkeit zwischen zwei verschiedenen Aspekten hin- und herlenken.

ist dieser Eindruck richtig. Und insbesondere in gefährlichen Situationen sind die Auswirkungen des Scheiterns ganz erheblich. Sofern hierbei nur das eigene Wohl auf dem
Spiel steht, fällt dies zu einem großen Teil in die Selbstverantwortung des Menschen.
Je größer jedoch die Verantwortung für andere Menschen ist, desto vorsichtiger sollte
man mit dem Rausch sein, der sich aus dem Gefühl der absoluten Kontrolle nährt.

- **Auch im Flow-Zustand verbrauchen wir Energie.** Wenn wir im Flow sind, beschäftigen wir uns weniger mit Widerständen und anderen Gedanken. Wir verlieren nicht
so viel Energie durch das Hin- und Herspringen zwischen verschiedenen Aufgaben.
Aber natürlich benötigen wir auch im Flow-Zustand Energie, um unseren Körper zu
bewegen oder unser Gehirn nutzen zu können – auch wenn wir es vielleicht nicht
so sehr merken. Der Umstand, dass wir im Flow den Kontakt zu uns selbst verlieren
und der Welt in gewisser Weise entrückt sind (oder in ihr aufgehen), bedeutet auch,
dass wir Ermüdung nicht wahrnehmen. Häufig taucht man aus einem Flow-Zustand
auf und merkt erst danach, wie anstrengend die Arbeit oder die Betätigung gerade
gewesen sind. Das ist in Ordnung und gut, denn dazu haben wir uns ja vielleicht sogar
gezielt in den (Arbeits-) Fluss gebracht. Wenn wir aber besonders leicht in den Flow
geraten, weil es die Aufgaben zulassen oder wir uns dahingehend geschult haben, müssen wir die erforderlichen Ruhephasen bedenken. Es mag sein, dass uns einige Dinge
im Flow leichter fallen, als wenn wir sie in einem „normalen" Zustand ausüben, vielleicht „funktioniert" man dann auch effizienter, aber wir erhalten Leistung niemals zum
Nulltarif.

Das Flow-Erleben ist eine tolle und nützliche Sache. Wenn wir eine sogenannte autotelische Persönlichkeit sind, der es relativ leicht gelingt, in den Flow zu gelangen, können
wir daraus sicherlich einigen Nutzen ziehen. Im Sinne eines gelingenden *Personal Performance Managements* ist es aber genauso wichtig, die Grenzen und Tücken dieses
Zustandes zu kennen, wie zu wissen, wie man sich in den Flow hineinbegibt.

Neben der Neugier und Emotionen ist auch der Flow in der Lage Ressourcen bereitzu-
stellen. Flow-Empfinden stellt sich zwar nicht bei jeder Aufgabe ein. Nicht alle Tätigkeiten
eignen sich dazu. Aber man kann die Voraussetzungen schaffen, dass die Wahrscheinlichkeit steigt, Flow bei einer Aufgabe zu empfinden. Kennt man die allgemeinen und
die persönlichen Voraussetzungen, so kann man versuchen, die physisch oder kognitiv
schwierigen Aufgaben so zu gestalten, dass Flow wahrscheinlich wird. Dies lässt sich
mit ein wenig Aufmerksamkeit für sich und sein Arbeitsumfeld üben und trainieren. Je
häufiger und gezielter man den Flow-Zustand bewusst ansteuern kann, desto größer sind
die persönlichen Ressourcen zur Bewältigung auch großer Herausforderungen, denn durch
das Flow-Empfinden lassen sich ebenfalls andere biologische und psychologische Bedürfnisse überlagern. So wird man weniger von seinen Zielen abgelenkt und spart dabei auch
noch Kraft, die man dann auch anders einsetzen kann.

5.2   Selbstbestimmungstheorie

Neben dem Flow gibt es eine weitere interessante Motivationstheorie, die uns einige
praktische Ableitungen für unser *Personal Performance Management* erlaubt. Die Selbstbestimmungstheorie stammt aus dem pädagogischen Bereich und ist in einigen Teilen
stark auf diesen Kontext zugeschnitten. Auch wenn einige Forderungen der Selbstbestimmungstheorie in vielen sonstigen beruflichen Umwelten wohl nur schwierig oder gar nicht
umsetzbar sind, finden sich einige Gedanken, die für die Überlegungen zum *Personal
Performance Management* von großem Interesse sind (s. zur Kritik auch Rheinberger &
Engeser, 2018). Hierunter ist mindestens die Erweiterung des Verständnisses extrinsischer
Motivation und ihrem Verhältnis zur intrinsischen Motivation. Wie wir sehen werden, gibt
es einen breiten Korridor zwischen diesen beiden Formen der Motivation, der für das *Personal Performance Management* durchaus wichtig sein kann. Darüber hinaus formuliert
die Selbstbestimmungstheorie psychologische Grundbedürfnisse, die eine lohnende und
im Alltag leicht nachvollziehbare Erweiterung unserer bisherigen Gedanken zu Motiven
und Motivation darstellen.

5.2.1   Erweiterung des Verständnisses extrinsischer Motivation

Wir haben oben bereits gesehen, dass Motivation in intrinsische und extrinsische Motivation unterschieden werden kann. Ursprünglich ging man davon aus, dass einerseits
intrinsische und extrinsische Motivation als Gegensatzpaar zu verstehen sind – so habe ich
es bisher ja auch dargestellt. Die intrinsische Motivation wurde im Sinne einer weitgehenden Selbstbestimmung aufgefasst. Sie kommt von innen und ist dem Individuum aus sich
heraus eigen. Im Gegensatz dazu wurde die extrinsische Motivation als von außen kom-
mende (heteronome) Kontrolle aufgefasst. Die Gegensätzlichkeit bestätigte sich zunächst
in Beobachtungen, nach denen intrinsische Motivation durch die extrinsische Motivation überlagert und schließlich korrumpiert werden kann. Diesen Effekt habe ich oben
bereits versucht nachzuzeichnen (vgl. z. B. Rheinberger & Engeser, 2018, u. Brandstätter
et al., 2018). Allerdings haben wir auch bereits gesehen, dass ein Korrumpierungseffekt
nicht immer nachzuweisen ist. In einigen Fällen und unter bestimmten Umständen kann
extrinsische Motivation die intrinsische Motivation noch verstärken. So führten die Beobachtungen von extrinsischen Motivatoren, die die intrinsische Motivation förderten, zu
Zweifeln an der Allgemeingültigkeit des zweigliedrigen Modells. Das Modell der stren-
gen Dichotomie zwischen von innen und von außen kommenden Motivatoren war als
Erklärungsmodell also nicht länger haltbar und musste überarbeitet werden.

 Der Begriff der extrinsischen Motivation ist daraufhin von Deci und Ryan erweitert
worden (1993, 2008). Während die intrinsische Motivation per definitionem weiterhin
als Ausdruck der „reinen" Selbstbestimmung des Individuums angesehen werden kann,

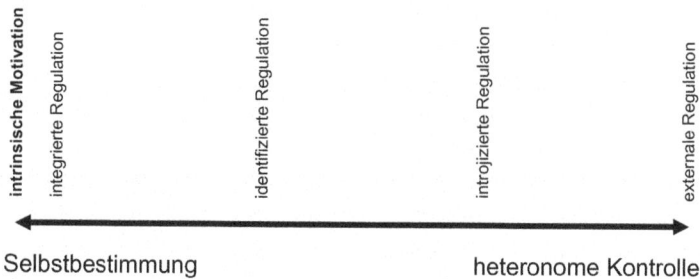

Abb. 5.1 Selbstbestimmung/Kontrolle-Kontinuum

entfaltet sich die extrinsische Motivation nun auf dem Kontinuum zwischen Selbstbestimmung und heteronomer Kontrolle (siehe Abb. 5.1). Demnach können extrinsische Motivationen für sich genommen unterschiedliche Qualitäten – oder Grade – haben und im Leben eines Menschen einen Prozess der Entwicklung zwischen *externaler Regulation* und *integrierter Regulation* durchlaufen (Kehr, 2004a, b; Kehr et al., 2018).

- Unter **externaler Regulation** ist der höchste Grad heteronomer Kontrolle der Motivation zu verstehen. Belohnungen und Strafen werden von außen als Anreize gesetzt und auch als solche wahrgenommen. Die externale Regulation entspricht dem „klassischen" Verständnis extrinsischer Motivation. Wie oben bereits gezeigt, wirkt diese Form der Motivation nur sehr kurzfristig und ist in hohem Maß dazu geeignet, intrinsische Motivation zu beschädigen. Ein bekanntes Beispiel ist die Leistungsprämie des Arbeitgebers, der sich hierdurch eine Steigerung der Leistungsbereitschaft der Mitarbeiterinnen und Mitarbeiter erhofft.
- **Introjizierte Regulation** resultiert ebenfalls aus fremdbestimmten Anreizen. Sie tritt allerdings nicht so unmittelbar auf wie externale Regulation. Beispiele für introjizierte, also verinnerlichte Regulatoren sind Werte und Normen, die durch die Gesellschaft oder das soziale Umfeld vorgegeben werden, jedoch noch nicht völlig verinnerlicht wurden. Man befolgt sie, „weil man das eben so macht" oder weil man befürchtet, durch das soziale Umfeld bestraft zu werden.
- Die **identifizierte Regulation** setzt auf der introjizierten Regulation auf. Die Motivation resultiert in diesem Fall zwar ebenfalls auf externen Normen und Werten oder Zielvorgaben, diese wurden mit der Zeit jedoch stark verinnerlicht und ein Identifikationsprozess hat stattgefunden. Die Werte, Normen und Glaubenssätze sind Teil des Selbstkonzepts der Person geworden, leiten das Verhalten an und führen zu Gewissensbissen, wenn die verinnerlichten Normen gebrochen werden (vgl. Kap. 7).
- Im Falle der **integrierten Regulation** sind die extrinsischen Motivatoren schließlich Teil der Identität der motivierten Person geworden und sind wichtig für deren kohärentes Selbstkonzept. In diesem Sinne ist integrierte Regulation zwar extrinsischen Ursprungs und vor allem durch die Umwelt bedingt. Sie ist jedoch so weit

verinnerlicht, dass sie „gemeinsam mit der intrinsischen Motivation die Basis des selbstbestimmten Handelns" bildet (Deci & Ryan, 1993, S. 228).

Der Unterschied zwischen *intrinsischer Motivation* und *integrierter Regulation* ist darauf reduziert, dass die intrinsische Motivation Verhaltensweisen um ihrer selbst willen (autotelisch) auslöst und antreibt, während integrierte Regulation Verhaltensweisen motiviert, die einen bestimmten Zweck verfolgen. In diesem Sinne erfüllt integrierte Regulation für das Individuum instrumentelle Funktionen – sie soll etwas bewirken und ist nicht nur ihrer selbst willen da (Deci & Ryan, 1993).

Extrinsische Motivation führt also nicht zwangsläufig zu „fremdgesteuertem" Verhalten, sondern kann im Zeitverlauf durch Integrationsprozesse der betreffenden Person ebenfalls zum Teil ihrer Identität und ihrer selbstbestimmten Handlungsregulation werden. Dazu muss externale Regulation allerdings einen weiten Weg der konsequenten Internalisierung durchlaufen. Das soziale Umfeld *(Sollen)*, die „Kontaktzeit" mit den Motivatoren *(Können)*, z. B. bei der Arbeit, im Verein oder einer bestimmten Gemeinschaft, und die persönliche Bereitschaft zur Integration *(Wollen)* spielen bei der Integration extrinsischer Motivatoren eine wesentliche Rolle.

Für unser *Personal Performance Management* können wir an dieser Stelle schon einmal mitnehmen, dass extrinsische Motivation, die wir als hilfreich empfinden, über einen (gesteuerten) Prozess, den wir auch selbst in die Hand nehmen können, soweit integriert werden kann, dass sie einen besonders hohen, empfundenen Selbstbestimmungsgrad erreicht. Gelingt uns diese Integration, vermeiden wir nicht nur innere Widerstände gegen den externen Motivator, sondern unterstützen auch intrinsische Motivationsfaktoren. Das Handeln fällt uns dann also leichter, sodass wir einerseits Kräfte schonen und andererseits auf eine gesündere Weise leistungsfähiger werden.

5.2.2 Kulturübergreifende psychologische Grundbedürfnisse

Neben dem erweiterten Verständnis von intrinsischer und extrinsischer Motivation ist für die Selbstbestimmungstheorie die Feststellung grundlegend, dass es kulturübergreifende *psychologische* Grundbedürfnisse gibt, die der Mensch zu befriedigen sucht (vgl. Kap. 3). Als *psychologische* Grundbedürfnisse benennen Deci und Ryan (1993 u. 2008) *Kompetenz, Autonomie* und *soziale Eingebundenheit* (vgl. hierzu auch Kehr et al., 2018). In diesem Punkt decken sich die Aussagen mit unseren bisherigen Erkenntnissen zu den grundlegenden Motiven Macht, Anschluss und Leistung. Sie finden ihre Entsprechungen in der Selbstbestimmungstheorie.

Werden die Grundbedürfnisse befriedigt, erfährt man Wohlbefinden und Zufriedenheit aus der Vermeidung von Dissonanzen. Bedürfnis und Bedürfnisbefriedigung stehen im Einklang.[6] Fehlende Befriedigung der grundlegenden Bedürfnisse führt hingegen zu spürbaren Diskrepanzen zwischen dem, was man anstrebt, und dem, was man erlebt. Dies führt z. B. zu Frustration, der Entwicklung von Ersatzbedürfnissen, deren Befriedigung erreichbarer scheint, und in schlimmen Fällen zur „Verkümmerung" der betreffenden Person. Das kann bis hin zu selbstzerstörerischen Handlungen reichen, wenn z. B. Drogen oder exzessives Verhalten ein Befriedigungsgefühl erzeugen (sollen).

Dabei scheint es wie bei den grundlegenden Motiven auch bei den Dimensionen der Selbstbestimmungstheorie graduelle Unterschiede bei der Gewichtung der Grundbedürfnisse untereinander geben zu können. Es muss nicht für jeden immer alles und in vollem Umfang erfüllt sein. Und nicht jeder Mensch hat eine gleiche Ausprägung der Bedürfnisse nach der Erfüllung der jeweiligen Motive bzw. Dimensionen. So dürften sich die Erfüllungsgrade empfundener Kompetenz, Autonomie und sozialer Eingebundenheit *nicht* an einer absoluten Skala bemessen lassen. Vielmehr sind diese im Verhältnis zu den persönlichen Einschätzungen, Anforderungen und Bedürfnissen zu messen.

Ein Mensch, der mindestens dreimal in der Woche seine sechs hochwertigen Beziehungen intensiv pflegt, muss zu keiner besseren Bewertung seiner sozialen Eingebundenheit kommen als ein Mensch, der seine drei hochwertigen Beziehungen nur alle zwei Wochen zu Gesicht bekommt. Es ist eine Frage des qualitativen Empfindens, also der persönlichen Bewertung und Bedürfnisse, wie man seine soziale Eingebundenheit einschätzt. Und ähnlich ist es mit den Dimensionen Autonomie und Kompetenz: Es kommt auf die persönlichen Ansprüche und die individuelle Bewertung der jeweiligen Situationen an, ob wir uns ausreichend autonom und kompetent fühlen, um keinen Mangel zu empfinden.

Darüber hinaus stellt die Selbstbestimmungstheorie fest, dass Motivation nicht nur rein quantitativ messbar ist, sondern auch unterschiedliche Qualitäten aufweisen kann. Man kann also nicht nur nach dem Grad der Motivation unterscheiden (jemand ist doppelt so motiviert wie jemand anderes), sondern auch nach dem „Wie" der Motivation unterscheiden. So kann theoretisch intrinsisch und extrinsisch motiviertes Verhalten als gleich stark ausgeprägt gemessen werden. Dennoch können sie sich qualitativ gesehen sowohl während der Ausübung als auch bei der Zielerreichung unterscheiden. So können z. B. das Wohlbefinden oder der Grad der persönlichen Befriedigung bei der gleichen Handlung sehr unterschiedlich ausfallen, je nachdem, ob Sie intrinsisch oder extrinsisch motiviert sind (Deci & Ryan, 2008).

Ich gehe im Folgenden auf die drei psychologischen Grundbedürfnisse der Selbstbestimmungstheorie ein, um Ihnen einen Eindruck zu vermitteln, worauf Sie achten sollten, wenn Sie Ihre Arbeit oder Ihr privates Umfeld gestalten. Lebensbereiche, die keines dieser Grundbedürfnisse befriedigen, können als hochproblematisch für Ihr *Personal Performance Management* angesehen werden, weil sie Sie viel Kraft und Energie kosten. Hingegen sind Bereiche, die hohe individuelle Erfüllungsgrade in den drei Bereichen

---

[6] Vgl. dies mit den Aussagen bei Sachse (Selbstregulation und Selbstkontrolle, 2020 b) über das Empfinden von Zufriedenheit bei gelingender Selbstregulation (= Balance von inneren Motiven und äußeren Anforderungen).

erreichen, besonders wertvoll. Sie gehen nicht nur leicht von der Hand, sondern spenden überdies vielleicht sogar noch Kraft für andere Herausforderungen des Lebens. Wenn Ihre persönlichen Grundbedürfnisse in einem Lebensbereich z. B. hochgradig befriedigt werden, kann man (vorübergehenden) „Härten" in anderen Bereichen leichter begegnen, weil man noch auf freie Kraftressourcen zugreifen kann.

5.2.3 Kompetenz

Das Kompetenzempfinden bezieht sich auf die Fähigkeiten zur Bewältigung einer aktuellen Aufgabe (vgl. z. B. das Flow-Gefühl). Durch Ihre Umwelt werden Anforderungen formuliert, von denen Sie annehmen, dass Sie sie bewältigen können. Sie verfügen nach eigener Einschätzung und basierend auf Ihren Erfahrungen also über Antworten auf die „Fragen", die Ihnen gestellt werden. Dieses Vertrauen auf Ihre Fähigkeiten geht auf Selbstwirksamkeitserfahrungen zurück. Bereits in Ihrer Vergangenheit haben Sie vergleichbare schwierige Situationen gelöst und somit positive Erlebnisse gehabt. Auf diese Erfahrungen beziehen Sie nun Ihr Kompetenzempfinden.

Diese positiven Erlebnisse aufgrund von Herausforderungen aus Ihrer Umwelt führen dazu, dass Sie nicht nur zuversichtlich in die Zukunft blicken, sondern auch feststellen können, dass Lernerfahrungen einen großen Wert haben. Selbstwirksame Menschen können für sich feststellen, dass nicht das Vermeiden von Erfahrungen, sondern das Sammeln von Erfahrung positive Effekte hat, die sich in der Zukunft kumulieren und zu persönlichem Wachstum führen. Demnach führt ein hohes Kompetenzempfinden von Menschen auch dazu, dass sie generell vielfältig interessiert sind und dies auch in vertiefender Fortbildung und selbstständigem Lernen umsetzen. Sie schätzen den Wert von verschiedenen Lernerfahrungen für ihr Selbstempfinden.

Wichtig an dieser Stelle: Die Erfahrungen müssen über die Zeit gesehen insgesamt positiv ausfallen. Die Erfahrung von Scheitern, z. B. ohne Reflexion darüber, dass die von außen oder an sich selbst gestellten Anforderungen zu groß waren, führen zu negativen Schlüssen, wie z. B. „Ich vermeide besser jede Herausforderung" oder „Aufgaben dieses Typs sind einfach zu schwierig für mich – ich habe da kein Talent". Leider wird daraus häufig auch geschlossen, dass ein weiteres Engagement keinen Sinn ergibt, sodass man das persönliche Interessenspektrum und das eigene Lernpotenzial (teilweise weit) einschränkt.

Darüber hinaus kann man Kompetenzerfahrungen insbesondere dann sammeln, wenn man die Möglichkeit zu selbstbestimmtem Handeln hat. Es wird einem nicht jeder Handschlag vorgegeben, sondern man kann eigene Lösungswege ergründen, seine eigenen Fehler machen und bekommt das Zutrauen und die Unterstützung, aus den Fehlern zu lernen. Dann kann man sich den Weg für eine effektive und effiziente Zielumsetzung selbst erarbeiten. Dies wiederum erhöht die Wahrscheinlichkeit, dass die Ziele als selbst-gestimmt (intrinsisch motiviert) oder zumindest akzeptiert (integriert reguliert) empfunden werden.

Kompetenzempfinden vermittelt uns auch die Fähigkeit der Anpassung an sich ändernde Umweltbedingungen. Veränderungen, vor allem die größeren, führen generell zu Unsicherheiten. Wie stark die Auswirkungen ausfallen und unser Leben bestimmen, hängt jedoch davon ab, ob wir meinen, die richtigen Lösungen für die besonderen Anfor-derungen finden zu können. Dabei ist, bei neuen Umweltanforderungen, die Fähigkeit zum Transfer wichtig. Es muss geprüft werden, ob die alten „Antworten" noch auf die neuen „Fragen" passen, oder ob eine Anpassung erforderlich wird.

Gerade, wenn wir nicht über Standardlösungen oder erprobte Methoden verfügen, um neuen Herausforderungen zu begegnen, ist es notwendig, flexibel reagieren zu können. Dabei gilt, dass man sich umso kreativer um die Lösungssuche bemühen kann, wenn man über möglichst vielseitige Lernerfahrungen verfügt. Je vielseitiger die persönlichen Erfahrungen sind, desto leichter fällt deren Generalisierung, weil man irgendwann die übergeordneten Muster zu erkennen lernt. So kann eine generalisierte Erfahrung bei-spielsweise folgendermaßen ausgedrückt werden: „Es wird nichts so heiß gegessen, wie es gekocht wird!" Dahinter steckt die Erfahrung, dass sich die meisten Dinge, die im ers-ten Moment unglaublich dringlich und wichtig erscheinen, später oft gar nicht als in so hohem Maß als wichtig und eilig herausstellen. Dazu muss man aber auch mal erlebt (und den Mut dazu aufgebracht) haben, Dinge einfach ein Weilchen liegen zu lassen und zu sehen, was daraus wird. Ich bin persönlich ein großer Freund des zeitnahen Abarbeitens von Aufgaben, aber die Dringlichkeitsillusion ist einer der größten Stressfaktoren und ein absoluter Produktivitätskiller, weil man ständig am Hin- und Herspringen ist, seinen Fokus umschwenkt und sich immer wieder neu in die zuletzt liegen gelassenen Aufgaben hineindenken muss.

Feedback als Grundlage zur Kompetenzentwicklung

Um ein möglichst hohes Maß an Kompetenz zu empfinden, müssen einige Bedingungen erfüllt sein – die wir selbst gestalten können. So ist es zunächst wichtig, wertvolles Feed-back zu erhalten. Damit wir unsere Kompetenzen weiter ausbilden können, benötigen wir eine realistische Einschätzung vom aktuellen Stand unserer Fähigkeiten – bezogen auf eine bestimmte Handlung oder Anforderung. Diese Einschätzung können wir nur gewinnen, wenn wir über unsere Selbsteinschätzung hinaus auch Informationen aus unserer Umwelt integrieren. Da sowohl das Selbst- als auch das Fremdbild verzerrt sein können, lohnt es sich, möglichst viele Quellen einzubeziehen und einen ständigen Abgleich vorzunehmen, um selbst ein sichereres Gefühl für die persönliche Kompetenzeinschätzung zu erhalten. Im Sport ist das ganz normal. Wenn Sie sich einem sinnvollen Training unterziehen wollen, dann suchen Sie sich die Hilfe eines Menschen, der Ihnen Feedback über Ihre Ausführungen gibt und ggf. Korrekturen vornimmt. Außerdem erhalten Sie aus dem bewussten Vergleich mit Ihren Mitspielern, Konkurrenten und Mittrainierenden ständig Feedbackschleifen, die darüber Auskunft geben, auf welchem Leistungsniveau Sie sich befinden. Dies bereitet einerseits den Boden für gezielte Interventionen zur Leistungssteuerung. Andererseits befördert insbesondere der Wettkampfsport das Kompetenzempfinden. In der Regel ist der Leistungssport in Ligen oder Leistungsklassen organisiert. Je nach eigener Leistungsfähigkeit wird man sich über kurz oder lang in einem Umfeld bewegen, in dem man gute Chancen hat, persönliche Kompetenz zu empfinden. Durch Auf- und Abstiege oder Neuzuordnungen zu anderen Leistungsklassen wird das Milieu immer neu austariert, um auch im Rahmen der persönlichen Leistungsgrenzen handeln zu können. Für die Arbeitswelt wäre ein entsprechendes System kaum denkbar, weil „Abstiege" noch immer hochgradig stigmatisiert werden.[7]

Kompetenzempfinden aus der Befriedigung der Grundmotive

Es ist klar, dass die Übertragung vom Sport in die Arbeitswelt nicht überall gelingen kann. Aber Sie sollten sicherstellen, dass Sie einerseits wertvolles, auf Wachstum und Unterstützung ausgerichtetes Feedback erhalten, und andererseits in einem Umfeld handeln, in dem Sie auch handlungsfähig sind. Nur so können Sie Kompetenz empfinden und sich für die jeweilige Tätigkeit begeistern. Wenn Sie also ein Mensch sind, der an Anschluss orientiert ist, sollten Sie in einem Umfeld agieren, in dem Sie Ihre Stärken, wie vielleicht Integrations- oder Vermittlungsgeschick, einsetzen können und darüber entsprechendes Feedback erhalten, um diese Fähigkeiten auszubauen. Als Machtmensch sind vergleichbare Kompetenzbereiche vielleicht Verhandlungsgeschick (ist was anderes als Vermittlungsgeschick!) oder ein Gespür für politisches Handeln. Als leistungsorientierter Mensch werden Sie vielleicht Feedback in zähl- oder messbarer Form bevorzugen, damit Sie die Ergebnisse mit Ihren eigenen oder fremden Maßstäben abgleichen können. Sie sollten sich dann Umwelten suchen, aus denen Sie diese Informationen erhalten, und in denen Sie entsprechend handeln können.

Kompetenzerwerb gezielt ansteuern

Die realistische Einordnung in das Leistungsspektrum Ihres Umfelds (= Relation), die Kenntnis über Ihre eigenen Stärken, Schwächen und Motive sowie die gezielte Suche nach Umwelten, in denen Sie Ihre Stärken und Motive optimal ausleben können, sind wesentliche Bestandteile für Kompetenzempfinden. Um Ihre Kompetenzen auszubauen, sollten Sie außerdem gezielte Entwicklungsmaßnahmen anstreben. Ganz klassisch kann das in Fort- und Weiterbildungskursen erfolgen oder durch die gezielte Annahme von Projekten, Aufgaben oder sonstigen Tätigkeiten, die in das Spektrum Ihrer Werte und Stärken passen. So werden Sie als Buchhalter oder Steuerberater auf der Position eines Kassenwarts oder Schatzmeisters in einem Sport- oder Gesangsverein mit sehr hoher Wahrscheinlichkeit Kompetenz empfinden können. Ihre Kenntnisse werden geschätzt und gefragt sein und aufgrund Ihrer besonderen Kenntnisse können Sie womöglich auch komplexere Anforderungen an

---

[7] Obgleich ich persönlich zwei Beispiele kenne, bei denen das „Downgraden" zu großen persönlichen und gesundheitlichen Gewinnen geführt hat.

die Kassenführung eines Vereins erfüllen, die zu allseitigem Nutzen führen. Darüber hinaus werden Sie vielleicht mit Situationen und Fragestellungen konfrontiert, die Ihnen in Ihrem sonstigen Berufsleben in der Form nicht begegnet wären. Hierdurch reichern Sie Ihre persönlichen Kompetenzen immer weiter an.

Langer Rede kurzer Sinn: Wenn Sie Kompetenz erfahren wollen, um daraus Motivation ziehen zu können, sollten Sie Ihre Stärken und Schwächen sowie Ihre Motive kennen, um Bereiche zu definieren, in denen Sie auch tatsächlich mit einiger Wahrscheinlichkeit Kompetenz entwickeln können.

5.2.4 Autonomie

Autonomie bedeutet so viel wie Selbstständigkeit oder Selbstbestimmtheit. Im Sinne der Selbstbestimmungstheorie ist hiermit vor allem die Freiwilligkeit gemeint, mit der wir bestimmte Dinge erleben oder tun. Autonomie meint *nicht* Unabhängigkeit von oder soziale Distanz zu anderen Menschen. Autonomie im Sinne der Selbstbestimmungstheorie versteht sich immer innerhalb eines sozialen Gefüges. Zwar ist der höchste Grad der Autonomie erreicht, wenn man sich seine Aufgaben selbst suchen und über die inhaltliche Ausgestaltung bestimmen kann, trotzdem werden die Maßnahmen und Vorgaben von Autoritäten, wie z. B. dem Staat oder der Unternehmensleitung, anerkannt. Unsere Handlungen sind somit entweder von uns selbst bestimmt oder wir akzeptieren, dass wir die Ziele anderer Menschen verfolgen – vielleicht ja auch, um dadurch indirekt eigene Ziele zu erreichen. Wenn wir beispielsweise im Namen eines großen Unternehmens ein prestigeträchtiges Projekt realisieren, müssen wir uns nicht zwangsläufig mit den Zielen des Projektes identifizieren, um Autonomie zu erfahren. Die eigene „Zustimmung" zum Projekt können wir auch geben, wenn wir beispielsweise auf den mit dem projektverbundenen Prestigetransfer auf unsere Person und das damit verbundene Ansehen bei bestimmten Zielgruppen aus sind.

Autonomie bedeutet auch, dass wir (relativ) frei wählen können, *wie* wir die Dinge erledigen. Sie kennen das vielleicht aus Ihrem letzten Zeitmanagementseminar: „Formulieren Sie Ihre Ziele (oder die Ihrer Mitarbeiter) nach KREOL[8]." An dieser Stelle ist das „L" für uns interessant: lösungsneutral! Das heißt, dass zwar klar formulierte Ziele vorgegeben werden, der Weg dorthin jedoch zunächst unkonkret bleibt. Er kann von demjenigen, an den die Aufgabe delegiert wurde, selbst gefunden werden. Das ist natürlich nur in einem Umfeld realisierbar, in dem es möglichst wenige standardisierte Vorgaben gibt. Die Buchhaltung eines Unternehmens ist demnach nicht der ideale Ort, um Autonomie im Sinne von kreativer Lösungsneutralität zu empfinden – obgleich uns über die Medien immer wieder Nachrichten erreichen, die zu belegen scheinen, dass man in Buchhaltungen sehr wohl unorthodox und kreativ vorgehen kann …

---

[8] Je nach Quelle: konkret oder kreativ, realistisch oder den Rahmen bedenkend, erreichbar, operationalisiert, lösungsneutral.

Autonomie drückt sich auch darin aus, wie frei wir darin sind, den Zeitpunkt der Aufgabenerfüllung zu wählen. Je freier wir in der Wahl sind, *wann* wir eine bestimmte Aufgabe erfüllen, desto autonomer sind wir demnach. Damit ist auch klar, dass es einige Bedingungen gibt, die das persönliche Autonomieempfinden behindern. Hierzu zählen z. B. feste Arbeitszeiten, ständiger Zeitdruck oder strenge zeitliche Vorgaben durch die Einbindung in bestimmte, (zu) klar definierte Prozesse. Unter Zeitdruck haben wir besonders das Gefühl fremdbestimmt zu sein und nicht selbst über unsere Zeit bestimmen zu können. Neben dem tatsächlichen Zeitdruck, der fraglos immer wieder unseren Arbeitsalltag bestimmt, geraten wir nur leider allzu oft in die Falle, dass wir uns Zeitdruck „einreden" lassen, wo er faktisch gar nicht vorhanden ist.[9] In solchen Situationen kann nur schwerlich das Gefühl von Autonomie aufkommen.

Damit dürfte klar sein, dass echtes Autonomieempfinden nicht immer, sondern nur in bestimmten Situationen realisierbar ist. Die Position oder Aufgabe im Unternehmen nimmt Einfluss auf den Grad der realisierbaren Autonomie. Als Arbeiter „in der Linie" dürfte es ungleich schwieriger sein, Autonomie herzustellen oder zu empfinden. Als Führungskraft mit Gleitzeit und Homeoffice, die ihren Bericht bis zum Ende des Monats abgeschlossen haben muss, sollte Autonomieempfinden in vielen Fällen leichter herzustellen sein. Das heißt aber nicht, dass nicht jeder mindestens ein gewisses Maß an Autonomie realisieren kann. Vor allem die empfundene Freiwilligkeit bei der Ausübung von Aufgaben kann hier das „Kräfteverhältnis" zwischen den Mitarbeiterinnen und Mitarbeitern „am Band" und den Führungskräften wieder ausgleichen. Der/Die Arbeiter(in) in der Werkhalle kann bei ihren Aufgaben mehr Freiwilligkeit erfahren als die Leitung Marketing, weil diese mal wieder ein unterdurchschnittliches Produkt als Goldstandard verkaufen *muss*. Oder der/die Verkaufsleiter(in) Süd muss sehenden Auges ein Produkt bei den treuen Stammkunden platzieren, bei denen die ersten Rückläufer bereits vor Verkaufsstart absehbar sind.

Neben diesen Aspekten von Autonomie wissen wir aus der Organisationsforschung, dass die formalen und rahmenbestimmenden Strukturen eines Unternehmens immer nur eine Seite der Medaille sind. Insbesondere über informale Strukturen können sich Mitarbeiterinnen und Mitarbeiter aller Hierarchieebenen einige Freiräume schaffen – und tun dies auch (vgl. Kühl, 2015; Luhmann, 1999). Man spricht hier von Mikropolitik. Mikropolitische Taktiken dienen der Realisierung von Chancen aus organisationalen „Unbestimmtheitszonen" (Neuberger, 2006). Das heißt, überall dort, wo die offiziellen Regelungen Deutungsräume offenlassen oder zu dysfunktionalen Lösungen führen,

---

[9] Paradoxerweise führt der „künstliche" Zeitdruck dazu, dass wir noch stärker unter Zeitdruck geraten. Wir werfen unsere Priorisierung über den Haufen, gehen immer die Aufgaben an, nach denen aktuell am lautesten geschrien wird. Dabei lassen wir andere Dinge, die eben noch dringlich waren, liegen. Durch das ständige Hin- und Herspringen zwischen den Aufgaben geht es uns wie dem Hasen, der vor lauter Hunger immer zwischen den vielen saftigen Grasbüscheln hin- und herspringt und dabei verhungert … Prioritäten verschieben sich – manchmal sogar täglich –, keine Frage. Trotzdem sollten wir bei der Annahme von Aufgaben immer prüfen, wie dringlich und wichtig sie tatsächlich sind.

werden inoffizielle Lösungswege gefunden. Dies verschafft den „Raumdeutern" einige Freiheiten. Aus Sicht der Autonomieüberlegungen und der aus Autonomie erwachsenden intrinsischen Motivation sind diese Deutungsräume sehr interessant. Man sollte sich zweimal überlegen, diese Räume durch zunehmenden Formalismus zu gründlich zu schließen. Die Wahrscheinlichkeit ist hoch, dass man dabei das Autonomieempfinden der Mitarbeiter beschneidet.

Autonomie im sozialen Netz

Neben dem Kompetenzempfinden motiviert uns das Gefühl von Autonomie. Wie beschrieben, handelt es sich hierbei nicht um die Unabhängigkeit von sozialen Netzwerken, sondern vielmehr um das freie Agieren innerhalb von sozialen Gefügen. Wenn Sie sich freimachen von sozialen Verpflichtungen, machen Sie sich auch frei von den Vorzügen sozialer Netzwerke. Soziale Netzwerke funktionieren nur durch die gegenseitige „Erwartbarkeit" von Handlung und Gegenhandlung. Hierzu zählen auch die Verpflichtungen, die sich aus gegenseitigen Tauschgeschäften ableiten (vgl. Luhmann, 1999). Innerhalb der sich daraus ergebenden Interaktionen erfährt das Individuum (Handlungs-) Sicherheit durch die hohe Kooperationswahrscheinlichkeit des sozialen Netzes. Ohne Einbindung in ein soziales Netzwerk kann keine Handlungssicherheit entstehen, weil keinerlei gegenseitigen Verpflichtungen und Vertrauensvorschüsse oder gemeinsame Ziele existieren. Damit ist auch keine echte Autonomie möglich, weil Sie hochgradig vom Kooperationswillen Ihrer „Transaktionspartner" abhängen. Dieser Kooperationswille muss ohne bestehende soziale Verflechtung jedoch bei jedem Kontakt neu hergestellt werden.

Als Handballer haben Sie nur die Freiheit, den Pass zu werfen, wenn man Sie mitspielen lässt. Und dann geben die Positionen Ihrer Mitspieler Ihren Entscheidungsraum vor. Wenn Sie allein spielen, haben Sie nicht die Freiheit, einen Pass zu spielen. Wenn Sie die „Freiheit" nutzen, den Ball irgendwo hinzuschmeißen, wo niemand steht, leidet das Spiel und Ihre Mitspieler werden sich zweimal überlegen, ob Sie Ihnen erneut die Freiheit einräumen, den Ball wegzuschmeißen. Autonomie im Sinne der Selbstbestimmungstheorie erfordert die Eingebundenheit in ein soziales Netz und die weitgehende Annahme der geltenden (Spiel-) Regeln dieses Netzes.

Wie können Sie also Autonomie innerhalb sozialer Netzwerke gewinnen?

- **Beweisen Sie, dass Sie über bestimmte Kompetenzen verfügen.** Dieser Punkt knüpft unmittelbar an dem oben bereits gesagten an. Wenn Sie in Ihrem Gebiet als kompetent gelten, werden mit der Zeit immer mehr Entscheidungen über das „Wie" in Ihren Entscheidungsraum fallen. Man wird Ihnen mit wachsender Expertise immer weniger vorschreiben, wie etwas zu erledigen ist, sodass sie lediglich mit einer bestimmten Aufgabenstellung betraut werden und die Ausführung selbst bestimmen können.
- **Werden Sie zur Autorität.** Autorität ist eine spezielle Form des Vertrauens, die sich auf Ihr Können und Ihr Wissen bezieht. Damit sind wir wieder sehr dicht an der Forderung nach Kompetenzaufbau zur Sicherung von intrinsischer (selbstbestimmter) Motivation.

Die Herausbildung von Autorität geht aber noch etwas weiter. Wenn Sie in einem bestimmten Bereich Autorität genießen, wird man Sie nicht nur allein „machen lassen", sondern auch fragen, wie etwas am besten erledigt werden könnte. Innerhalb Ihres sozialen Kontextes erhalten Sie somit ein hohes Maß an Freiheit über Entscheidungen, Gestaltungsspielräume etc.

- **Vertreten Sie (regelmäßig) Ihre Meinung.** Aber auch ohne das stabile Fundament einer ausgeprägten Autorität erhalten Sie Autonomie durch die selbstbewusste Vertretung Ihrer Meinung – wo dies angemessen ist. Ihre Meinung muss nicht immer richtig sein und darf gerne reflektiert korrigiert werden. Dies gehört zur Herausbildung von Kompetenz! Wenn Sie Ihre eigene Meinung aber zu oft zurückstellen, werden Sie unweigerlich das Gefühl bekommen, immer mit dem Strom zu schwimmen und als Erfüllungsgehilfe anderer herzuhalten. Dann werden Sie auch das Empfinden haben, dass Ihr soziales Umfeld Sie eher einschränkt, als dass Sie frei darin agieren.

- **Bekommen Sie Ihre Zeit in den Griff.** Wir haben oben bereits festgestellt, dass Autonomie und die daraus erwachsende Motivation aus der (weitgehenden) Selbstbestimmung über die persönlichen Zeitressourcen entsteht. Wenn Sie stets von anderen getrieben werden, empfinden Sie Bedrängnis, Stress und vielleicht sogar Ängste. Daher sollten Sie auf Selbst- und Zeitmanagementtechniken zurückgreifen können, die speziell auf Ihre Arbeits- und/oder Lebenssituation abgestimmt sind.[10]

- **Meiden, ändern oder verlassen Sie direktive Umwelten.** Das Autonomieempfinden und damit eine wesentliche Voraussetzung für unsere intrinsische Motivation kann sehr stark durch besonders strenge oder eng gefasste Verhaltensregeln eingeschränkt werden. Wollen Sie sich gerade verändern oder überlegen Sie den Eintritt in ein neues System, z. B. indem Sie einen neuen Job annehmen oder einem Verein beitreten, sollten Sie auch immer prüfen, wie es um die Formulierung von Verhaltensregeln bestellt ist. Generell gibt es eigentlich kein Zuviel oder Zuwenig. Manche Menschen fühlen sich sehr wohl in den einigermaßen klaren Strukturen von Militär, Polizei oder Krankenhäusern, andere schätzen weniger strukturierte Umwelten. Hier sollte Klarheit über die persönliche Toleranz oder Präferenz herrschen, um sich nicht „eingesperrt" zu fühlen. Wenn Sie merken, dass Sie sich in einer bestimmten Umwelt „gefangen" fühlen, sollten Sie diese Umwelt nach Möglichkeit ändern oder verlassen.

- **Erkennen und nutzen Sie Spielräume und Ungewissheitszonen.** Alle Strukturen, Prozesse und Hierarchien gewähren Bereiche, die nicht hundertprozentig ausdefiniert und reglementiert sind. Hier bieten sich Möglichkeiten der freien Gestaltung und des Empfindens von persönlicher Wirksamkeit. In einigen Organisationen und Netzwerken sind diese *Spielräume* größer und in anderen sind sie etwas kleiner. Wie gut sind Sie darin,

---

[10] Gerne würde ich hier weiter in die Tiefe gehen, nur weiß ich aus meinen Kursen und Seminaren, dass die Bedingungen der Leser und Leserinnen sehr unterschiedlich sein können, sodass pauschale Empfehlungen aller Wahrscheinlichkeit nach ins Leere laufen und zu mehr Frust als Erfolg führen. In der Regel müssen passende Tools noch weiter modifiziert werden, um in der konkreten Arbeits- und Lebenssituation der Anwender wirklich helfen zu können.

diese Spielräume zu erkennen und für sich zu nutzen? Wenn Sie keine Spielräume erkennen, sollten Sie Ihren Blick schärfen, bei Kollegen und Kolleginnen abgucken oder in eine Umwelt wechseln, in der Sie solche Spielräume erkennen können.

Wie Sie sehen können, gibt es viele Möglichkeiten, das persönliche Autonomieempfinden zu steigern und dadurch Zugriff auf die leichte und energiespendende intrinsische Motivation zu erlangen. Ich bin mir sicher, dass Sie über die hier vorgestellten Anregungen hinaus noch weitere Möglichkeiten entdecken, Ihre eigene Freiheit innerhalb der sozialen Systeme, in denen Sie sich bewegen, zu steigern.

5.2.5 Soziale Eingebundenheit

Das Gefühl der sozialen Eingebundenheit erwächst aus einer Gegenseitigkeit von Selbst und Umwelt: Welche Bedeutung haben die Menschen um mich herum für mich selbst und welche Bedeutung glaube ich für sie zu haben? Sie sind sozial eingebunden, wenn sich ein Netz aus gegenseitigen Beziehungen entspinnt. Hier schwingt der Gedanke der *Reziprozität* (Gegenseitigkeit) mit. Reziprozität wird von Anthropologen als eines der Grundprinzipien menschlichen Miteinanders identifiziert (Bauer, 2007). Vereinfacht kann man sagen, dass es bei dem Reziprozitätsprinzip um Austauschbeziehungen geht. „Wie du mir, so ich dir" ist hier ein Leitmotiv. Man gibt etwas, wie z. B. Nähe, Geborgenheit, Mitgefühl, und erhält andererseits etwas dafür, wie z. B. Vertrauen, Zuneigung oder bei Bedarf ebenfalls Nähe, Geborgenheit, Mitgefühl. Was sich hier wie ein kalter ökonomischer Austauschprozess beschreiben lässt, ist aus anthropologischer Sicht gut nachvollziehbar: Soziale Sicherheit und Geborgenheit waren in den frühen Gruppen, Sippen und ersten Gesellschaften von entscheidender Bedeutung, wenn es um das Überleben ging: Wenn mir oder meinen Lieben etwas passiert, dann sorgt die Gruppe, Sippe, Familie für die Zurückgebliebenen. Wenn sich jemand verletzt, dann ernähre ich ihn mit – und ich darf davon ausgehen, dass auch ich ernährt werde, wenn mir etwas geschieht.[11] Dies wirkt einerseits präventiv gegen Ängste und Zweifel und andererseits kurativ in akuten Stress- und Belastungssituationen. Durch unsere (guten) Beziehungen können wir demotivierenden und zehrenden Faktoren wie Angst, Stress oder sonstige Belastungsempfindungen vorbeugen, und sind in der Lage, weitere Motivation zu generieren, z. B. wenn wir uns bewusst sozialen Verpflichtungen aussetzen.

Die soziale Eingebundenheit hat aber auch noch eine andere Bedeutung für uns. Wir werden durch unser soziales Umfeld in unserem Handeln unterstützt oder korrigiert. *Extrinsische* Motivationsfaktoren werden durch die Bestätigung oder die Ablehnung des sozialen Umfeldes gestärkt bzw. geschwächt. Das führt so weit, dass wir uns mit den extrinsischen Motivationsfaktoren identifizieren oder sie gar in unser Persönlichkeitsbild

---

[11] Dass dies nicht in allen Jäger- und Sammlergesellschaften so war, kann man bei Jarod Diamond (2007, Arm und Reich. Schicksale menschlicher Gesellschaften) nachlesen.

integrieren. In Form von Bestätigung und Ablehnung erfahren wir also unsere Sozialisation. Sie hat recht großen Einfluss auf unsere Werte, Normen und Glaubenssätze. Auch unsere Motive werden durch unser soziales Umfeld mitgeprägt. Wir erfahren, was in unserem Umfeld toleriert wird und an welcher Stelle wir z. B. unser Machtmotiv hemmen müssen, um weiterhin am sozialen Austausch teilnehmen zu können. Damit hat das soziale Umfeld einen wesentlichen Einfluss auf unsere Motivstruktur (Deci & Ryan, 1993, 2008).

Soziale Eingebundenheit heißt Feedback zu erhalten
Über den „Wirkpfad" des Feedbacks hat unsere soziale Eingebundenheit aber auch Auswirkungen auf unsere intrinsische Motivation. „*Intrinsische* Verhaltensweisen sind auf die Gefühle der Kompetenzerfahrung und Autonomie angewiesen" (Deci & Ryan, 1993, S. 230, Hervorhebung durch den Autor), die Resonanz zur Bestätigung dieser Gefühle und somit die Bestätigung und Bekräftigung dieser Erfahrungen bekommt das Individuum wiederum aus seinem sozialen Umfeld. Das soziale Umfeld stellt uns also quasi eine Bescheinigung aus, dass unser Empfinden von Autonomie und Kompetenz tatsächlich korrekt ist. Indem wir für unser Verhalten gelobt oder getadelt werden, erhalten wir wichtiges Feedback, das uns anzeigt, ob wir auf der richtigen Spur sind – unsere intrinsische Motivation wird gestärkt, wenn wir positives Feedback bekommen.

Soziale Eingebundenheit sorgt also für Motivation, weil wir uns in der Gruppe geborgen und sicher fühlen können – wir dürfen etwas wagen, ohne gleich die schlimmsten Folgen befürchten zu müssen. Außerdem bestimmt der Grad und die Art unserer sozialen Eingebundenheit, welche Impulse wir für unser Persönlichkeitsbild (Motive, Werte, Normen etc.) bekommen – damit werden intrinsische und extrinsische Motivatoren durch unser soziales Umfeld gestärkt. Letztlich dient unser soziales Umfeld als Spiegel, der Auskunft darüber gibt, wie autonom und kompetent wir tatsächlich sind. Autonomie und Kompetenz findet Widerhall in unseren Beziehungen – ob privater oder beruflicher Natur. In unseren Beziehungen erhalten wir die notwendige Resonanz (Feedback), die uns Auskunft über Art und Qualität unserer persönlichen Kompetenzen liefert. Darüber hinaus erfahren wir über unsere soziale Eingebundenheit Sicherheit und Rückhalt in schwierigen Lebenslagen. Damit hat die soziale Eingebundenheit wesentlichen Einfluss auf zwei intrinsische Motivatoren.

Vertrauen als Grundlage sozialer Eingebundenheit
Wir können unsere sozialen Netzwerke pflegen, indem wir uns verbindlich bzw. verlässlich zeigen. Wenn die Menschen um uns herum sich auf uns verlassen können, werden sie uns Vertrauen schenken, gerne mit uns zusammen etwas anpacken und uns helfen, wenn wir einmal Hilfe benötigen. Verbindlichkeit und Verlässlichkeit vermitteln wir dabei auf zwei Ebenen. Zum einen sind es die Versprechen, die wir halten. Sei dies in Hinsicht auf Termine oder die Qualität bestimmter Zuarbeit oder die Erledigung irgendwelcher Dinge. „Versprochen wird nicht gebrochen" – und man hält sich daran. Beruflich sollte dies auch

gelten – immer. Dies sind die expliziten Versprechen, die wir machen und über deren Einhaltung wir nach und nach immer mehr Vertrauen gewinnen und unser soziales Netzwerk belastbarer machen.

Daneben gibt es noch einen impliziten Pfad. Hier geht es vor allem um die Erwartungen, die wir unausgesprochen aneinander richten. Dies erfolgt in der Regel über bestimmte, mehr oder weniger ausformulierte, jedenfalls nicht immer wieder wiederholte Regeln, Normen und Werte einer Gruppe. In manchen Umwelten „gehören sich" einige Dinge, andere sind „ungehörig". Normative Erwartungen spielen hier eine besondere Rolle beim Aufbau und der Pflege von Beziehungen. Die Einhaltung normativer Erwartungen (implizit) und die Realisierung von Versprechen (explizit) führen zu Einzahlungen auf unser Beziehungskonto. Die Verletzung von Normen und die Missachtung von gegebenen Versprechen und Zusagen führen zu Abbuchungen. Und spätestens unterhalb der Nulllinie dieses Kontos resultieren Konflikte.[12]

Ihre soziale Eingebundenheit spendet Ihnen die Sicherheit, die Geborgenheit und den sozialen Rückhalt, um demotivierenden Faktoren Ihrer Umwelt zu begegnen und verpflichtet Sie darüber hinaus zu bestimmten, in ihrem Umfeld funktionalen Verhaltensweisen (extrinsische Motivation durch identifizierte bzw. integrierte Regulation).

5.2.6 Forderungen der Selbstbestimmungstheorie

Die Selbstbestimmungstheorie hat uns bisher ein erweitertes Verständnis von Motivation geliefert. Die dichotome Unterscheidung von intrinsischer und extrinsischer Motivation wird aufgelöst, so erhalten wir einen differenzierteren Blick auf das, was uns bewegt. Außerdem haben wir erfahren, welche Bedürfnisse erfüllt sein müssen, damit wir motiviert handeln können. Darüber hinaus formuliert die Selbstbestimmungstheorie aber auch noch weitere Bedingungen, die gegeben sein sollten, um eine optimale *Lernumgebung* (= Bedingung für persönliches Wachstum) zu gestalten. Hierin wird ihr Ursprung in der Pädagogik und der starke Bezug zu ihr am deutlichsten. Es werden Forderungen formuliert, die in vielen wirtschaftlichen Kontexten (noch) nicht ohne Weiteres umgesetzt werden können.[13]

Da die Voraussetzungen zur Erfüllung der Forderungen aus der Selbstbestimmungstheorie jedoch sehr unterschiedlich sein können, will ich sie kurz vorstellen. Diese Forderungen sind sicherlich grundsätzlich vernünftig und sollten in der beruflichen und privaten Realität auf Umsetzbarkeit geprüft werden. Die Selbstbestimmungstheorie fordert:

---

[12] Mit normativen Erwartungen und dem Beziehungskonto habe ich mich an anderer Stelle ausführlicher beschäftigt (Hilmer, 2021).

[13] Zur weiterführenden kritischen Auseinandersetzung s. auch Rheinberger & Engeser (2018) sowie die dort zitierte Literatur.

- **Begründungen,** die den Sinnzusammenhang einer Aufgabe mit anderen Aufgaben oder einem „größeren Ganzen" herstellen. Demnach soll eine (Lern-)Umgebung so gestaltet werden, dass Sie Sinn vermitteln kann.
- **Ermöglichung von Eigeninitiative,** um den Lernenden die Möglichkeit zu geben, Selbstwirksamkeitserfahrungen zu sammeln.
- **Verzicht auf Leistungsvergleich,** z. B. in Form von Noten, der im Sinne extrinsischer Motivatoren überwiegend leistungsmindernd wirkt.
- **Verzicht auf normative Zielvorgaben,** die die Leistungen der Lernenden in einen wertenden Kontext stellen. Dieser wertende Kontext erscheint uns z. B. in Form von Leistungsskalen, aber auch durch explizite, wertgetriebene Vorgabe von „gut" und „schlecht". Solche Kategorien sollen vermieden werden.
- **Verzicht auf ergebnisabhängige Belohnung,** die die Leistung eines Menschen in direkten Zusammenhang mit einem materiellen Gegenwert setzt.
- **Vermeidung von Über- und Unterforderung,** die demotivierend wirken, weil sie die leistenden Personen vor Aufgaben stellen, die erkennbar nicht realisierbar oder zu weit unter ihren tatsächlichen Möglichkeiten liegen.

Der Forderung nach einer so gestalteten (Lern-)Umgebung liegt die Erkenntnis zugrunde, dass die intrinsische Motivation von Menschen, u. a. getrieben von Neugier und dem Wunsch Dinge zu erforschen, durch „kontrollierende Maßnahmen und Ereignisse, die Druck" (Deci & Ryan, 1993, S. 230) erzeugen, gehemmt oder verhindert werden. Für die intrinsische Motivation werden hingegen u. a. (konstruktives) Feedback, Eigeninitiative, Wahlfreiheit oder die Erwartung, positive Selbstwirksamkeitserfahrungen sammeln zu können, als förderlich angesehen (vgl. Ericsson & Pool, 2016; Deci & Ryan, 1993, 2008).

Grenzen der Umsetzbarkeit

Die so formulierten Forderungen treffen jedoch teilweise hart auf die Realität in vielen (wirtschaftlich geprägten) Umwelten. Die Forderungen der Selbstbestimmungstheorie sind (derzeit) nicht auf alle denkbaren Anwendungsfelder übertragbar. Dies u. a. auch deswegen, weil es vor allem im beruflichen Kontext nicht immer nur um Lernprozesse, sondern sehr häufig auch um das reine Abrufen von Gelerntem oder die Bedienung reiner Standardprozesse zur Aufgabenerfüllung geht. Lernen ist ein wichtiger Bestandteil, aber nicht (überall) der Kern wirtschaftlicher Tätigkeit.

So kann man diese Forderungen, auch wenn sie generell sinnvoll erscheinen, in den meisten wirtschaftlichen Kontexten nur bedingt umsetzen. Mindestens der **Verzicht auf Leistungsvergleich** und **ergebnisabhängige Belohnung** sind vor dem Hintergrund von leistungsgerechter Vergütung nicht in Reinform realisierbar. Das Resultat würde wahrscheinlich von vielen Menschen – u. a. aufgrund ihrer unterschiedlichen Motivlagen – als ungerecht oder willkürlich wahrgenommen werden. Darüber hinaus sind in vielen Bereichen – gerade vor dem Hintergrund der (immer) aktuellen *New Work-Debatte*[14] –, die ergebnisabhängigen Belohnungen wieder auf dem Vormarsch, weil argumentiert wird, dass nicht die 40-stündige Anwesenheit am Arbeitsplatz, sondern der Beitrag zum Unternehmenserfolg als Vergütungsgrundlage herangezogen werden soll. Dies sind nichts anderes als verkapselte Leistungsprämien (eben ergebnisabhängige Belohnung), denn der Leistungsgrad muss anhand von Zielvorgaben und im Vergleich zu anderen Lohnempfängern (eben Leistungsvergleich) quantifiziert und verglichen werden.[15]

Der **Verzicht auf normative Zielvorgaben** ist mindestens vor dem Hintergrund durchgreifender und derzeit noch notwendiger gesellschaftlicher Normvorgaben nicht umsetzbar. Ziele müssen in vielen Bereichen durch Normen und Regeln begrenzt bzw. vordefiniert werden, um ungewollte Entwicklungen, Mitnahmeeffekte und Ausbeutung zu begrenzen. Es sind z. B. Lernerfahrungen von Individuen und ganzen Organisationen vorstellbar, die durchaus betriebswirtschaftliche Optimierungen und Effizienzsteigerungen bedeuten, normative Vorgaben dabei jedoch völlig außer Acht lassen. Umwelt- und Naturschutzrecht, Antidiskriminierungsgesetze, die Festlegung des Mindestlohns, Antikorruptionsmaßnahmen etc. sind normative Ziel- bzw. Rahmenvorgaben, die nicht nur die Unternehmen und Organisationen betreffen, sondern auch auf die individuelle Handlungsebene durchschlagen. Hier setzen sie dem grundsätzlich Denkbaren teilweise wichtige Grenzen. Es wird also notwendigerweise zwischen „gut" und „schlecht" unterschieden werden müssen. Diese Notwendigkeit ist derzeit in vielen Kontexten gar nicht auflösbar. Und das gilt auch vor dem Hintergrund des *Personal Performance Managements,* weil eine Verletzung der vorgegebenen Normen nämlich zu erheblichen Sanktionen durch den Partner, Arbeitgeber oder der Exekutive führen kann, die wiederum im krassen Gegensatz zu unserer persönlichen Leistungssteuerung stehen würden.

Was machbar ist und gemacht werden sollte
Im Rahmen der persönlichen Leistungssteuerung, aber auch der Arbeitsplatzgestaltung von Mitarbeitern und Kollegen, scheinen die Forderungen nach **Begründung,** der **Ermöglichung von Eigeninitiative** sowie der **Vermeidung von Über- und Unterforderung** am

---

[14] Frithjof Bergmann hat das New-Work-Konzept bereits in den 1970er-Jahren aus der Taufe gehoben.

[15] Ein Gegentrend zeichnet sich in der Diskussion zum *bedingungslosen Grundeinkommen* ab – übrigens ebenfalls in Zusammenhang mit der *New Work-Diskussion.* Bei einer Realisierung dieses Vorhabens würde die extrinsische Motivationswirkung des Gehalts je nach Höhe des bedingungslosen Grundeinkommens im gesellschaftlichen Durchschnitt reduziert oder aufgehoben werden. Ein immer wieder vorgebrachtes Gegenargument zum bedingungslosen Grundeinkommen lautet daher auch, dass insbesondere diejenigen Tätigkeiten unter einem bedingungslosen Grundeinkommen leiden würden, deren Ausübung auf eine hohe bzw. überwiegende extrinsische Motivation durch den Arbeitslohn angewiesen sind, weil sie wegen der psychischen oder physischen Anstrengungen nur wenige Grundlagen für intrinsische Motivation bieten und daher von viel weniger Menschen freiwillig ausgeübt werden würden.

erreichbarsten. Diese Merkmale optimaler Lernumgebungen sind nicht nur durch die Vorgesetzten oder die organisatorische Gestaltung der Arbeit, sondern auch durch uns selbst gestaltbar. Insbesondere wenn Sie im Rahmen Ihres *Personal Performance Managements* zu dem Schluss gekommen sind, dass Sie ein selbstverantwortliches und selbstbestimmtes Leben führen wollen. Sie können selbst Begründungen für Ihr Handeln suchen oder einfordern. Sie können Über- und Unterforderung entgegenwirken und Eigeninitiative bei der Ausgestaltung Ihrer Arbeit ergreifen. Die Chancen, dies erfolgreich umzusetzen, sind vor dem Hintergrund von z. B. Arbeitsschutzgesetzen (normative Vorgaben) und *New Work* besser als je zuvor.

Begründungen einzufordern und selbst zu geben, ist eine Forderung, die wir sehr gut realisieren können. Wir können zwar nicht sicherstellen, dass wir verstanden werden oder andere in ihrem Denken, Reden oder Handeln verstehen, aber den Versuch können wir machen. Außerdem sollten wir unser eigenes Handeln darauf prüfen, ob wir uns selbst eine Begründung geben können, und ob wir dieser auch folgen können. Aber eine Begründung für unser Handeln suchen wir nicht immer. Oft machen wir Dinge aus Gewohnheit oder weil wir es nie anders gelernt haben. Dann hinterfragen wir diese Handlungen möglichweise auch nicht. Dass wir unser Handeln vor uns selbst begründen können, ist jedoch ein wesentlicher Motivationsfaktor! Wenn unser Handeln einmal extrinsisch motiviert ist, können wir dieser extrinsischen Motivation umso leichter folgen, je nachvollziehbarer die Begründungen für uns sind. Auch hier sind wir also gefordert, nach Begründungen zu fragen. Erkennen wir den Sinn hinter unserem Tun nicht, weil uns eine entsprechende Begründung fehlt, fallen uns Identifikation und Engagement für eine Sache schwer und wir müssen uns zu entsprechenden Handlungen „kostenintensiv" überwinden.

Eine ähnliche Argumentation gilt für die **Ermöglichung von Eigeninitiative.** Wir können sie anderen gewähren und für uns einfordern. Dass wir nach Eigeninitiative streben, ist wichtig für unser *Personal Performance Management,* denn erst ab einem bestimmten Grad von Eigeninitiative können wir Selbstbestimmung überhaupt empfinden. Sie kann nur dort von uns erkannt werden, wo wir uns nicht mehr von anderen Menschen getrieben fühlen, sondern Gestaltungsspielräume wahrnehmen und ausnutzen. Da unsere Umwelten jedoch nicht alle in gleicher Weise darauf ausgelegt sind, Eigeninitiative zu fördern oder zu gewähren, sind wir selbst gefragt, Freiräume und „Unbestimmtheitszonen" zu erkennen und den Willen zu entwickeln, diese Zonen auch nach eigenen Möglichkeiten und Wünschen zu gestalten.[16] Für die persönliche Leistungssteuerung ist wichtig zu begreifen, dass auch in stark formalisierten Strukturen immer Möglichkeiten bestehen, Eigeninitiative zu ergreifen. Teilweise wird sogar dahingehend argumentiert, dass es insbesondere die am stärksten formalisierten Strukturen sind, die einen hohen Grad an unangepasster Eigeninitiative *erfordern*, um die betreffenden Strukturen überhaupt am Leben zu erhalten (vgl. Kühl, 2015; Luhmann,

---

[16] Unbestimmtheitszonen auszunutzen, ist Teil mikropolitischen Verhaltens. Eigeninitiative auszuüben, können Sie also gerne als Aufforderung verstehen, sich mikropolitisch zu betätigen. Hinweise, Anregungen und weitere Literatur dazu finden Sie bei Neuberger (2006), Küpper und Ortmann (1992) und Hilmer (2019a, b).

1999). Wer schon einmal behördlich organisierte Strukturen kennengerlernt hat, in denen die Mitarbeiter sich konsequent an das geschriebene Wort halten, weiß vielleicht, wovon ich rede.

Dass die **Vermeidung von Über- und Unterforderung** einen wesentlichen Beitrag zum *Personal Performance Management* leistet, sollte jedem Leser und jeder Leserin intuitiv zu erschließen sein. Bei der Frage nach dem „Wie" hoffe ich mit den bereits erwähnten und den noch folgenden Informationen und Einordnungen ausreichend Hinweise für die persönliche Steuerung zu liefern. Dennoch sei noch einmal auf einen Punkt hingewiesen, der mir aus Sicht eines Sportlers in Bezug auf diesen Punkt besonders wichtig ist: Vermeiden Sie Überforderung nicht zu konsequent! Generell ist es so, dass wir uns nicht nur besonders wohlfühlen, wenn die Anforderungen und persönlichen Fähigkeiten auf einem relativ *hohen* Level aufeinandertreffen, sondern dann auch besonders leistungsfähig sind, und dies auch so empfinden. Selbstwirksamkeitsempfinden wird wahrscheinlicher, wenn sich Anforderungen und Leistungsfähigkeit auf einem hohen Niveau treffen. Darüber hinaus sind wir als Menschen unglaublich anpassungsfähig. Bewegen wir uns ständig unter unseren Leistungsgrenzen, regulieren sich diese Leistungsgrenzen selbst herunter. Was wir nicht brauchen, rationalisieren wir weg. Dies gilt nach meinen Erfahrungen in gleicherweise für körperliche und geistige Fähigkeiten und Fertigkeiten. Menschen, die ihren Körper regelmäßig stressen, indem sie ihn im Training gesteigerten Anforderungen aussetzen, erreichen einen höheren und stabileren persönlichen Leistungsgrad, als täten sie dies nicht. Das gleiche Prinzip gilt für geistige und psychische Anstrengungen und deren Folgen. Wer beispielsweise Erfahrungen mit Stresssituationen sammelt und diese erfolgreich verarbeitet (!), wird bei einer kommenden Stresssituation bessere Bewältigungsstrategien parat haben als jemand, der Stresssituationen generell vermeidet und diese nicht oder dysfunktional verarbeitet. Das ist ausdrücklich kein Aufruf, Stress zu suchen! Wer sein Leben so gestalten kann, dass *sicher* keine psychischen Extremsituationen zu erwarten sind, braucht natürlich auch keine allzu große Stressresistenz trainieren und parat halten – das würde wiederum nur unnütze „Kosten" verursachen.

Wie weit die Forderungen der Selbstbestimmungstheorie erfüllt werden können, hängt wesentlich von den Umweltbedingungen ab, unter denen wir uns bewegen. Selbst wenn wir zu dem Schluss kommen, dass alle Forderungen der Selbstbestimmungstheorie erstrebenswert wären, müssen wir vor dem Hintergrund von Aufwand-Nutzen-Erwägungen zu dem Schluss kommen, dass wir wahrscheinlich nicht alle Bedingungen zur Gestaltung einer optimalen (Lern-)Umgebung erfüllen können. In einigen Kontexten wird es wahrscheinlicher sein, dass wir viele dieser Forderungen umsetzen können – in anderen weniger.

5.3   Flow und Selbstbestimmung im Personal Performance Management

Mit dem Flow und der Selbstbestimmungstheorie haben wir in diesem Kapitel zwei Vertiefungen unseres Verständnisses von Motiven und Motivation kennengelernt. Der Flow, das fließende Erleben, das Aufgehen in der Handlung und dem Moment, erlaubt es uns offenbar unter höchster Ressourceneffizienz an einer Sache zu arbeiten – wenn die Bedingungen dafür stimmen. Eine der vielleicht wichtigsten Bedingungen für den Flow ist die passende Kombination von Anforderungen und Fähigkeiten auf einem gehobenen bis *hohen* Niveau. Dabei darf die Grenze zur Überforderung durchaus berührt werden. Unter diesen Bedingungen werden Sie herausgefordert, Ihre volle Konzentration der Aufgabe zu widmen und sich von den weltlichen Dingen zu lösen. Gelingt dies, tauchen Sie quasi in die Aufgabe ein und werden eins mit der Handlung selbst. Zweifel werden ausgeblendet, Sie haben das Gefühl von Kontrolle und wissen in jedem Moment, was zu tun ist. Der Verlust des Selbst- und des Zeitgefühls unterstützt dabei nicht nur die Vertiefung in die Aufgabe, sondern auch die optimale Ressourcenverwendung. Sie brauchen sich nicht um die sonstigen Ablenkungen kümmern, um sie gewaltsam auszusperren. Dies gelingt Ihnen im Flow wie von allein.

Als autotelische Persönlichkeit sind Sie in der Lage, selbst Tätigkeiten, die wenig Eignung für ein Flow-Erleben zu haben scheinen, mit Attributen anzureichern, die die völlige Versenkung unterstützen. Hierbei hilft Ihnen die Fähigkeit, konsequent Störungen von außen zu unterbinden. Im hektischen Arbeitsalltag gehört hierzu eine gute Vorausschau in Bezug auf unvermeidliche Störungen und eher störungsärmere Zeiten. Das kann von Arbeitsplatz zu Arbeitsplatz sehr unterschiedlich sein. Es sind nicht immer die ersten Stunden des Tages, wie es meistens in den Zeit- und Selbstmanagementseminaren erzählt wird. Jede Tätigkeit, jede Position hat ihre ganz eigenen Anforderungen und Möglichkeiten. Um diese Zeiten ideal zu nutzen, müssen Sie auch in der Lage sein, kurzfristig einen hohen Grad der Fokussierung aufzubauen. Je kurzfristiger Sie sich tief in eine Aufgabe versenken können, je schärfer Ihr Fokus dabei ist, desto leichter wird es Ihnen fallen, auch in kurzen Zeitintervallen in einen Flow – oder zumindest in einen Flow-ähnlichen Zustand – zu kommen. Das Gute dabei: Konzentration lässt sich recht gut trainieren. Der Verzicht auf die in vielen Bereichen schon obligatorischen elektronischen Hilfsmittel ist dabei jedoch Pflicht. Das ständige Blinken, Pingen, Summen und Vibrieren stören die Konzentration auf dem Weg in die tiefe Fokussierung. Ist man einmal tief konzentriert, besteht eine gute Chance, dass man die aufmerksamkeitsfordernden kleinen Signale ausblenden kann.

Und dann sprachen wir noch von der Erkenntnis, dass Mindfullness, also die Achtsamkeit sich selbst gegenüber, ausgesetzt werden muss, wenn man in den Flow gelangen will. In diesem Sinne ist der Flow ziemlich unmodern, weil man fast an jeder Ecke zu hören bekommt, dass man sich mehr auf sich selbst fokussieren solle, um die eigenen Bedürfnisse zu decken. Der Flow fordert hingegen, dass der Mensch sich nicht um sich kümmert, sondern vollkommen die Bereitschaft zeigt, in der Aufgabe aufzugehen. Sich selbst aufzugeben und hintanzustellen. Wenn uns das Interesse an der Aufgabe nicht dazu verleitet, kann das ein schwieriges – aber lohnendes – Unterfangen sein. Wir unterstützen unseren Weg in den Flow, wenn wir vorausschauend die ärgsten psychischen und physischen Bedürfnisse bereits befriedigt haben. Insofern müssen wir zunächst achtsam sein, bevor wir die Achtsamkeit an den Nagel hängen, um in den Flow einzutauchen und dabei alle noch offenen Bedürfnisse ignorieren.

Dann im Flow angekommen, funktionieren Sie fast im Autopiloten. Sie sollten nur beachten, dass Sie vorher auch wirklich in die richtige Richtung gestartet sind. Im Flow handeln wir des Handelns wegen, nicht um schließlich das Ziel zu erreichen. Wenn wir den Flow gezielt einsetzen, wird es uns jedoch in der Regel gerade darum gehen, dass wir ein bestimmtes und nicht irgendein Ziel erreichen. Daher die Warnung, das richtige Ziel anzupeilen.

Außerdem sollten Sie bedenken, dass Sie auch im Flow Energie verbrauchen. Es fühlt sich zwar nicht so an und wir sind auch effizienter im Ressourceneinsatz, wenn wir im Flow sind, doch Kraft kostet auch diese spezielle Form des Arbeitens. Daher sollten Sie sich nach einem Flow-Erleben auch bewusst um die Regeneration Ihrer Kräfte sorgen. Machen Sie eine kleine Pause, entspannen Sie sich und versuchen Sie die Gedanken schweifen zu lassen, um sie später wieder fokussieren zu können. *Personal Performance Management* lebt auch vom Wechsel von Anspannung und Entspannung.

Die Selbstbestimmungstheorie hat uns ebenfalls vertiefende Erkenntnisse zu Motiven und Motivation gewährt. Sie legt Ihren Schwerpunkt jedoch anders. Autonomie, Kompetenz und soziale Eingebundenheit sind die sehr vertraut wirkenden Schlagworte, um die sich die Theorie aufbaut. Sind diese Grundbedürfnisse des Menschen gedeckt, empfindet er Freude an und eine intrinsische Motivation zur Arbeit. Gelingt es uns, unsere Arbeit so zu gestalten, dass wir in einem selbstgewählten Arbeitsumfeld freiwillig tun, was wir können und wozu wir uns befähigt fühlen, ist die Wahrscheinlichkeit groß, mit dem zufrieden zu sein, was man tut.

Dabei ist jedoch einiges zu beachten: Der Grad, in dem die Grundbedürfnisse bei den Menschen gedeckt sein müssen, ist von Individuum zu Individuum unterschiedlich. Manche Menschen kommen schon mit weniger sozialer Eingebundenheit aus als andere. Manchem gelingt es in objektiv stark reglementierten Arbeitswelten, einen hohen Grad an Autonomie zu empfinden – z. B. durch die Anwendung mikropolitischer Taktiken. Währenddessen fühlen sich Menschen mit objektiv gesehen hohen Freiheitsgraden gefangen in Anforderungen und Fristen. Die Bewertungen können sehr stark auseinanderfallen.

Außerdem hat uns die Selbstbestimmungstheorie ein erweitertes Verständnis von intrinsischer und extrinsischer Motivation beschert. Demnach bedeutet die intrinsische Motivation weiterhin den höchsten Grad an Selbstbestimmtheit. Wenn man intrinsisch motiviert ist, macht man die Dinge ihrer selbst wegen. Hier gibt es eine eindeutige Schnittmenge mit dem Flow-Konzept. Andererseits erfährt die extrinsische, also die auf ein bestimmtes Ziel gerichtete Motivation eine reichhaltige Schattierung. Im Kern sagt die

Erweiterung des extrinsischen Motivationskonzeptes aus, dass man extrinsische Motivation über die Zeit bewusst oder unbewusst verinnerlichen – oder: adaptieren – kann. Man macht sie zu einem Teil von sich selbst, sodass Demotivierungseffekte, die der extrinsischen Motivation bis dahin nachgesagt worden sind, nicht mehr immer motivationalen Schaden anrichten. Vielmehr sind extrinsische Anreize, wie sie z. B. durch Glauben, Werte und Normen transportiert werden, bei erfolgreicher Integration in das Selbstkonzept eines Menschen ebenfalls geeignet, motivierend und somit leistungsförderlich zu wirken.

Für das *Personal Performance Management* leiten sich hieraus mindestens zwei Forderungen ab: Versuchen Sie sich Ihre Arbeit und Ihr Leben so einzurichten, dass Sie Autonomie, Kompetenz und soziale Eingebundenheit wahrnehmen können – ganz nach Ihren persönlichen Erfordernissen. Außerdem sollten Sie nicht darauf warten, dass sich bei Ihnen eine intrinsische Motivation rührt, die es Ihnen erleichtert, die Dinge zu tun, die der Job nun einmal von Ihnen fordert. Der Mensch ist in der Lage, extrinsische Motivation zu verinnerlichen, zu integrieren, sodass sie einen ähnlichen motivationalen Effekt entwickeln kann wie die intrinsische Schwester. Dies müssen Sie allerdings wollen und gezielt unterstützen. Dann können Sie für sich z. B. Normen annehmen und zur Leistungssteigerung einsetzen, die ihren Ursprung gar nicht in Ihnen, sondern in der Umwelt hatten.

Im nächsten Kapitel wollen wir uns eingehender mit Zielen und ihrem Verhältnis zu unseren Motiven auseinandersetzen. Wir haben vielleicht schon über die Diskussion zur extrinsischen Motivation erfahren, dass Ziele etwas durchaus „Künstliches" sein können. Sie entspringen nicht zwangsläufig unseren Motiven oder unserer intrinsischen Motivation. Sie werden auch einmal von außen bestimmt oder wir geben sie uns selbst entgegen unseren eigenen Bedürfnissen auf. Die in diesem Kapitel vermittelten Kenntnisse zur Motivation bilden ein fundiertes Hintergrundwissen, um Ziele aus einer Perspektive zu betrachten, die uns weit von SMART und KREOL entfernt.

Literatur

Bauer, J. (2007). *Prinzip Menschlichkeit. Warum wir von Natur aus kooperieren.* Hoffmann und Campe.

Beck, H. (2016). *Hirnrissig. Die 20,5 größten Neuromythen - und wie unser Gehirn wirklich tickt.* Goldmann.

Brandstätter, V., Schüler, J., Puca, R. M., & Lozo, L. (2018). *Motivation und Emotion. Allgemeine Psychologie für Bachelor.* Springer.

Czikszentmihalyi, M. (2012). *Flow im Beruf. Das Geheimnis des Glücks am Arbeitsplatz.* Klett-Cotta.

Czikszentmihalyi, M. (2013). *Flow. Das Geheimnis des Glücks.* Klett-Cotta.

Deci, E. L., & Ryan, R. M. (1993). Die Selbstbestimmungstheorie der Motivation und ihre Bedeutung für die Pädagogik. *Zeitschrift für Pädagogik, 39,* 223–238.

Deci, E. L., & Ryan, R. M. (2008). Self-determination theory: A macrotheory of human motivation, development, and health. *Canadian Psychology, 49,* 182–185.

Diamond, J. (2007). *Arm und Reich. Die Schicksale menschlicher Gesellschaften.* Fischer.

Dweck, C. (2017). *Selbstbild. Wie unser Denken Erfolge oder Niederlagen bewirkt.* Piper.

Ericsson, K. A., & Pool, R. (2016). *Top: Die neue Wissenschaft vom bewussten Lernen.* Pattloch.

Goleman, D. (2014). *Konzentriert Euch! Eine Anleitung zum modernen Leben.* Piper.

Heckhausen, J., & Heckhausen, H. (Hrsg.). (2018). *Motivation und Handeln.* Springer.

Hilmer, H. (2019a). *Machtspiele in Projekten - das Regelwerk. Mikropolitik - heiligt der Zweck tatsächlich die Mittel? Teil 1: Mikropolitik ist unvermeidlich aber beherrschbar.* Von Projektmagazin: https://www.projektmagazin.de/artikel/mikropolitik-machtspiele-projekten-teil-1-mikropolitik-ist-unvermeidlich-aber-beherrschbar. abgerufen

Hilmer, H. (2019b). *Machtspiele in Projekten - das Regelwerk. Mikropolitik - heiligt der Zweck tatsächlich die Mittel? Teil 2: Wann darf ich Mikropolitik einsetzen und wann nicht?* Von Projektmagazin: https://www.projektmagazin.de/artikel/mikropolitik-machtspiele-projekte-Teil2. abgerufen

Hilmer, H. (2021a). *Konflikte in Projekten. Erklärungsmodelle, Methoden und Lösungen für eine bessere Konfliktkompetenz.* Springer Gabler.

Kaufman, S. B. (2021). *Narzissmus. Spiritualität auf Abwegen.* Von Sepktrum.de: https://www.spektrum.de/news/yoga-und-meditation-ein-spiritueller-deckmantel-fuer-narzissmus/1938055. abgerufen

Kehr, H. M. (2004a). a). Integrating implicit motives, explicit motives, and perceived abilities: The compensatory model of work motivation and volition. *Academy of Management Review, 29,* 479–499.

Kehr, H. M. (2004b b). Implicit/explicit motive discrepancies and volitional depletion among managers. *Personality and Social Psychology Bulletin, 30*(3), 315–327.

Kehr, H. M. (2014). Das 3 K-Modell der Motivation. In J. Felfe (Hrsg.), *Trends der psychologischen Führungsforschung. Neue Konzepte, Methoden und Erkenntnisse* (S. 103–116). Hogrefe.

Kehr, H. M., Strasser, M., & Paulus, A. (2018). Motivation und Volition im Beruf und am Arbeitsplatz. In J. Heckhausen, & H. Heckhausen (Hrsg.), *Motivation und Handeln* (S. 593–614). Springer.

Kühl, S. (2015). *Sisyphos im Management. Die vergebliche Suche nach der optimalen Organisationsstruktur.* Campus.

Küpper, W., & Ortmann, G. (1992). *Mikropolitik. Rationalität, Macht und Spiele in Organisationen.* Springer.

Luhmann, N. (1999). *Funktionen und Folgen formaler Organisation.* Duncker & Humblot.

Manhart, K. (2010). Die Grenzen der Gleichzeitigkeit. *Gehirn & Geist. Basiswissen. Denkn, Fühlen, Handeln. Grundlagen der Psychologie, 1/2010,* 86–91.

Neuberger, O. (2006). *Mikropolitik und Moral in Organisationen. Herausforderung der Ordnung.* Lucius & Lucius.

Newport, C. (2020). *Konzentriert arbeiten Regeln für eine Welt voller Ablenkung.* Redline.

Heute, P. (2014). Multitasking? Vergiss es! *Psychologie Heute, 2*(2014), 28–29.

Rheinberger, F. (2002). Freude am Kompetenzerwerb, Flow-Erleben und motivpassende Ziele. In M. v. Salisch (Hrsg.), *Emotionale Kompetenz entwickeln* (S. 179–206). Kohlhammer.

Rheinberger, F., & Engeser, S. (2018). Intrinsische Motivation und Flow-Erleben. In J. Heckhausen & H. Heckhausen (Hrsg.), *Motivation und Handeln* (S. 423–450). Springer.

Sachse, R. (2020b). *Selbstregulation und Selbstkontrolle.* Hogrefe.

Seneca, L. A. (1992). *Von der Seelenruhe.* Insel Taschenbuch.

Triemer, A. (2001). *Ambulantes psychophysiologisches 24-Stunden-Monitoring zur Erfassung von arbeitsbezogenen Stimmungen und Emotionen.* Technische Universität Dresden.

Triemer, A., & Rau, R. (2001). Stimmungskurven im Arbeitsalltag - eine Feldstudie. *Zeitschrift für Differenzielle und Diagnostische Psychologie, 22,* 42–55.

Zimbardo, P. G., Johnson, R. L., & McCann, V. (2016). *Schlüsselkonzepte der Psychologie.* Pearson.

Das Verhältnis von Zielen und Motiven

6

> **Selbstbetrachtungen**
>
> Wie hängen meine Ziele und Motive miteinander zusammen? Unterstützen meine Motive meine Ziele? Oder sind diese (im Moment) vielleicht unvereinbar? In welchen Situationen sind meine Ziele mit meinen Motiven in Deckung?
>
> Wann spüre ich eine Spannung zwischen Zielen und Motiven? In welchen Situationen fühle ich mich besonders zufrieden? Was frustriert mich?

Bisher haben wir uns aus verschiedenen Perspektiven mit Motiven und Motivation beschäftigt. Und wir haben festgestellt, dass die grundlegenden Motive wie Macht, Anschluss, Leistung oder auch Neugier zeitweilig durch Motivationen unterdrückt oder überlagert werden können. Unsere Motivation greift also, getrieben von biologischen oder psychologischen Bedürfnissen, in das Motivsystem ein, um kurzfristig Änderungen in der Ausrichtung des Handelns zu erreichen. Außerdem haben wir gesehen, welche Faktoren in bestimmten Situationen (Flow-Konzept, Abschn. 5.1) oder generell (Selbstbestimmungstheorie, SDT, Abschn. 5.2) geeignet sind, uns zusätzlich und zuverlässig zu motivieren. Dabei haben wir auch festgestellt, dass nicht wir allein, sondern auch unsere allgemeine oder soziale Umwelt Einfluss auf unsere Motivation und unser Handeln nehmen. Diese Einflussnahme kann für uns offen erkennbar (explizit) oder nicht eindeutig bestimmbar (implizit) geschehen.

Unsere Perspektive ging bei diesen Betrachtungen bisher meistens von den grundlegenden Motiven oder spontanen Motivation aus und war von dort aus auf Ziele gerichtet, die sich aus ihnen ableiten. Wir haben z. B. von möglichen *Entwicklungszielen* für unser *Personal Performance Management* gesprochen, als wir uns die grundlegenden Motive Macht, Anschluss und Leistung sowie deren Besonderheiten angesehen haben. Mit der Feststellung, dass Motivation die Motive überlagern kann, haben wir dann auch festgestellt,

H. Hilmer, *Motive, Motivation und Ziele im Personal Performance Management*, https://doi.org/10.1007/978-3-662-67844-2_6

dass sich Ziele kurzfristig ändern können. Wir haben also festgestellt, dass Motive und Motivation auf Ziele hinleiten. Sie sind zielgerichtet und in gewisser Weise absichtsvoll.

Während die Motive eines Menschen nur sehr schwierig, langwierig und mit einem gewissen Einverständnis des betreffenden Individuums geändert werden können, kann die Motivation durchaus auch von außen an eine Person „herangetragen" werden und ihr Verhalten für sie bewusst oder unbewusst verändern (extrinsische Motivation). Dies kann auch kurzfristig sehr gut gelingen. Motivation von außen erfahren wir z. B. häufig im beruflichen Kontext. Unsere Vorgesetzten, Kollegen, Mitarbeiter, Kunden oder Lieferanten wollen etwas von uns und setzen für die Zielerreichung verschiedene Mittel ein, um uns dazu zu motivieren, etwas Bestimmtes zu tun. Aber auch im privaten Kontext erfahren wir immer wieder Versuche, die uns motivieren sollen, etwas zu tun, was wir nicht tun wollen. Denken Sie z. B. an das Hinausbringen des Mülls, das Ausräumen der Spülmaschine oder das leidige Thema mit der Wäsche (externale oder introjizierte Motivation, vgl. SDT, Abschn. 5.2). Andere *Zielvorgaben* von außen haben wir internalisiert oder identifizieren uns zumindest damit. Zielvorgaben, die wir internalisiert haben oder mit denen wir uns bereits identifizieren, finden wir üblicherweise in Regeln, Normen und Werten unseres sozialen Umfeldes (s. Kap. 7).

Ob selbst gesetzte Entwicklungsziele oder Zielvorgaben von außen, Ziele spielen für Ihr *Personal Performance Management* eine herausragende Rolle. Und es gäbe vieles zu Zielen und deren Wert für die Leistungssteuerung zu sagen. Ich will mich im Folgenden auf ein paar Aspekte konzentrieren, die das Verhältnis von Zielen und Motiven bzw. Motivation betreffen. Dabei werde ich aber viele Gesichtspunkte, die an dieser Stelle zu weit führen würden oder z. B. in den gängigen Zeitmanagementbüchern und -Seminaren behandelt werden, bewusst auslassen. Einiges würde zu weit führen, anderes wäre wohl für die meisten Leserinnen und Leser reine Wiederholung bereits bekannter Inhalte.

6.1   Wie unterscheiden sich Ziele und Motive?

Was Motive und Motivation sind, haben wir oben bereits ausführlich behandelt. Und wir haben festgestellt, dass Motive und Motivation auf Ziele hinführen sollen. Sie sind also im Prinzip der Treibstoff, der uns in Bewegung setzt, um uns zu Zielen zu bringen. Darüber hinaus bestimmen sie, welche Qualitäten Ziele haben müssen. So würde ein machtmotivierter Mensch vielleicht sagen, dass er Führungspositionen anstrebt. Anschlussmenschen wollen in einem Team arbeiten, mit dem sie sich verstehen, während Leistungsmenschen womöglich eher nach der nächsten Möglichkeit suchen, ihren persönlichen Exzellenzstandard zu bestätigen oder sogar auszubauen. Von Neugier getriebene Menschen wollen entdecken und Neues erfahren. Unsere Motivation kann dann noch einmal einen draufsetzen und den bereits vorhandenen Antrieb in Richtung eines bestimmten Ziels verstärken. Unsere spontane Motivation kann unserem Zielstreben aber auch für eine bestimmte Zeit (bis zu einigen Monaten!) eine neue Richtung geben oder sogar ausbremsen. Motive und

Motivation geben also gewisse grundlegende Qualitäten vor, die gegeben sein müssen, um mit dem Ergebnis zufrieden sein zu können. In welcher Branche, in welchem Unternehmen oder auf welcher Ebene z. B. ein Machtmensch jedoch mit seinem Streben beginnt, wo es ihn hintreibt und wie viel Zeit es dazu braucht, ist in den Motiven nicht angelegt. Es geht bei den Motiven lediglich um die grobe Richtung. Motivation hingegen ist relativ frei in ihrer Wirkrichtung und kann sich sogar zweitweise gegen die eigenen Motive richten. Aus diesem Grund lasse ich die Motivation in den folgenden Betrachtungen außen vor und widme mich ausschließlich dem Verhältnis zwischen Zielen und Motiven. Sie stellt sich manchmal in den Dienst der Motive, gelegentlich macht sie sich zum Diener unserer physischen oder psychologischen Bedürfnisse oder lässt sich sogar von fremden Herren einspannen (extrinsische Motivation). Durch ihre insgesamt unentschiedene Art trägt sie nur wenig zum Erkenntnisgewinn aus der Betrachtung von Zielen bei.

Wenn man so möchte, könnte man sagen, dass Motive zu einer nebligen Idee von einem erstrebenswerten Zielzustand führen. Wir können das, was sich aus Motiven ableitet, also vielleicht auch „Wünsche" nennen, weil sie noch nicht mit konkreten Handlungen verknüpft sind. Ob diese Motive und Wünsche unsere eigenen sind, ist damit noch nicht gesagt!

Aus Ihrem letzten Zeitmanagementseminar wissen Sie vielleicht, dass man noch ein wenig Arbeit investieren muss, wenn man aus (Silvester-) Wünschen „echte" Ziele machen will. Daher sollten Sie Ziele z. B. SMART (spezifisch, messbar, attraktiv, realistisch, terminiert) formulieren, um sie gezielt verfolgen und kontrollieren zu können. Nur so können Sie eine möglichst hohe Zielerreichungswahrscheinlichkeit gewährleisten. Erst, wenn Sie konkrete Ziele formuliert haben, können Sie diese mit Handlungsalternativen verbinden. Diese wiederum können Sie untereinander abwägen, um auf Basis der dann folgenden Handlungsentscheidung tatsächlich handeln zu können (Pfister et al., 2017). In Abb. 6.1 ist der Weg vom Motiv über Wünsche und Ziele hin zu den Handlungsalternativen nachgezeichnet. Hieraus lässt sich leicht ablesen, dass es zur Befriedigung unserer Motive viele verschiedene Handlungsalternativen gibt.

Implizite Motive und explizite Ziele
Motive sind also weniger konkret als Ziele. Daher werden sie auch als *implizit* beschrieben. Sie sind nicht „ausdrücklich", sondern schwingen eher mit. Wir können unsere Motive meist nicht unmittelbar erkennen, sondern müssen sie aus unseren Handlungen und Wünschen ableiten und uns intensiv mit ihnen auseinandersetzen, um sie zu ergründen und präziser zu fassen. Gelingt es uns nicht, unsere Motive zu erkennen, kann es zu Entfremdung (Alientation) kommen, weil wir unser Leben nur nach (irgendwelchen) Zielen ausrichten können. Dann besteht die Gefahr, dass wir die Ziele nicht mit unseren dahinterliegenden Motiven in Deckung bringen (können) und Spannungsgefühle empfinden, denen wir nicht auf den Grund gehen können, weil wir uns noch nicht mit unseren Motiven auseinandergesetzt haben oder auseinandersetzen konnten. Uns fehlt die Orientierung, die uns die Kenntnis über unsere Motive bietet (Sachse, 2020).

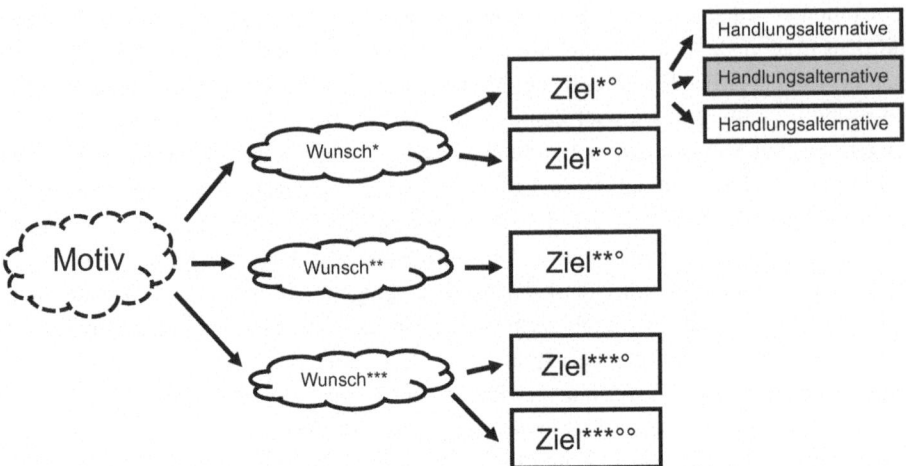

Abb. 6.1 Motive legen die grundlegenden Qualitäten von Wünschen fest. Wünsche werden in Zielen konkretisiert. Ziele können durch verschiedene Handlungsalternativen realisiert werden

Ziele hingegen sind *explizit*. Sie sind ausformuliert, definiert und spezifiziert. Sie liegen im Gegensatz zu Motiven meist nicht in unseren Anlagen oder unserer Sozialisation begründet, sondern werden später festgelegt. Ziele können dabei von der betreffenden Person selbst gefasst oder vom Umfeld formuliert werden. Dabei kann die Umwelt mehr oder weniger offen fordern, welche Ziele man anzustreben hat (extrinsisch motiviert). Der Chef wird wahrscheinlich eher offen sagen, was er von einem Mitarbeiter erwartet. Der „Zeitgeist" sagt uns hingegen etwas subtiler, dass wir in einer „Leistungsgesellschaft" leben und gefälligst leistungsfähig zu sein haben und dies auch zeigen sollen (Stichwort: „soziale" Medien).

Während offen an uns herangetragene Ziele weniger problematisch sind, weil man sie recht gut erkennen kann, können weniger offen formulierte Ziele erhebliche Probleme bereiten. Wenn wir nicht aufmerksam sind, nehmen wir diese Ziele aus unserer Umwelt an, ohne dass wir sie ausreichend reflektieren. Schließlich glauben wir, dass es unsere eigenen Ziele sind. So kann man sich z. B. zum Ziel gesetzt haben, einmal einen Marathon zu laufen, weil das gerade dem Lifestyle der Gruppe entspricht, mit der man einen großen Teil seiner Zeit verbringt. Oder man setzt sich zum Ziel, eine bestimmte Hierarchieebene im Unternehmen anzustreben, weil man sich vom derzeit aktuellen Karriereideal hat „anstecken" lassen. Eine Überprüfung solcher fremden Ziele, z. B. auf Grundlage der persönlichen Motive, ist dann erheblich erschwert, wenn man keine Orientierung über sie hat.

Wir halten also zunächst fest, dass Motive eine grobe Richtung bestimmen, in die eine Person grundsätzlich strebt. Diese grobe Richtung ist für uns jedoch nicht immer leicht und zweifelsfrei zu erkennen. Ziele hingegen sind konkrete Vorgaben, die sich leicht identifizieren und beschreiben lassen. Ziele können mit den Motiven in Deckung sein, sich aber auch von ihnen unterscheiden. Außerdem können Ziele selbst gefasst oder aus der Umwelt vorgegeben werden.

6.2   Zufriedenheit und Frustration

Im Großen und Ganzen beschreiben also Motive das große Zielfeld, auf das sich unsere Handlungen mittel- bis langfristig ausrichten *wollen*. Ziele hingegen beschreiben konkrete Vorgaben, auf die sich unsere Handlungen kurzfristig ausrichten *sollen*. Dabei bleibt zunächst offen, ob die Ziele, die wir uns selbst setzen oder von außen gesetzt bekommen, mit unseren Motiven in Einklang zu bringen sind. Kann man sein Leben so einrichten, dass die persönlichen Motive (überwiegend) bedient werden und auch die Ziele mit den Motiven in Deckung gebracht werden können – die Ziele also den Motiven entsprechen und direkt auf sie hinleiten –, ist alles gut und die Wahrscheinlichkeit, ein spannungsfreies Zufriedenheitsgefühl zu empfinden, ist sehr groß. Eine Welt, in der es jedem gelänge, ausnahmslos Ziele zu verfolgen, die mit den persönlichen Motiven übereinstimmen, könnte man als „ideale Welt" beschreiben (s. Abb. 6.2).

Eine solche ideale Welt ist allerdings sehr unwahrscheinlich. Dazu sind die Anforderungen aus unserer Umwelt zu vielseitig und liegen in viel zu geringem Maß in unserer Hand. Immer wieder werden uns gegenüber Ziele formuliert, die nicht mit unseren Motiven zusammenpassen. Dies kann z. B. dann der Fall sein, wenn wir als eher anschlussorientierter Mensch in Führungspositionen Ziele unserer Organisation gegen die Widerstände der Mitarbeiter und Kollegen „durchsetzen" müssen. Anschlussmenschen

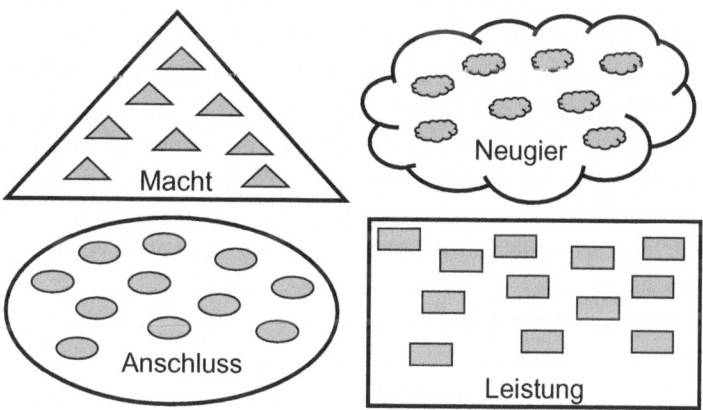

Abb. 6.2 „Ideale Welt": Die größte Wahrscheinlichkeit für das Empfinden von Zufriedenheit ist gegeben, wenn die Ziele mit den Motiven übereinstimmen. (Große Symbole entsprechen den Motiven, kleine Symbole entsprechen den Zielen)

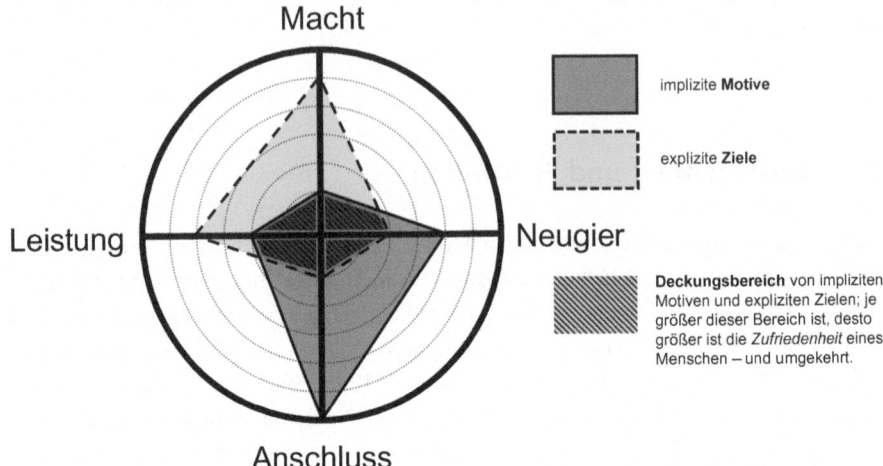

Abb. 6.3 Implizite Motive und explizite Ziele sind nicht immer in Deckung zu bringen. Je größer der Deckungsbereich, desto wahrscheinlicher ist das Empfinden von Zufriedenheit

empfinden dann womöglich starke Spannungen, die als Frustration beschrieben werden und von Leistungsmenschen weniger und Machtmenschen vielleicht sogar (fast) gar nicht nachgefühlt werden (Brandstätter et al., 2018). Das Frustrationsempfinden ist in diesem Fall mit dem Empfinden eines nicht erfüllten Bedürfnisses gleichzusetzen.[1]

In Abb. 6.3 ist eine Situation beispielhaft dargestellt, in der von der betreffenden Person Frustration empfunden werden kann. Die *Zielstruktur* der Person deckt sich in diesem Fall nur in geringem Umfang mit ihrer *Motivstruktur*. Es ist leicht nachvollziehbar, dass hier ein Zerrfeld entsteht, das als innere Spannung oder Unvereinbarkeit empfunden werden kann. In diesem Fall würde man von Dissonanzen (Widersprüchen) oder fehlender Kongruenz (Übereinstimmung) sprechen, die ihrerseits Unzufriedenheit bedingen und zu Frustration führen (Festinger, 1957, 1964).

Die Ermittlung von Frustrationspotenzialen wird umso interessanter, je weiter man auf Grundlage des bisher Gesagten ins Detail geht. Wenn wir also die *Antriebstendenzen* auch noch hinzunehmen, wird das „Abbild unserer Ziel/Motiv-Struktur" noch spannender. Es ergibt sich ein noch weiter ausdifferenziertes Bild, mit dem man z. B. im (Selbst-) Coaching sehr gut arbeiten kann.

---

[1] Man glaubte einmal, dass Frustration generell zu Aggressionen oder anderen dysfunktionalen Verhaltensweisen führen würde. Dies gilt mittlerweile als widerlegt. Ob und ab welchem Punkt jemand auf Frustration mit aggressivem Verhalten reagiert, hängt wesentlich von den Lernerfahrungen der betreffenden Person und den über die Zeit entwickelten Fertigkeiten zur Steigerung der Frustrationstoleranz und zur Selbststeuerung ab. Zunächst steigert Frustration lediglich die Aufmerksamkeit für das Mangelempfinden (Beckmann & Heckhausen, 2018).

Eine Analyse der Deckung von Motiven und Zielen, die wie in Abb. 6.4 um die jeweiligen Antriebstendenzen (vermeiden/aufsuchen) erweitert wird, liefert zusätzliche Informationen, die für die Aufdeckung von Dissonanzen von besonderer Bedeutung sind. Mit dem Ergebnis ließe sich einigermaßen präzise bestimmen, woraus Zufriedenheit und Frustration resultieren. In dem vorliegenden Beispiel sind Spannungen aus der unbefriedigten Suche nach neuen Lerninhalten (Neugier), aber vor allem aus dem Gegensatz, der sich zwischen dem stark negativ ausgeprägten Anschlussmotiv und dem stark positiv ausgeprägten Machtziel aufbaut, zu vermuten. Insgesamt sind in diesem konkreten Beispiel Ziele und Motive nicht besonders gut in Deckung und es ist von größeren Störgefühlen auszugehen.

Weil der Mensch solche Dissonanzen und das damit verbundene Frustrationsgefühl nur in geringem Ausmaß oder für einen kurzen Zeitraum aushalten möchte, strebt er danach, diese Spannungen aufzulösen. Er wird versuchen, wieder zur ursprünglichen Balance zurückzufinden oder einen neuen Balance-Zustand herzustellen (vgl. Festinger, 1957, 1964; Frey & Gaska, 1984). Um dies zu erreichen, kann man einerseits bei den Zielen ansetzen. Man kann versuchen, kurzfristig erreichbare Ziele mit einem „Augen zu und durch" „abzuhaken", um im gleichen Umfeld wieder Ziele verfolgen zu können, die besser zur eigenen Motivstruktur passen. Oder man kann versuchen, an der eigenen Motivstruktur zu arbeiten. Sie ist nicht grundsätzlich unveränderbar. Die Motivstruktur kann sich, wie bereits gezeigt, beispielsweise durch Erfahrungen oder Prägung durch das

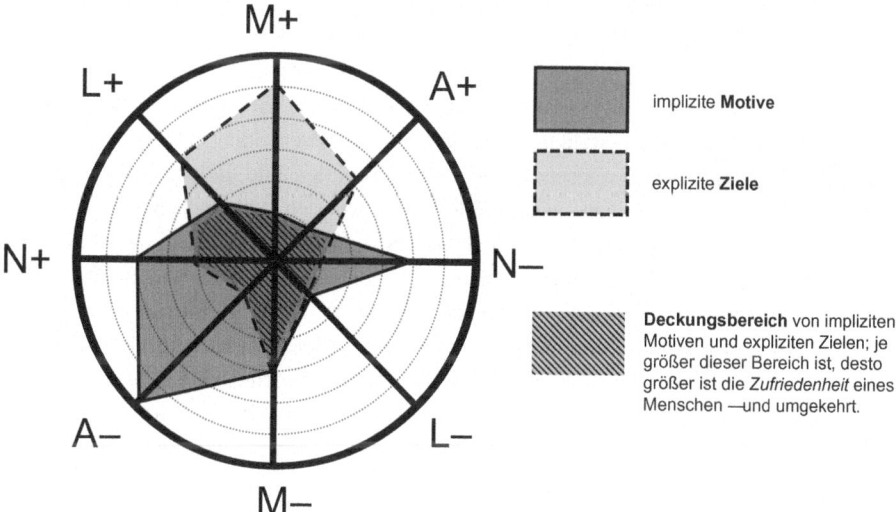

Abb. 6.4 Analyse der Deckung von Zielen und Motiven. Hier erweitert um die Antriebstendenzen (vermeiden/aufsuchen) der jeweiligen Motive

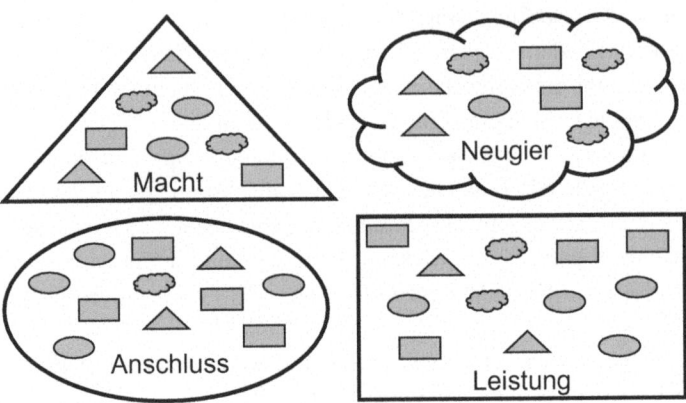

Abb. 6.5 „Problematische Welt": Wenn die Ziele dauerhaft oder wiederholt nicht mit den Motiven übereinstimmen, kommt es zu Störgefühlen, die zu einem Unzufriedenheitsempfinden führen können. (Große Symbole entsprechen den Motiven, kleine Symbole entsprechen den Zielen.)

Umfeld langsam und im Verlauf des Lebens verändern, aber dieser Weg ist eher langwierig, weil unsere Motive recht tief in uns verwurzelt sind. Stellt man also fest, dass es in der aktuellen privaten oder beruflichen Situation nicht gelingt, die Dissonanzen auf die eine oder andere Art aufzulösen, befindet man sich sozusagen in einer „problematischen Welt" (s. Abb. 6.5). Daher sollte man darüber nachdenken, die Situation zu verlassen oder zu ändern. Auf diese Weise kann die Spannung oder Frustration wieder gelöst werden.

Ziele dauerhaft entgegen der persönlichen Motivstruktur zu verfolgen, die daraus resultierenden Spannungen und Missempfindungen zu verarbeiten und trotzdem „motiviert" zu bleiben – oder zu wirken –, kostet uns sehr viel Energie. Ständig müssen wir unsere eigentlichen Wünsche zurückstellen, „gute Miene zum bösen Spiel machen", uns gegenüber dem Team und den Vorgesetzten oder den Freunden und Bekannten gut gelaunt, engagiert und überzeugt zeigen – jedenfalls, wenn wir den Anspruch haben, die anderen nicht mit unseren eigenen Problemen ebenfalls zu belasten. Dies erfordert enorm viel Aufmerksamkeit und Handlungskontrolle von uns. Dafür wenden wir Kräfte auf, die wir an anderer Stelle nicht mehr zur Verfügung haben. Das Konfliktpotenzial mit den Kollegen, bei den Freunden oder in der Familie steigt. Die Wahrscheinlichkeit für Sarkasmus, Zynismus, Gereiztheit, kleine und große Wutausbrüche oder andere Anzeichen für Unzufriedenheit steigt. Die Verlockungen am Wegesrand, denen man ansonsten gut widerstehen könnte, gewinnen an Attraktivität. Nicht weil sie attraktiver würden, sondern weil die handlungskontrollierenden Kräfte schwinden.

Sollten wir daher versuchen, Dissonanzen zwischen Zielen und Motiven und die damit verbundenen Frustrationen immer zu vermeiden? Eindeutig nein. Natürlich ist ein Zuviel abträglich für unsere Leistungsfähigkeit und kann diese sogar langfristig schädigen. Dennoch gehört die Ausbildung einer gewissen Frustrationstoleranz zu den Kernaufgaben unseres *Personal Performance Managements*. Daher sollten wir Situationen, in denen wir mit Frustrationen konfrontiert sind, nicht generell meiden – egal, woher diese rühren. Aufzudecken, woher die Frustrationen stammen, kann aber bei deren Bewältigung helfen. Wenn wir die Wurzel des Übels kennen, sind wir viel eher in der Lage, damit umzugehen, und können viel eher einschätzen, ob wir uns gerade in einer schlechten Phase befinden, in der die Zufriedenheit aufgrund temporärer Ziele leidet, oder ob unser „Lebensglück" generell gefährdet ist.

Exkurs: Glück und Zufriedenheit

In diesem Zusammenhang ist mir eine Unterscheidung sehr wichtig. Sie betrifft die Begriffe Glück und Zufriedenheit. Die Unterscheidung ist mir deswegen wichtig, weil wir dem Zeitgeist nach nicht nur leistungsorientiert sein sollen, sondern uns offenbar auch ständig auf der Suche nach unserem „Glück" befinden sollten. „Bist du denn glücklich mit dem, was du machst?" „Wenn es dich glücklich macht?!" Es scheint fast, als sei *Glück* das ultimative Bewertungskriterium in jedem Orientierungsgespräch. Dabei vermute ich jedoch, dass der Begriff des Glücks eher umgangssprachlich eingesetzt wird, denn „Glück ist ein emotionaler, hormonell bedingter Ausnahmezustand …, der aber nie sehr lange anhält" (Sachse, 2020, S. 53). Das heißt, dass wir Glück *im Moment* empfinden können. Vielleicht, weil wir positiv überrascht sind oder in besonderer Weise stimuliert werden. So kann das Glücksempfinden z. B. auch durch Drogen ausgelöst und für einen unnatürlich langen Zeitraum aufrechterhalten werden.

Sicherlich kennen Sie die Geschichte von der Ratte in einem dunklen Laborkeller, der Elektroden eingepflanzt wurden. Beim Drücken einer bestimmten Taste in der Versuchsanordnung würde sie etwas zu fressen bekommen. Beim Drücken einer anderen Taste wurden die Elektroden aktiviert und haben der armen Ratte ein unbeschreibliches Glücksgefühl vermittelt. Letztlich erlag sie dem Glücksgefühl (oder dem konsequenten Verzicht, die Futtertaste zu drücken). Die Ratte verhungerte. Nicht erst seitdem wissen wir, dass auch Menschen auf der Jagd nach „dem Kick" oder dem „ultimativen Glücksgefühl" so manche Eselei auf sich nehmen. In Hinblick auf den Konsum von Drogen ist die Sache ungleich ernster, jedoch mit ähnlichen Folgen. Das Streben nach dem nächsten Glücksempfinden oder dem dauerhaft empfundenen Glück endet viel zu oft verheerend.

Dem gegenüber steht die *Zufriedenheit*. Sie ist die beständigere der beiden Schwestern. Zufriedenheit ist das Empfinden von Sicherheit, Balance, Stimmigkeit usw. Zufriedenheit zeichnet sich im Gegensatz zum Glück durch ihre potenzielle Dauerhaftigkeit aus. Warum *potenziell*? Weil Zustände von Balance, Sicherheit oder Stimmigkeit immer wieder durch Veränderung der Anforderungen unseres Umfeldes infrage gestellt werden. Dabei scheint Zufriedenheit eine höhere Toleranz gegenüber kleineren Änderungen aufzuweisen. So sind geringfügigere Veränderungen einer Situation oder für einen kurzen Zeitraum für die generelle Zufriedenheit weniger wichtig als für das Empfinden von Glück. Wenn man so will, ist das Glück ein Drahtseilakt, während man für ein Zufriedenheitsempfinden eher auf einem etwas breiteren Brett balanciert. Erst wenn die Bedingungen für Zufriedenheit nachhaltig, also dauerhaft oder in besonderem Maße, geschädigt oder infrage gestellt werden, sind Anpassungen erforderlich, um die Zufriedenheit wieder herzustellen. Generell kann man sich aber nahezu durchgehend in Zufriedenheitszuständen (unterschiedlicher Qualität) befinden, während das beim Glücksempfinden nicht gelingen kann.

Von daher sollten wir vielleicht „auch nicht vom „Streben nach Glück", sondern vom „Streben nach Zufriedenheit" sprechen", wie Sachse (2020, S. 53) schließt.

6.3   Instrumentelle Ziele und Motive

Nun haben wir zwar gerade festgestellt, dass wir unzufrieden werden, wenn sich unsere expliziten Ziele nicht mit unseren impliziten Motiven decken, aber jeder Leser und jede Leserin wird auch schon einmal erlebt haben, dass man etwas tun *musste,* um „in der Sache" weiterzukommen. Das ist etwas völlig Normales, was Sie und ich wahrscheinlich häufiger erleben. Sie haben ein großes Ziel vor Augen und dazu muss man eben auch einmal ein kleines Ziel verfolgen, das die Voraussetzung für das Erreichen des großen Ziels ist. Die kleineren, aber auch manche größeren Ziele, passen nicht immer zu unseren Motiven. Vielleicht widerstreben sie uns sogar. Wir müssen also „in den sauren Apfel beißen" oder „die Zähne zusammenbeißen". „Augen zu und durch", heißt es dann. Ziele, die wir nicht ihrer selbst wegen, sondern zu einem bestimmten Zweck anstreben, nennt man *instrumentelle* Ziele und dienen der *eigentlichen* Zielerreichung – dem „höheren" Ziel (Pfister et al., 2017). Die Welt, in der wir auch einmal instrumentelle Ziele verfolgen müssen, die nicht zu den eigenen Motiven passen, können wir als „normale Welt" bezeichnen (s. Abb. 6.6).

Auch wenn Sie Ihre Motivstruktur bestens kennen und Ihr Leben so eingerichtet haben, dass Ihre großen Ziele möglichst gut zu Ihren Motiven passen, werden Sie wahrscheinlich irgendwann einmal Ziele verfolgen müssen, die ihrer Motivstruktur völlig entgegenlaufen. Solange Sie das große Ganze dabei im Auge behalten, wird es hier wahrscheinlich zu keinen größeren Irritationen kommen. Motivationslöcher werden Sie überwinden können. Sie werden in der Verfolgung des instrumentellen Ziels immer Sinn erkennen, weil der Zusammenhang zum großen Ziel hergestellt werden kann.

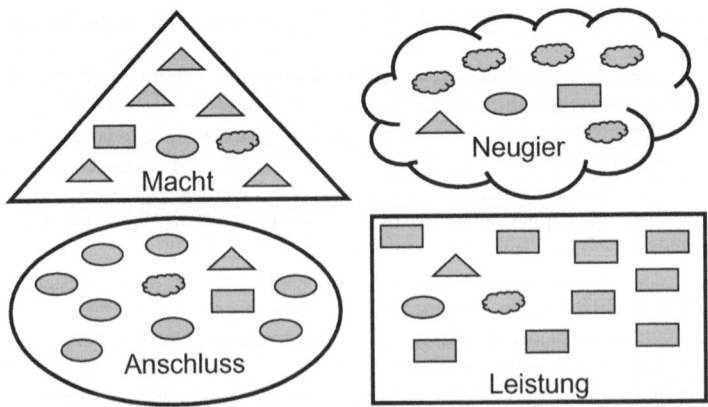

Abb. 6.6 „Normale Welt": Menschen mit einer bestimmten Motivstruktur müssen auch einmal Ziele verfolgen, die nicht ihren Motiven entsprechen. (Große Symbole entsprechen den Motiven, kleine Symbole entsprechen den Zielen.)

Problematisch wird es, wenn man sehr viele instrumentelle (kleine) Ziele verfolgen muss, die nicht zur Motivstruktur passen. „Sie haben sich in der letzten Zeit in dem Team sehr gut eingebracht. Wenn Sie es noch ein paar Monate so machen, winkt wahrscheinlich die Beförderung, über die wir vor einiger Zeit gesprochen haben." Ein eher macht- oder leistungsorientierter Mensch wird hier mit dem großen Ziel der Beförderung angesprochen und soll ein „fremdes" Ziel, die Teamarbeit, zu seinem machen. Es spricht aber vielleicht eher die Motive eines anschlussorientierten Menschen an, der gerne im Team arbeitet. Während ein Anschlussmensch mit der Aussage der Vorgesetzten gut leben kann, bedeutet sie für Machtmenschen womöglich „Augen zu und durch". „Bitte sagen Sie Ihrem Team, dass es sich in der nächsten Zeit auf Überstunden einstellen muss, damit wir unsere Ziele erreichen." Wenn hier eine anschlussorientierte Führungskraft angesprochen wird, kann es zu Spannungen und Frustration kommen, weil sie etwas vom Team fordern muss, das die Beziehungen belasten könnte. Macht- und leistungsorientierte Menschen tun sich hier wahrscheinlich leichter, weil sie führen (Macht) bzw. nach einem vielleicht außerordentlichen Ziel streben können (Leistung).

Instrumentelle Ziele zu verfolgen, auch wenn sie den eigenen Motiven widersprechen, ist kein Problem, wenn das große Ziel erstrebenswert erscheint. Ganz im Gegenteil: Es ist sogar anzunehmen, dass die Überwindung von Frustration und die Erreichung von „ungeliebten" Zielen zum persönlichen Wachstum beitragen. Indem man Strategien erprobt und erfährt, die zur Bewältigung solcher Situationen geeignet sind, wird die persönliche Werkzeugkiste immer weiter mit nützlichen Tools gefüllt, die auch in späteren Situationen genutzt werden können. In diesem Sinne kann man zwischen pro-aktivem, auf Wachstum ausgerichtetem, und re-aktivem Verhalten unterscheidet. Pro-aktive Menschen lernen nicht nur aus Problemen, sondern nehmen diese sogar vorweg, wappnen sich und erleben diese als wertvolle Lernerfahrungen. Re-aktive Menschen hingegen vermeiden alles, was nicht ihren Fähigkeiten entspricht. Durch den Versuch, den Status quo zu sichern, kann dann sogar die Situation eintreten, dass man fast unmerklich sogar sicher geglaubte Fähigkeiten durch den Verzicht auf deren Nutzung verliert (vgl. Covey, 2015).

Sollte man aber irgendwann feststellen, dass man *nur noch* Ziele verfolgt, die nicht zur eigenen Motivstruktur passen, müsste man sich fragen, ob man sich noch auf dem richtigen Weg befindet und ggf. Korrekturen vornehmen. In diesem Fall wäre zu fragen, ob es sich für das Individuum tatsächlich noch um instrumentelle Ziele handelt – oder nicht vielleicht doch um die völlig falsche generelle Zielausrichtung. Wie kann ein übergeordnetes Ziel den Motiven entsprechen, wenn es sich aus lauter Zwischenzielen zusammensetzt, die nicht der eigenen Motivstruktur entsprechen? Vielleicht machen Sie sich oder andere Ihnen etwas vor, damit Sie weiterhin motiviert bleiben?! Hier sollten Sie kritisch prüfen. Spüren Sie also, dass die vielen kleinen instrumentellen Ziele, die sie verfolgen (sollen), wiederholt nicht zu Ihren Motiven passen, sollten Sie eine Änderung herbeiführen, um nicht dauerhaft unzufrieden oder im schlimmsten Fall sogar krank zu werden. Jedenfalls ist die Wahrscheinlichkeit groß, dass Sie ihre persönlichen und beruflichen Beziehungen gefährden, nicht ihr volles Leistungspotenzial abrufen können und dabei auch noch

viel Energie aufwenden, die sie an anderer Stelle besser einsetzen könnten. Unter diesen
Umständen auf Dauer „auszubrennen" ist eher wahrscheinlich als möglich.

6.4   Ziele und Motive im Personal Performance Management

Wenn wir uns damit auseinandersetzen, was uns antreibt, kommen wir nicht umhin, uns
mit der Bedeutung von Zielen zu beschäftigen. Sie sind eine Manifestation und konkrete
Ausformulierung von meist noch wagen Wünschen, die ihrerseits in Motiven gründen.
Indem wir die Kategorie der Wünsche übersprungen haben, haben wir zwischen impliziten, also meist nicht ausgedrückten Motiven und expliziten, also ausformulierten Zielen
unterschieden. Das Verhältnis dieser beiden ist für unser *Personal Performance Management* insofern von Bedeutung, als wir hierdurch Zufriedenheit und Frustration empfinden
können. Passen die Ziele, die wir uns gewählt haben oder die uns von außen vorgegeben
worden sind, zu unseren grundlegenden Motiven, empfinden wir Zufriedenheit. Vielleicht
sogar so etwas wie Erfüllung – zumindest jedoch kein Störgefühl. Bei Übereinstimmung
der Richtung, die Ziele und Motive uns vorgeben, gibt es wenig Anlass zu Korrekturen; alles strebt in eine Richtung. Wenn die vorgenommenen oder vorgegebenen Ziele
jedoch dauerhaft nicht zu unseren Motiven passen, empfinden wir Spannungen, die unsere
Leistungsfähigkeit beeinträchtigen. Wir müssen in einem fortwährenden Vermittlungsprozess Kurskorrekturen vornehmen, das eine für das andere zurückstellen und Kompromisse
suchen. Wenn Ziele und Motive über einen längeren Zeitraum oder in krassem Ausmaß
nicht übereinstimmen, müssen wir große Anstrengungen für Rationalisierungen (Schönreden!) auf uns nehmen. Dadurch binden wir geistige Kapazitäten. Weitere Kapazitäten
werden auf der emotionalen Ebene gebunden, wenn wir versuchen, die negativen Empfindungen oder deren Ausdrucksformen zu überwinden. „Wie kann ich dieser Situation
entgehen?" „Wie kann ich sie erträglich machen?" „Wie verhindere ich, dass ich wieder
in eine solche Situation gerate?" „Nur noch diese Etappe, dann bin ich meinem (eigentlichen) Ziel schon viel näher." „Manchmal muss man eben die Zähne zusammenbeißen."
„Bin ich überhaupt noch auf dem richtigen Weg?" „Was, wenn das, was ich mir erhoffe,
auch dann nicht eintritt?"

Zielhierarchien beachten
Um diesen und ähnlichen Fragestellungen und Rationalisierungen zu begegnen, kann es von
Vorteil sein, die selbst gesetzten oder vorgegebenen Ziele auf ihre Übereinstimmung mit den
eigenen Motiven zu prüfen. Die Kapazitätsgewinne, die man auf geistiger und emotionaler
Ebene erwarten kann, dürften je nach Grad der mangelhaften Übereinstimmung nicht uner-
heblich sein. Aber wir dürfen uns auch nicht hinreißen lassen und davon ausgehen, dass *alle*
Ziele mit unseren Motiven gleichgeschaltet werden müssten – oder dass hierzu überhaupt
die Möglichkeit besteht. In der Auseinandersetzung mit unseren Zielen sollte auch deutlich
werden, dass man einige Ziele auch gegen die eigenen Motive umsetzen muss. In Beruf

und Familienleben stoßen wir immer wieder auf solche Situationen. Für unsere Bewertung, ob wir bestimmte Ziele auch gegen die möglichen inneren Widerstände verfolgen sollten, müssen wir uns über die *Zielhierarchie* klar werden. Wir verspüren vielleicht eine mehr oder weniger bestimmte Abneigung, das aktuelle Ziel zu verfolgen. Aber wie steht es zu anderen Zielen? Unterstützt es vielleicht auf eine weniger offensichtliche Weise ein übergeordnetes Ziel, dem wir uns viel leichter oder gar völlig verschreiben können? Und was wäre, wenn wir dieses Ziel nicht verfolgten? Wäre das übergeordnete Ziel dann überhaupt noch erreichbar?

Wenn Ziele in einer Hierarchie organisiert sind und ein Ziel für die Erreichung des übergeordneten Ziels notwendig ist, können wir bei den „kleinen" Zielen von *instrumentellen Zielen* sprechen. Es dient uns als Mittel zum Zweck.[2] Im Falle von instrumentellen Zielen kann es tatsächlich angebracht sein, „die Zähne zusammenzubeißen" und gewisse Härten auch einmal zu ertragen. Wenn man nämlich sein Leben so einrichten würde, dass *ausschließlich* Ziele, kleine wie große, verfolgt werden würden, die hundertprozentig zum Hauptmotiv der betreffenden Person passten, würde diese Person zwangsläufig weit hinter ihren Möglichkeiten bleiben, Chancen für befriedigende Erlebnisse und Wachstum verpassen und außerdem große Aufwände betreiben müssen, um immer wieder gleichermaßen nützliche wie „angenehme" Ziele zu finden.

Außerdem darf ein Punkt nicht vergessen werden: Wir verfügen über eine Motivstruktur. Auch wenn ein bestimmtes Motiv, wie beispielsweise das Anschlussmotiv, stark dominierend für unser Streben sein sollte, so sind die anderen Motive trotzdem grundsätzlich in uns angelegt. Sie haben ebenfalls gewisse Ansprüche an uns und Anteile an der Richtung, die wir im Leben einschlagen (wollen). Auch diese Anteile sollten befriedigt werden, um dauerhaft und wiederkehrend leistungsfähig zu sein.

Die Rolle der Motivation

Die Rolle der Motivation haben wir in der Betrachtung des Verhältnisses von Zielen und Motiven ausgeklammert, weil unsere Motivation sehr stark von der jeweiligen Situation abhängt. Wir können die spontane Motivation aber auch nicht völlig außer Acht lassen, denn spätestens, wenn wir Frustration empfinden, wird sie für unser *Personal Performance Management* relevant. Da Frustration aus der Verwehrung eines bestimmten angestrebten Zustandes resultiert, erwächst aus ihr ein recht starkes psychologisches Bedürfnis, das nach Befriedigung sucht. Der angestrebte Zustand wäre in diesem Fall wahrscheinlich die Auflösung der Dissonanz zwischen den aktuellen Zielen und den generellen Motiven.

---

[2] Nach einigen bedeutenden Philosophen der Antike, wie z. B. Platon, Sokrates, Aristoteles, Epikur etc., ist das Glück eines der obersten, wenn nicht gar das einzige Ziel, auf das sich alles ausrichtet. Demnach wären alle anderen Ziele lediglich instrumentelle Ziele, um der Erreichung des einen Ziels zu dienen (vgl. hierzu auch den Exkurs in diesem Kapitel). Unabhängig, wie man zu dem Begriff des Glücks stehen mag, lässt sich dieser Gedanke nun mithilfe der Motivationspsychologie und unserer neuen Kenntnisse zu den grundlegenden Motiven konkretisieren. Dann lässt sich der etwas schwammige Begriff des Glücks ausreichend individualisieren, um für den alltagsgebrauch nützlich zu werden. Für einen Machtmenschen wäre demnach das oberste Ziel das Empfinden der Kontrolle und Autonomie.

Da wir unsere Motivation in gewissem Umfang aber auch bewusst steuern können, liegt in der kurzfristigen Motivation auch eine mögliche Lösung. Wir können unsere motivationalen Kräfte nämlich einsetzen, um die Dissonanz zwischen Motiven und Zielen (Frustration) für einen gewissen Zeitraum zu tolerieren oder mit „Schwung" zu überwinden. Wenn wir beispielsweise wissen, wie wir bestimmte Tätigkeiten gezielt so anreichern können, dass ein Flow-Zustand möglich wird, haben wir ein potentes Werkzeug in der Hand, um Frustration bei der Aufgabenbewältigung zu begegnen. Oder: Wenn wir die instrumentellen Ziele in weitere kleine Etappenziele zerkleinern und diese so umdeuten, dass sie unserer Motivstruktur eher entsprechen, kann man die „problematischen" Anteile eines instrumentellen Ziels so weit isolieren, dass sie keine größere Relevanz mehr entfalten. Eine andere Möglichkeit, ihre Motivation anzuregen, kennen Sie aus Ihrem letzten Selbstmanagementseminar: Versprechen Sie sich kleine Belohnungen (die eindeutig Ihrer Motivstruktur entsprechen!), wenn Sie eine bestimmte Aufgabe oder ein Ziel erreicht haben.

Sie sehen, dass unsere Motivation natürlich nicht ohne Einfluss auf das Verhältnis zwischen Motiven und Zielen ist. Wir können unsere Motivation steuernd einsetzen und „was nicht passt, (halbwegs) passend machen". Aus der Perspektive des persönlichen Wachstums ist es nicht ratsam, sein ganzes Leben so einzurichten, dass Ziele und Motive *immer* zueinanderpassen. Trotzdem lohnt sich die grundlegende Fragestellung nach der Passung von Zielen und Motiven. Sie sollten die „großen Linien des Lebens" daraufhin überprüfen, ob irgendwo Verbesserungspotenziale für die persönliche Leistungssteuerung gehoben werden könnten. Ein bisschen Arbeit an sich ist nie verkehrt, wenn man allerdings nur noch auf Tricks und Selbstmotivation zurückgreifen muss, läuft etwas falsch. Die vergleichende Betrachtung von Motiven und Zielen ist für steuernde Eingriffe ganz sicher hilfreich.

Literatur

Beckmann, J., & Heckhausen, H. (2018). Situative Determinanten des Verhaltens. In J. Heckhausen, & H. Heckhausen (Hrsg.), *Motivation und Handeln* (S. 83–118). Springer.
Brandstätter, V., Schüler, J., Puca, R. M., & Lozo, L. (2018). *Motivation und Emotion. Allgemeine Psychologie für Bachelor.* Springer.
Covey, S. (2015). *Die 7 Wege zur Effektivität: Prinzipien für persönlichen und beruflichen Erfolg.* Gabal.
Festinger, L. (1957). *A theory of cognitive dissonance.* Stanford University Press.
Festinger, L. (1964). *Conflict, decission and dissonance.* Stanford: Stanford University Press.
Frey, D., & Gaska, A. (1984). Die Theorie der kognitiven Dissonanz. In D. Frey, & M. Irle (Hrsg.), *Theorien der Sozialpsychologie. Band 1: Kognitive Theorien* (S. 275–324). Huber.
Pfister, H.-R., Jungermann, H., & Fischer, K. (2017). *Die Psychologie der Entscheidung. Eine Einführung.* Berlin: Springer.
Sachse, R. (2020). *Selbstregulation und Selbstkontrolle.* Hogrefe.

Und was ist mit Werten, Normen und Glaube?

Selbstbetrachtungen

Was bedeuten für mich Werte, Normen und Glaube? Was bewirken sie in mir? Und wie wirken Sie sich auf meine Leistung bei der Arbeit oder im Privaten aus? Unterstützen mich meine Werte, Normen und mein Glaube? Oder stehen Sie im Kontrast zu Zielen und Aufgaben, die ich erfüllen muss?

Aber sind es wirklich nur Motive, Motivation und Ziele, die uns zu bestimmten Handlungen bewegen? Was ist mit Werten, Normen und dem Glauben? Werden wir nicht auch durch sie bewegt, Dinge zu tun oder zu unterlassen? Sind nicht auch sie von entsprechender motivationspsychologischer Bedeutung für uns? Wenn ich es mir leicht machen wollte, würde ich argumentieren, dass uns Werte, Normen und Glaube *motivieren* Dinge zu tun und bestimmte Ziele zu verfolgen. Sie motivieren uns psychologische Bedürfnisse zu befriedigen. Damit könnte ich auf die Argumentationslinien, die ich in den letzten Kapiteln aufgebaut und nachgezeichnet habe, zurückgreifen und das Thema wäre erledigt. Ganz so einfach ist es aber nicht, denn Werte, Normen und Glaube sind für viele Menschen wichtige Richtschnüre ihres Handelns. Daher möchte ich sie auch kurz einordnen.

Werte haben wir sehr weitgehend verinnerlicht und erkennen sie meist als etwas an, das unmittelbar zu uns gehört. Bei *Normen* hingegen schwingt auch bei einem hohen Grad der Integration in das Selbstbild immer ein wenig mit, dass sie von außen gegeben worden sind. *Glaube* wiederum trägt Aspekte von beidem in sich. Trotz ihrer Unterschiedlichkeit in Nuancen werden Werte, Normen und Glaube an dieser Stelle von mir gemeinsam behandelt, weil es sich bei allen drei um künstliche Denkgebäude oder Gedankenmodelle handelt, die meist nur in Teilen – wenn überhaupt – intrinsisch motiviert sind.

H. Hilmer, *Motive, Motivation und Ziele im Personal Performance Management*, https://doi.org/10.1007/978-3-662-67844-2_7

Es kann argumentiert werden, dass dem Menschen sehr grundlegende Aspekte von Spiritualität, wie das „Wissen um höhere Mächte" oder einem „verbindenden Geist" und der Vorstellung einer Ebene jenseits der bewussten Wahrnehmung, bereits in die Wiege gelegt und somit integraler Bestandteil des Menschen sind. Andere Aspekte des Glaubens, insbesondere diejenigen der konkreten Ausformung und der damit verbundenen Rituale hingegen müssen mit dem Verdacht leben, dass sie willkürlich gewählt, angepasst und ausformuliert worden sind (vgl. van Scheik & Michel, 2021). Wir werden auf die verschiedenen Aspekte eingehen und ihre Funktion für uns näher beleuchten.

7.1   Funktionen von Werten, Normen und Glaube

Werten, Normen und Glauben ist gemeinsam, dass diese Denkgebäude dem Individuum zu einem bestimmten Zweck dienen. So könnte man sagen, dass sie einen verbindlichen Rahmen vorgeben, in dem sich die Gedanken bewegen (dürfen). Damit schaffen sie Stabilität bei einer ansonsten vielleicht unüberschaubaren Vielzahl psychologischer Bedürfnisse. Ebenso liefern sie Antworten auf Fragen, die wir für uns nicht ohne Weiteres klären könnten. So wurde in der Menschheitsgeschichte beispielsweise immer wieder versucht, tiefgehende Fragen nach dem Sinn von Leid und Naturkatastrophen durch aufwändige, immer neu kalibrierte Glaubenssysteme zu beantworten (van Scheik & Michel, 2021). Werte, Normen und Glaube sind auch geeignet, um Paradoxien, also die Erkenntnis über unvereinbare Aspekte ein und desselben Gedankengebäudes aufzulösen, erträglich oder „erklärbar" zu machen (Sachse, 2020).

Komplizierte Gedankengebäude – ein Beispiel
So verträgt sich das Konzept eines allwissenden, unveränderlichen, gütigen Geistes Gottes kaum mit all den vielen Geschichten – insbesondere des Alten Testaments –, in denen er aus lauter Zerstreutheit die Frau gleich zweimal erschafft (einmal, als er sie gemeinsam mit dem Mann aus Erde formt, um ihnen Leben einzuhauchen, und einmal, als er sie aus Adams Rippe schnitzt), vieles nicht mitbekommt (z. B. den Mundraub Adams und Evas oder die Episode, in der er fragen muss: „Kain, wo ist dein Bruder Abel?"), anfangs in Ermangelung eines Widerparts selbst teuflische Spiele mit seiner Schöpfung spielen muss (z. B. als er Abraham aufforderte, seinen Sohn Isaak zu opfern, um zu testen, wie ergeben Abraham seinem Gott sei – er hat das Opferritual dann selbst abgebrochen, hätte es aber weder als allwissender noch als gütiger Gott überhaupt fordern müssen) oder mehrfach unbarmherzig und extrem reagiert (Sodom und Gomorra oder die Sintflut). Gerade in seiner Jugend wirkt Gott noch sehr unbeherrscht und rüpelhaft und vielmehr wie einer der alten griechischen oder nordischen Götter. Diese standen dem Menschen sehr viel näher und teilten sich mit ihm auch so manchen menschlichen Makel. Erst im Laufe der Zeit wurde der Charakter des Gottes der Bibel reifer und distanzierter.

Statt der „Realität" der anderen (!) ins Auge zu blicken und anzunehmen, dass es sich bei der Bibel um eine Sammlung verschiedenster Überlieferungen handelt, werden teilweise komplexe und kognitiv anstrengende Argumentationsgebäude errichtet, um das Konsistenzgefühl innerhalb des Glaubenssystems mit seinen Erzählungen zu schützen. Dass es sich bei der Bibel und vergleichbaren Erzählungen einerseits um eine interessante Geschichtslektüre handelt, die andererseits immer wieder so umformuliert und erweitert worden ist, dass sie handfesten Zwecken, wie z. B. Bewältigung, Erklärung, Sicherheit, Anleitung, Identität, Kontrolle, Ordnung, der Bestimmung von innen und außen etc. dienen konnte, will von vielen gar nicht gesehen werden (z. B. van Scheik & Michel, 2021).

7.1.1 Der Wert von Werten, Normen und Glauben

Bevor man seine Glaubenswelt infrage stellt, sollte man jedoch das Kosten-Nutzen-Verhältnis prüfen. Wenn wir unser Glaubenssystem hinterfragen, untergraben wir vielleicht auch wesentliche Stützpfeiler unserer Identität, geben das Gefühl von Sicherheit und Sinn freiwillig preis oder berauben uns eines Mechanismus der Bewältigung von schweren Schicksalsschlägen. Manchmal ist es für die persönliche Leistungssteuerung besser, auf genau so etwas zurückgreifen zu können, weil es an brauchbaren Alternativen mangelt.

Neben diesem Aspekt werden durch Werte, Normen und Glauben auch viele moralische Dilemmata durch Vorgaben aus den Gedankengebäuden „vorentschieden". Werte, Normen und Glaube treffen aber auch über Dilemmata hinaus eine generelle Vorauswahl in den Entscheidungsräumen. Diese Entscheidungsräume stünden ansonsten so weit offen, dass wir kaum damit umgehen könnten. Damit erfüllen sie komplexitätsreduzierende Aufgaben, indem sie bestimmte Handlungen und Gedanken von vornherein ausschließen oder als unzulässig markieren.

Werte, Normen und Glaube erfüllen für das Individuum und die Gesellschaft also verschiedene Funktionen. Neben den beschriebenen Vorentscheidungen sorgen sie z. B. auch für soziale Stabilität in Gruppen, Gemeinschaften und Gesellschaften. Außerdem bieten sie noch heute konkrete Anweisungen und Hilfestellungen für Alltagsprobleme – obgleich diese Funktion in früheren Zeiten sicherlich wichtiger war. Und schließlich dienen Werte, Normen und Glaube als Funktionen zur Befriedigung psychologischer Bedürfnisse.

Soziale Stabilität
Gedankenmodelle, wie Werte, Normen und Glaube, haben uns schon immer begleitet. Sie waren in einer Welt, die wir nicht verstehen konnten, Elemente, um die vielen Ungerechtigkeiten und Unerklärlichkeiten einzuordnen. Damit haben sie mit teils unterschiedlichen, teils ähnlichen Strategien Sicherheit, Erklärbarkeit und Zusammenhalt geschaffen. Daher

waren Werte, Normen und Glaube schon immer wichtig, um die Strukturen von Gruppen zu stabilisieren. Es mussten implizite und explizite Regeln vorhanden sein, an denen man sich ausrichten konnte, um nicht immer wieder in neue Aushandlungssituationen zu geraten und so wichtige Ressourcen zu verschwenden. Später, als wir die Steppen verlassen haben und die ersten Versuche wagten, Gesellschaften zu gründen, haben Werte, Normen und Glaube noch einmal an Wichtigkeit gewonnen. Mehr denn je haben sie einerseits den Zusammenhalt und die Zusammenarbeit sichern müssen. Darüber hinaus haben sie Verhaltensregeln beschrieben, die sich teilweise auf ganz konkrete Herausforderungen des Zusammenlebens bezogen. So sind die zehn Gebote beispielsweise eine Sammlung von Gesetzen, die in erster Linie das Miteinander in Gesellschaften regeln sollen, weil erkannt wurde, dass ein Verstoß gegen diese Gebote unabsehbare Folgen für die noch jungen Gemeinschaften haben würde. Um Mord und Totschlag im Zuge von ungezügelten Machtkämpfen oder in Folge von Racheakten zu unterbinden, musste man diesen bereits an der Wurzel begegnen (van Scheik & Michel, 2021). Noch heute prägt der Ausdruck von Werten, Normen und/oder Glaubensbekundungen das Gruppengefüge diverser Subkulturen, wie Kirchengemeinschaften, Jugendgangs, Pfadfindern, Hilfsorganisationen, organisiertem Verbrechen, Sportvereinen, Unternehmen und öffentlichen Institutionen. So wie Werte, Normen und der Glaube solche Gruppen zusammenhalten, geben sie den Individuen Halt und Orientierung – und schränken die Handlungsmöglichkeiten in (meist) funktionaler Weise ein, sodass zeitintensive und kraftraubende Entscheidungs- und Aushandlungssituationen reduziert werden.

Konkrete Hilfestellung und Anweisung für Alltagsprobleme
Darüber hinaus findet man beispielsweise in der Tora bzw. dem Alten Testament eine große Ansammlung von Regeln, die sich auf die Ausübung ganz bestimmter Handlungen des Alltags beziehen und so Eingang in die Werte-, Normen- und Glaubenswelt westlicher Gesellschaften genommen haben. Ursprünglich haben sie sich vermutlich aus Beobachtungen von Verhaltensweisen abgeleitet, die sich in größeren menschlichen Gesellschaften als dysfunktional herausgestellt haben. Um diese Verhaltensweisen zu vermeiden, sind Regeln formuliert worden, die ihren Einzug in den Kanon der religiösen Schriften gefunden haben. In diesem Sinne können die frühen Entwicklungen von Glaubenssystemen auch als Protowissenschaften, also als Vor-/Erst-Wissenschaften, bezeichnet werden. So beziehen sich viele Vorschriften aus dem Neuen Testament beispielsweise auf Reinheitsgebote, die zum Zeitpunkt ihrer Niederschrift wahrscheinlich sehr praktischen Nutzen hatten, um Krankheiten vorzubeugen oder einzudämmen, heute aber einigermaßen irrelevant sind. Mittlerweile haben wir festgestellt, dass damals Zusammenhänge falsch erkannt worden sind, oder Wissenschaft und Medizin haben bereits einfachere Lösungen gefunden. Die Vorschriften in den alten Schriften waren also nie oder sind nicht mehr hilfreich, um den Alltag in großen

Gruppen zu bewältigen. Als (ritualisierte) Teil unserer Werte, Normen und Glaubenswelt tragen wir sie aber noch weiter (van Scheik & Michel, 2021).[1]

Psychologische Stabilität und physiologische Gesundheit

Neben dem ganz konkreten physischen und sozialen Nutzen, den Werte, Normen und Glaube gespendet haben und teilweise noch heute spenden, erfüllen sie aber auch psychischen Nutzen für das Individuum. Durch gemeinsame Werte-, Normen- und Glaubensgebäude schafft man in den Individuen ein Gemeinschaftsempfinden, wo es vielleicht aufgrund fehlender sonstiger Ähnlichkeitsmerkmale, wie z. B. gemeinsames Herkunftsgebiet, Hautfarbe oder Sprache, ansonsten nicht herleitbar wäre. Gemeinsame Gedankengebäude, die sich gegen diejenigen anderer Gruppen und Gesellschaften abgrenzen, schaffen zwischen den Individuen nach innen Verbindungen und nach außen Grenzen. Damit geben sie dem Individuum wie der Gruppe Sicherheit und Orientierung. Für das Individuum ist es von herausragender Bedeutung, *soziale Zugehörigkeit* zu empfinden. Dies trägt zu psychischem Wohlbefinden und, wie wir gesehen haben, Handlungsmotivation bei. Außerdem nimmt die Bedeutung von Sicherheit, Ordnung und Zugehörigkeit zu, je unbegreiflicher, unklarer und unsicherer die umgebenden Umstände sind, oder je flüchtiger das Gefühl sozialer Zugehörigkeit ist, weil sich beispielsweise die verwandtschaftlichen Verhältnisse durch Wegzug o.Ä. weniger „dicht" gestalten (vgl. DPA, 2003; Bucher, 2015; Hollersen, 2015).

Wie wichtig die soziale Zugehörigkeit und die Einbindung in soziale Geflechte sogar für die physische Gesundheit ist, ist z. B. im Zusammenhang mit dem *Broken-Heart-Syndrom* beschrieben. Demnach können Trauer und Kummer zu ernsthaften und kardiologisch nachweisbaren, gesundheitlich relevanten Problemen des Herzens führen (Jahn, 2020). Über den psychologischen Pfad haben Werte, Normen und Glaube also auch physiologische Stabilisierungsfunktionen.

Man muss allerdings auch wissen, dass Werte, Normen und Glaube nur dann positiv auf die körperliche und seelische Gesundheit wirken, wenn sie Freiräume lassen und grundsätzlich positiv und gütig ausgerichtet sind. Ansonsten können Werte, Normen und Glaube, die mehr Druck ausüben, als diesen zu kanalisieren auch negativ auf die „Anwender" wirken. Gesunde Werte, Normen und Glauben lösen Spannungen im Individuum durch Vergebung und Offenheit *auf statt aus*. Psychische Störungen, Depressionen und Ängste können die Folgen sein, wenn Werte, Normen und Glauben das Individuum in eine Form zwängen, die es von Natur aus nicht annehmen kann oder will. Die Unvereinbarkeit der tief verwurzelten „Wahrheiten" mit empfundener „Realität" kann zu Spannungen führen, die wie andere Unvereinbarkeiten, die wir bereits kennengelernt haben, zu psychischen und physischen Problemen führen können (DPA, 2003; Heinrich, 2013; Hollersen, 2015).

---

[1] Im Prinzip haben religiöse Rituale dadurch für den Zusammenhalt sogar noch an Wert gewonnen. Da viele Rituale praktisch wertlos geworden sind, bedeuten sie eine hohe Investition für das Individuum und die Gruppe. Da wir Investitionen nur sehr ungern abschreiben, werden wir sie schützen, indem wir das System schützen, für das sie aufgebracht worden sind.

Funktionen, nicht Inhalte!

In Bezug auf unser *Personal Performance Management* ist es auch wichtig zu erkennen, dass Werten, Normen und Glaube von den jeweils konkreten Inhalten unabhängig sind. Denn verschiedene Inhalte können den gleichen Zweck erfüllen. So ist es beispielsweise egal, welche Namen die oberste Gottheit trägt, wenn es darum geht, einem höheren Wesen die Verantwortung für unerklärliche Phänomene zuzuschreiben. Inhalte können auch als austauschbar gelten, wenn es z. B. *generell* um die Zugehörigkeit zu einer Gemeinschaft oder Gruppe unter einem gemeinsamen exklusiven Glauben geht. Die Inhalte von Glauben werden erst dann relevant, wenn es um die Zugehörigkeit zu einer *bestimmten* Gemeinschaft bzw. die Abgrenzung zu einer anderen Gruppe geht. Dies könnte man aber als ein Zugehörigkeitsstreben zweiter Ordnung bezeichnen, denn zunächst strebt man nach *sozialer Sicherheit und Orientierung,* bevor man nach *sozialer Sicherheit und Orientierung in einer bestimmten Glaubensgemeinschaft* sucht (vgl. Sachse, 2020).

Die Inhalte von Werten, Normen und Glaube formulieren z. B. ganz konkret, dass wir ein freundlicher, hilfsbereiter Mensch sein oder bestimmte Dinge tun oder unterlassen sollen. Dies erweckt den Eindruck, als ginge es um das jeweilige System und die jeweiligen Inhalte wären nur im Kontext dieses besonderen Systems zu finden. Schließlich buhlt es um Alleinstellungsmerkmale, damit es möglichst viele Mitglieder gewinnt oder besonders klare Grenzen zu anderen Systemen definiert. Letztlich *dienen* diese *konkreten* Ausformulierungen von Werten, Normen und Glaubensinhalte aber doch „nur" dazu, unser Selbstbild zu schützen und dies möglichst konsistent in der Zeit – also immer wiederkehrend – zu bestätigen. Man findet sich selbst immer wieder in den Forderungen des Werte-, Normen- oder Glaubenssystem wieder. Weil unsere Überzeugungen so wichtige Funktionen für uns erfüllen, tun wir uns auch so schwer davon abzulassen, halten an ihnen fest und begehen einige Gedankenakrobatik, um sie immer wieder zu rechtfertigen, zu verteidigen oder in der Welt zu verbreiten (Sachse, 2020).

7.1.2   Veränderbarkeit von Werten, Normen und Glauben

Wie fest Werte, Normen und Glaube in uns verwurzelt sind, ist sehr unterschiedlich. Da sie bestimmte Funktionen erfüllen, hängt ihre Wichtigkeit für den „Anwender" stark von den Anforderungen (der Umwelt) ab. Werte, Normen und Glaube gründen auf wesentlichen psychologischen Bedürfnissen und sollen diese erfüllen. Werden diese Bedürfnisse anderweitig befriedigt, verlieren Werte, Normen und Glaube ihre Funktion und sind wandelbar oder entbehrlich. Ob dann tatsächlich eine Loslösung von ihnen erfolgt, ist damit noch nicht gesagt. Es ist denkbar, dass sie quasi als Verhaltensartefakt weiter mitgeführt werden. Ausdruck solcher Artefakte sind z. B. Rituale, deren Sinn heute keiner mehr nachvollziehen kann, oder deren Sinn überholt ist, wie z. B. bei einigen Reinheitsgeboten des Alten Testaments (van Scheik & Michel, 2021). Sie sind fest mit Werten, Normen und

Glaube verbunden und sollten einmal bestimmte Funktionen erfüllen, von denen zuletzt womöglich allein die Vergemeinschaftlichung der Ritualausübenden übriggeblieben ist (Jones, 2015). Heutzutage geraten einige Glaubensgemeinschaften u. a. auch unter starken Druck, weil die Funktionen, die diese Gemeinschaften erfüllt haben, entweder nicht mehr nachgefragt oder von anderen Einrichtungen der Moderne substituiert werden.

Je tiefer Werte, Normen und Glaube in uns verwurzelt sind, weil sie z. B. früh in unserer Vergangenheit angelegt worden sind und somit unsere Herkunft und Identität bestimmen, desto weniger wahrscheinlich ist es, dass sie sich einfach auflösen oder verändern. Ein Angriff auf unsere Gedankengebäude bedeutet einen Angriff auf unsere Wurzeln und auf unser Selbstbild. Diese zu wahren und zu schützen ist aber ein tiefes psychologisches Bedürfnis, um Sicherheit, Gewissheit und persönliche Konsistenz empfinden zu können. Hierzu nehmen wir einiges auf uns und setzen bereitwillig viele Ressourcen ein (Sachse, 2020). Insbesondere die Rationalisierung des Verhaltens spielt hier eine besondere Rolle. Dies jedoch nicht nur gegenüber „Angriffen", die unser Wertesystem von außen erfährt, sondern auch gegen „subversive" Selbsterkenntnis, die uns gelegentlich packt. Denn viele Werte-, Normen- und Glaubenssysteme lösen aus sich heraus bereits ganz erhebliche Paradoxien aus, die nachträglich „geglättet" werden müssen. So vertragen sich beispielsweise die Allmacht, die Allwissenheit, die Güte, die Strenge und das ewig gleiche Wesen Gottes nur schwer mit den meisten Alltagsbeobachtungen – und Geschichten der Bibel. Um dennoch die Funktion des betreffenden Werte-, Normen- oder Glaubenssystems zu erhalten, muss das Individuum, unterstützt von professionellen „Deutern und Auslegern", einiges situativ bewerten, ignorieren oder ausblenden, um ein bestimmtes Glaubenskonstrukt weiter aufrechtzuerhalten. Da die Investitionen in die Glättung von Paradoxien hoch sind, sollten wir regelmäßig prüfen, ob Aufwand und Ertrag noch in einem angemessenen Verhältnis stehen.

Wir können nicht generell sagen, ob Werte, Normen oder Glaube einer bestimmten Person veränderlich oder unveränderlich sind. Gegen Änderungen von außen wehren sich solche Systeme meistens, weil sie mit der Identität des Menschen verbunden sind. Gegen Änderungen der Einstellung von innen, aus der Person heraus, sind Werte-, Normen- und Glaubenssysteme anfälliger, weil sie auf funktionaler Ebene ansetzen. Die Funktionen, die sie erfüllen sollten, werden eher schleichend durch andere Funktionsträger ersetzt.[2] Es kommt also auf den Inhaber des Gedankengebäudes, sein Umfeld und die mit den Gedankengebäuden verbundenen Funktionen an, welchen Stellenwert diese für die persönliche Leistungssteuerung haben können. Was wir jedoch sagen können, ist, dass Werte, Normen und Glauben generell wichtige Motivatoren sind, die umso stärker das Verhalten einer Person beeinflussen, je wichtiger die Funktion ist, die sie für jemanden erfüllen. Inwiefern sie uns allerdings Kraft spenden oder Kraft kosten, hängt von ihrem Verhältnis zur Umwelt ab.

---

[2] Im schlechtesten Fall Fernsehen und „soziale" Medien.

7.2 Werte, Normen und Glaube im Personal Performance Management

Wir haben festgestellt, dass Werte, Normen und Glaube für den „Anwender" Funktionen erfüllen. Eine dieser Funktionen ist das Empfinden sozialer Zugehörigkeit. Hiermit sind auch Empfindungen wie z. B. Sicherheit und Gewissheit verbunden, weil die Gedankenmodelle innerhalb der sozialen Gruppe in der Regel nicht infrage gestellt werden. Normalerweise findet sogar eine fortwährende Selbstverstärkung statt, weil innerhalb der Gruppe grundsätzlich eher Bestätigungstendenzen bestehen. Von den denkbaren Argumenten zu bestimmten Werten, Normen und Glaubensinhalten werden vor allem diejenigen wiederholt, die ins jeweilige Denkmodell passen. Wenn man sich mit Gegenargumenten auseinandersetzt, erfolgt dies vor allem auf Basis einer gefilterten Argumentation für das eigene Gedankengebäude. Durch die klare Unterscheidung zwischen „innen" und „außen" verdichten sich Werte, Normen und Glaube noch weiter. Dabei ist es einigermaßen egal, ob die Unterscheidung von innen heraus oder von außen getroffen wird. Druck erzeugt Gegendruck und so werden die Grenzen zwischen den jeweiligen Inhalten weiter verfestigt. Damit liefern Werte, Normen und Glaube auch Bewertungsschemata, um unser eigenes oder fremdes Verhalten einzuordnen.

Im *Personal Performance Management* wäre für Sie zu prüfen, in welchem Zusammenhang Ihre Gedankengebäude mit der Umwelt stehen. Wenn Ihre Modelle im Gegensatz zu den Werten Ihrer Umwelt stehen, dort Konflikte auslösen oder zumindest zu Spannungen führen, kosten Sie Ihre Werte-, Normen- und Glaubenssätze Ressourcen. Sie müssen sich oder Ihre Wertvorstellungen rechtfertigen, Ihre Ansichten werden infrage gestellt und die Interaktion mit der Umwelt verläuft bei sehr unterschiedlichen Wertvorstellungen Ihrer Umwelt grundsätzlich weniger störungsfrei, als wären Ihre Werte und diejenigen Ihrer Umwelt kongruent (vgl. Sachse, 2020).

Für die persönliche Leistungssteuerung sollten Sie also prüfen, wie es bei Ihnen um Werte, Normen und Glaube steht: Stehen sie in einem positiven Verhältnis zu ihren Zielen, ihrer Gesundheit, ihrer Leistungsfähigkeit? Werden Sie durch Werte, Normen und Glaube beflügelt? Erfahren Sie Sicherheit, Geborgenheit oder Identität durch sie? Oder schränken Sie Werte, Normen und Glaube ein oder setzen Sie unter Druck?

Oft sind Werte, Normen und Glaube jedoch nur in einem sehr geringen Maß verhandelbar, weil sie wichtige Funktionen für uns erfüllen. Wie wir schon gesehen haben, dienen Werte, Normen und Glaube z. B. als Entscheidungshilfen, die den Raum der Möglichkeiten von vornherein einschränken. So machen uns Werte, Normen und Glaubenssätze auch handlungs- und entscheidungsfähiger. Von daher haben sie einen effizienzsteigernden Effekt für uns – solange sie nicht in der Umwelt massive Widerstände auslösen. Daher und weil wir sie meist über lange Zeit eingeübt haben, sind *spontane* Anpassungen der Gedankenmodelle auf einen bestimmten Kontext in der Regel nicht möglich. Situationen, die von konkurrierenden oder differierenden Werten, Normen oder Glauben geprägt sind, werden von Dissonanzempfinden geprägt sein. Sie können dann Ihre Werte verbergen oder verleugnen, aber nicht kurzfristig ändern.

Reflexion gegen Frustration

Im Gegensatz zu Ihren Motiven sind Werte, Normen und Glaube auch nicht so „leidensfähig". Verletzte Gedankenmodelle melden sich eher zu Wort als missachtete Motive, weil sie ganz konkrete und wichtige Funktionen wie Gewissheit und Identifikation für sie erfüllen. Werden Werte, Normen oder Glaube verletzt, empfinden wir Frustration, die in erster Linie durch unser affektives (gefühlsbetontes, emotionales) System verarbeitet wird. Der kognitive Zugriff auf den Entstehungs- und Ausdrucksprozess von Emotionen ist jedoch sehr aufwändig und bedarf einer reflektierten Emotionssteuerung. Das kostet uns erhebliche Ressourcen (Brandstätter et al., 2018; Kuhl, 2018; Sachse, 2020).

Will man die kognitive Verarbeitung von (negativen) Emotionen verbessern, bedarf dies einiger Übung und insbesondere der Vorbereitung auf die entsprechende Frustration auslösende Situation. Das heißt, dass Sie sich kurzfristig meist nur zwischen dem Konflikt mit Ihrer Umwelt und dem Konflikt mit sich selbst entscheiden können. Beides kostet Sie in irgendeiner Form mehr Energie, als empfänden Sie keine Frustration. Sofern sich Ihre Werte, Normen und Glaubenssätze also nicht mit denen Ihrer Umwelt in Einklang bringen lassen, sollten Sie sich mittelfristig um Strategien bemühen, die in der Lage sind, die emotionalen Auswirkungen von Frustrationen zu reduzieren. Alternativ müssten Sie die Umwelt verändern oder die Umwelt wechseln, um Ressourcen wieder freizumachen oder freizuhalten.

Damit Sie in Situationen erfolgreich entscheiden, welche Strategien Sie verfolgen können, wollen oder sollten, sollten Sie:

1. **Ihre Gedankenmodelle kennen.** Welche Werte-, Normen- und Glaubenssätze sind für sie wichtig? Welche Inhalte vertrete ich innerhalb und außerhalb meiner Gruppe oder meines sozialen Umfelds? Welche roten Linien beschreiben meine Werte, Normen und Glaubenssätze? …
2. **Die Funktionen prüfen.** Welchen Zweck erfüllen meine Werte-, Normen- und Glaubenssätze? Was ist mir hinter den Inhalten meiner Denkmodelle wichtig? Was sind die Bedürfnisse, die durch meine Werte, Normen und Glauben bedient werden? Warum werden die roten Linien so beschrieben, wie sie beschrieben werden? Was ist mir wichtig daran? Welche Werte, Normen und Glaubensinhalte konstruieren meine Identität? …
3. **Die Anforderungen Ihrer Umwelt prüfen.** Welche Werte, Normen und welcher Glaube dominieren in meiner Umwelt? Welche Inhalte haben Sie? Welche Funktionen werden damit verfolgt? Wie stark werden die dominierenden Werte, Normen und Glaubenssätze in ihrer Umwelt vertreten oder gar durchgesetzt? …
4. **Die Auswirkungen prüfen.** Wie stark gefährden oder bedrängen die Werte, Normen und Glaubenssätze Ihrer Umwelt Ihre eigenen Gedankenmodelle? Welche Herausforderungen ergeben sich daraus für Sie? Welche „Kämpfe" *müssen* Sie kämpfen? Welche

können Sie kämpfen – oder es auch einfach sein lassen? Was würde es Sie kosten, wenn Sie Ihre Gedankenmodelle nicht durchsetzen würden/müssten? …

5. **Die Optionen prüfen.** Welche Möglichkeiten habe ich realistischerweise, um mein persönliches Dissonanz-Empfinden zu reduzieren und/oder Konflikte mit der Umwelt zu vermeiden? Welche Inhalte und Funktionen muss oder will ich erhalten, weil sie für mich wichtig sind (Identifikation)? Können Sie leichter die Situation ändern oder verlassen oder Ihre Gedankenmodelle anpassen oder zurückstellen?

6. **Entscheidungen treffen.** Welche Werte, Normen oder Glaubensinhalte kann ich ändern, ohne weitere oder stärkere Dissonanzen in mir auszulösen? Was verspricht „Erleichterung" in Hinblick auf die persönlichen und Umweltanforderungen? Mit welchen Veränderungen, Verhaltensweisen oder Entscheidungen kann ich ein höheres Maß an Gleichgewicht, Balance und Stabilität erreichen – und somit Kräfte sparen oder sogar Energie freisetzen?

Wenn Sie feststellen, dass Ihre oder einige Ihrer Werte, Normen und ihr Glaube funktional wirken und keine Störungen in und mit Ihrer Umwelt auslösen, werden Sie auch keine Aufwände aus der Rechtfertigung oder Aufrechterhaltung dieser Gedankenmodelle haben. In diesem Fall sollten Sie natürlich auch keine Änderungen an Ihren Gedankengebäuden vornehmen. Eine intensive Auseinandersetzung mit den gewinnbringenden Werten, Normen und Glaubenssätzen ist jedoch dennoch empfehlenswert. Es ist immer von Vorteil, Kenntnisse über die Mechanismen zu haben, die uns helfen, den Anforderungen unserer Umwelt zu begegnen und unseren relativen Platz in ihr bestimmen. Dies sind die Ressourcen, auf die Sie zurückgreifen können, wenn es mal nicht so läuft.

Werte, Normen und Glaube niemals isoliert betrachten

Da Werte, Normen und Glaube unsere Handlungen stark motivieren und eine Richtschnur geben, ist es für die persönliche Leistungssteuerung von erheblicher Bedeutung zu ergründen, welche „Kämpfe" sie regelmäßig „kämpfen" und ob dies erforderlich ist. Überlegen Sie bitte, inwiefern es Ihnen wichtig ist, Werte, Normen und Glaubenssätze zu artikulieren und gegen andere („fremde") artikulierte Werte, Normen und Glaubenssätze durchzusetzen oder zu verhandeln. Es gibt zwar gelegentlich die Forderung, dass solche Spannungen *unbedingt* formuliert und z. B. mit dem Partner oder den Kollegen ausgehandelt werden sollten. Bitte stellen Sie sich aber auch die Frage, ob es das wert ist. Was passiert, wenn Sie feststellen, dass Ihre Gedankengebäude in einigen Bereichen nicht mit denen wichtiger Menschen oder wesentlicher Umweltteilnehmer vereinbar sind? Und was sind die Konsequenzen daraus? Stellen Sie die Überlegungen zu bestimmten Werten, Normen und Glaubenssätzen bitte immer in einen übergeordneten Kontext. Beziehen Sie das gesamte Bild mit ein. Überlegen Sie also einerseits genau, wo Sie an sich arbeiten, wo Sie an ihrer Umwelt arbeiten wollen und wo vielleicht auch klugerweise Tabuzonen eingerichtet werden, um ein ansonsten erhaltenswertes System nicht stören zu müssen. Manchmal lohnt es sich, für das große Ziel kleine

Schlachtfelder gar nicht erst zu eröffnen. Denn manchmal verbeißt man sich in Nebenkriegs-schauplätzen, investiert viel Energie und Aufmerksamkeit darin und verliert den Blick für das Große und Ganze. Die Balance geht verloren, weil man sich auf einen einzigen Aspekt fokussiert und dadurch die tatsächlichen Relationen verschiebt. Die einzige Alternative, die dann vielleicht noch denkbar scheint, ist ein Wechsel der betreffenden Umwelt. Oder radi-kale Methoden zur Durchsetzung der eigenen Gedankenmodelle. Sie sollten also prüfen, ob sich in Ihren Gedankengebäuden generell oder in bestimmten Werten, Normen und Glau-benssätzen Handlungsfelder befinden, in denen Sie gewinnbringend an sich, Ihrer Umwelt oder Ihren Mitmenschen arbeiten können oder wollen – oder es einfach sein lassen.

Literatur

Brandstätter, V., Schüler, J., Puca, R. M., & Lozo, L. (2018). *Motivation und Emotion. Allgemeine Psychologie für Bachelor*. Berlin: Springer.

Bucher, A. A. (2015). Spiritualität. Moderne Sinnsuche. *Spektrum der Wissenschaft. Kompakt. Glaube und Wissenschaft. Wie uns Religion und Spiritualität beeinflussen*, S. 4–14.

DPA. (2003). *Gesundheit & Psyche: Der Glaube an den lieben Gott macht gesund*. Von Stern.de: https://www.stern.de/gesundheit/koerper---psyche-der-glauben-an-den-lieben-gott-macht-ges und-3508642.html. abgerufen

Heinrich, C. (2013). *Religion: Hat der Glaube eine gesundheitsfördernde Wirkung?* Von Der Spiegel: https://www.spiegel.de/gesundheit/psychologie/religion-hat-der-glaube-eine-gesundhei tsfoerdernde-wirkung-a-939684.html. abgerufen

Hollersen, W. (2015). *So gut ist Glaube für unsere Gesundheit*. Von Welt.de: https://www.welt.de/ 136101491. abgerufen

Jahn, R. (23. 06 2020). *Wenn das Herz bricht - Das Broken-Heart-Syndrom*. Von Helios Bördeklinik: https://www.helios-gesundheit.de/kliniken/boerdeklinik/unser-haus/aktuelles/detail/news/wenn-das-herz-bricht-das-broken-heart-syndrom/ .abgerufen

Jones, D. (2015). Anthropologie: Das Ritualtier Mensch. *Spektrum der Wissenschaft. Kompakt. Glaube und Wissenschaft. Wie uns Religion und Spiritualität beeinflussen*, S. 15–23.

Kuhl, J. (2018). Individuelle Unterschiede in der Selbststeuerung. In J. Heckhausen & H. Heckhau-sen (Hrsg.), *Motivation und Handeln* (S. 389–422). Springer.

Sachse, R. (2020). *Psychologie der Selbsttäuschung. Belastungen und Ressourcen einer verkannten Kompetenz*. Springer.

van Scheik, C., & Michel, K. (2021). *Das Tagebuch der Menschheit. Was die Bibel über unsere Evolution verrät*. Rowohlt.

Rück- und Ausblick

8

> **Selbstbetrachtungen**
>
> Was ist bei mir hängengeblieben? Was waren die großen Linien dieses Buches? Ist mir der rote Faden präsent? Welche Motive leiten mich seit meiner frühen Jugend? Wie haben sie sich vielleicht mit der Zeit verändert? Was motiviert mich heute? Was motiviert mich seit einigen Wochen oder Monaten? Was treibt mich an? Welche Ziele habe ich? Sind es meine Ziele? Oder sind es die Ziele meiner Umwelt? Wie passt das alles zusammen und wie wirkt es sich gegenseitig aufeinander aus? Wie wirken sich meine Motive, meine Motivation, meine Ziele und Werte, Normen und Glaube auf mein Wohlbefinden und meine Leistungserbringung aus? Wo hakt es vielleicht? Was läuft gerade so richtig gut?

8.1   Die Grundlagen für Ihr Personal Performance Management

Für viele Menschen wird es irgendwann in ihrem (beruflichen) Leben einmal notwendig, sich über ihre persönliche Leistungssteuerung Gedanken zu machen. Familiäre und berufliche Anforderungen stehen in Konkurrenz zueinander. Vielleicht fordern zusätzlich noch weitere (Selbst-) Verpflichtungen, wie das Ehrenamt, Freunde oder ganz persönliche Vorhaben einen Teil von Ihnen. Wenn Sie dann in einer ruhigen Minute auf Ihr Leben blicken, stellen Sie fest, dass es ziemlich voll geworden ist. Es gibt viele Bereiche, Belange, Anforderungen und Wünsche, die Sie organisieren müssen. Dabei kann man schon einmal die Übersicht verlieren und Sie versuchen – ganz im Trend der Zeit – sich selbst oder Ihr Leben zu optimieren. Bei der Suche nach Optimierungsmöglichkeiten werden Sie aber auch schnell fündig. Effizienz scheint hier häufig das Zauberwort zu sein. Und wie kann

H. Hilmer, *Motive, Motivation und Ziele im Personal Performance Management*, https://doi.org/10.1007/978-3-662-67844-2_8

man seine Effizienz, also „die Dinge richtig tun", besser erreichen als durch ein Zeitmana-
gementseminar?![1] Hiervon gibt es viele verschiedene Varianten mit teils unterschiedlichen
Schwerpunktsetzungen am Markt. Ich selbst biete solche Seminare (mit einem schlechten
Gewissen) für Führungskräfte an.[2]

Aber der Ansatzpunkt der allermeisten Zeit- und Selbstmanagementseminare ist m. E.
falsch gewählt. Sie setzen recht weit hinten in der logischen Kette eines umfassenden *Personal Performance Managements* an und präsentieren, dem Vertriebsgedanken folgend,
lediglich die naheliegenden, aber nicht immer die nützlichsten Inhalte. Natürlich wird
man irgendwann einmal auch darüber nachdenken müssen, sich effizienter zu organisieren. Davor steht allerdings die Orientierung über die Richtung, in die man rennen will. Die
Effektivität oder „das Richtige tun". Bevor Sie sich also die Frage stellen, ob Sie die Dinge
richtig (effizient) tun, sollten Sie sich fragen, ob Sie die richtigen Dinge tun, um nicht
in kürzester Zeit und unter sparsamsten Einsatz der verfügbaren Ressourcen am falschen
Ziel anzugelangen. Dabei laufen Sie Gefahr, sich selbst auszubeuten, unreflektierte Spannungsgefühle zu empfinden und sich mittel- bis langfristig auszulaugen. Wenn Sie sich
nicht nur Ihre Leistung optimieren, sondern viel mehr Ihre Leistungssteuerung optimieren
wollen, um nicht in die Effizienzfalle zu laufen, gibt es ein paar Dinge zu beachten. Von
diesen hören Sie wahrscheinlich in den wenigsten Zeitmanagementseminaren und nur in
den besseren Führungskräfteentwicklungen.

In diesem Buch haben wir einen Teil der Aspekte behandelt, die für Ihr *Personal Performance Management* von entscheidender Bedeutung sind. Sie haben gesehen, dass wir
durch unsere Motive grundlegend an unterschiedlichen Aspekten von bestimmten Situationen interessiert sind. Machtmenschen wollen Unabhängigkeit, Kontrolle und Dominanz.
Anschlussmenschen hingegen suchen die Gruppe, den Austausch und die Vermittlung.
Leistungsmotivierte Menschen schließlich versuchen Trophäen zu sammeln, (möglichst
viele) Ziele zu erreichen und (ihre persönlichen) Exzellenzansprüche zu befriedigen. Wie
wir gesehen haben, lassen sich diese Grundmotive möglicherweise noch ergänzen, z. B.
durch Neugier (dem Streben Neues zu erfahren und den Horizont zu erweitern) und Ausdifferenzieren. So spielt es für die Befriedigung unserer Motive eine Rolle, ob wir es aus
einer Vermeidungstendenz heraus oder mit dem Ziel, etwas anzustreben, erleben. Strebe
ich Macht und Kontrolle an? Oder habe ich Angst sie zu verlieren? Klarheit über diese
grundlegenden „Beweggründe" für unser Verhalten reduziert Spannungen und lässt uns
leichter bessere Leistungen erbringen. Probleme treten hingegen dann auf, wenn wir z. B.
als anschlussmotivierter Mensch in einem auf Machtaspekte ausgelegten System zurechtkommen müssen oder uns verleiten lassen, mit viel Energie versuchen, uns in ein Team
einzufügen, obwohl unsere Anschlussmotivation verhältnismäßig gering ausgeprägt ist.

---

[1] Gelegentlich werden diese Seminare auch als Selbstmanagementseminare angeboten, unterscheiden sich inhaltlich aber wenig von den „klassischen" Zeitmanagementseminaren.
[2] Mit etwas Glück – und so versuche ich es zu machen – sind die Seminare nur als Zeitmanagement-
seminare etikettiert und behandeln auch weiterreichende Inhalte.

Aber unsere Motivstruktur ist nicht der einzige Einflussfaktor auf unser *Personal Performance Management*. Vielmehr werden die großen Linien unseres Strebens immer wieder durch spontane und kurzfristige Motivation beeinflusst. Unsere physischen und psychischen Bedürfnisse geben unserem Handeln manchmal eine andere Richtung, hemmen uns oder sorgen für einen ordentlichen Schub. Emotionen spielen hierbei eine wichtige Rolle, die für das *Personal Performance Management* nicht zu unterschätzen sind, da sie uns als Informationsquelle (auch über uns) und Kommunikationsmittel dienen. Nicht zuletzt wirken sie sich auf unsere Wahrnehmung aus. Unserer Motivation und unseren Emotionen sind wir aber nicht hilflos ausgeliefert, denn wir können sie beeinflussen. Der erste Schritt besteht darin, sich über unsere Motivation sowie Emotionen und besondere Aspekte ihres Wirkens bewusst zu werden. Einer dieser besonderen Aspekte ist z. B. das Flow-Erleben. Wir haben gesehen, dass wir durch den Flow in einen Zustand gelangen können, der als hochgradige Motivation verstanden werden kann, um an einer Sache dranzubleiben, tief in sie einzutauchen oder sogar in ihr aufzugehen. Dies setzt Kräfte frei, die uns in unserer Zielerreichung unterstützen. Und wir können diesen Zustand gezielt ansteuern oder zumindest begünstigen, wenn wir bestimmte Dinge beachten. Die Passung von Anforderungen und Fähigkeiten auf einem hohen Niveau sind für das Flow-Erleben wichtig. Die Fähigkeit, sich zu fokussieren und die Bereitschaft, in einer Aufgabe aufzugehen ebenso. In einer weiteren Vertiefung haben wir eine interessante Erweiterung des Motivationsbegriffs kennengelernt. Hat man früher lediglich nach intrinsischer und extrinsischer Motivation unterschieden, wurde diese Dichotomie mittlerweile ausgeweitet. Die Darstellung des Ursprungs und des Grades der Adaption auf einem Kontinuum hat uns gezeigt, dass wir auch eigentlich extrinsische Motivation sehr weitgehend annehmen und zur eigenen Leistungssteuerung einsetzen können. In diesem Zusammenhang haben wir auch die recht konkreten Forderungen der Selbstbestimmungstheorie untersucht. Demnach ist es für eine maximale Motivation erforderlich, Kompetenz, Autonomie und soziale Eingebundenheit zu empfinden.

Ganz im Sinne der Frage, ob man die richtigen Dinge tut (Effektivität), haben wir uns dann mit dem Verhältnis von Motiven und Zielen beschäftigt. Uns allen ist klar, dass uns nicht alle Ziele Freude oder gar Spaß machen. Das ist aber auch nicht notwendig, wenn die sogenannten instrumentellen Ziele nur zeitweise gegen unsere Motive gerichtet sind. Ein Ende muss also absehbar sein und die Einordnung in eine übergeordnete und unseren Motiven entsprechende Zielhierarchie sollte gegeben sein. Ist dies nicht der Fall und unsere kleinen und großen Ziele stehen dauernd gegen unsere Motivstruktur – oder befriedigen diese zumindest nicht – kann unser Handeln uns nicht zufriedenstellen. Im schlechtesten Fall werden wir frustriert. Ein Gefühl, das wir immer dann empfinden, wenn wir etwas Angestrebtes nicht erreichen (können/dürfen).

Schließlich haben wir auch einen Blick auf Werte, Normen und Glauben geworfen. Sie sind eine besondere Form von Motivation, setzen unserem Denken und Handeln Grenzen und formulieren Ziele, die anzustreben wir uns verpflichten – oder zu denen wir verpflichtet werden. Da Werte, Normen und Glaube meist sehr früh durch unser Umfeld quasi künstlich an uns herangetragen werden, sind sie häufig wenig reflektiert. Da sie aber bei Missachtung auch teils heftig sanktioniert werden, lohnt sich eine Auseinandersetzung mit diesen Kategorien der (extrinsischen) Motivation. Sie bleiben nicht ohne Wirkung auf unser *Personal Performance Management*.

8.2   Nächste Schritte für Ihr Personal Performance Management

Wir haben bis hierhin gesehen, was uns antreibt, was uns bewegt. Und wir haben auch erste Eindrücke davon bekommen, was zu tun ist, um das *Personal Performance Management* zu verbessern und effektiv zu handeln. Das ist noch nicht alles, aber muss jetzt wahrscheinlich erst einmal sacken. Hoffentlich wird es nicht ohne Wirkung bleiben. Allein das Wissen um die eigenen Beweggründe, die Möglichkeiten, aber auch die Einschränkungen, die damit verbunden sind, sollten Sie in Ihren Bemühungen um die persönliche Leistungssteuerung deutlich weiterbringen.

Der nächste Schritt für ein gelingendes *Personal Performance Management* wäre nun, sich intensiver und konkreter mit den Steuerungsmechanismen auseinanderzusetzen, die uns in die Lage versetzen, Einfluss auf uns und unser Verhalten zu nehmen. Entgegen der gelegentlichen Wahrnehmung, dass wir in entscheidenden Situationen immer wieder von Gewohnheiten und Marotten geleitet werden, sind wir nämlich sehr wohl in der Lage, willentlich Einfluss auf unser Handeln zu nehmen. Der Rückgriff auf unsere Selbststeuerung und der Einsatz unserer exekutiven Funktionen erlauben uns, auch spontan auftretende Motivation (z. B. Hunger, Vermeidungstendenzen oder Verlockungen) zu unterdrücken und innere oder äußere Widerstände zu überwinden, um Ziele zu erreichen. Diese Fähigkeiten sind bei uns allen unterschiedlich ausgebildet und hängen u. a. von unserer Umgebung und unseren Lernerfahrungen ab. Aber sie sind auch über die gesamte Lebensspanne hinweg trainierbar. Allein das Wissen um das Konzept der Selbststeuerung und die verschiedenen exekutiven Funktionen liefert uns viele Ansatzpunkte für unser *Personal Performance Management*.[3]

Gewohnheiten scheinen immer wieder der große Gegenspieler unserer Willenskraft zu sein. Und gelegentlich ist diese Beobachtung auch nicht ganz falsch. Dysfunktionale Gewohnheiten halten uns z. B. davon ab, zufriedener zu sein oder die Leistungsanforderungen unserer Umwelt leichter zu erfüllen. In extremen Fällen können uns Gewohnheiten auch schaden und die Lebensqualität erheblich einschränken. Aber Gewohnheiten stehen uns nicht immer im Wege. Ganz im Gegenteil: Die Tatsache, dass sie uns vor allem dann auffallen, wenn sie uns mal wieder Ärger bereiten, sollte nicht über die Tatsache hinwegtäuschen, dass Gewohnheiten die meiste Zeit des Tages sehr nützliche, ja gar dienende Funktionen für uns wahrnehmen. So entlasten sie uns von kognitiv aufwändigen Entscheidungen und können uns auch bei moderaten äußeren Widerständen

---

[3] Weitere Empfehlungen zur Beschäftigung mit dem Thema Willenskraft und Selbststeuerung sind u. a.: Bauer, (2015); Baumeister & Tierney (2022); Mischel (2015).

„auf Kurs" halten. Damit entlasten Gewohnheiten unsere Willenskraft – sofern wir über die richtigen Gewohnheiten verfügen. Bei der Entstehung von Gewohnheiten spielen Motive und Motivationsprozesse aber auch willentliche Eingriffe eine wichtige Rolle. Das Wissen darum, wie man Gewohnheiten generell oder auch gezielt annehmen und wieder ablegen kann, gehört damit zur erweiterten Grundausstattung für unsere persönliche Leistungssteuerung.[4]

Da wir mit dem Zugriff auf unsere Selbststeuerung und exekutiven Funktionen direkte Einflussmöglichkeiten auf unser Handeln haben und auch unsere Gewohnheiten gezielt zu unserem Vorteil verändern können, haben wir mit ihnen sehr wirkmächtige Werkzeuge für das *Personal Performance Management* in den Händen. Eine eingehendere Auseinandersetzung mit diesen Themen wird ihre motivationspsychologischen Grundlagen synergetisch ergänzen. Die unmittelbare Fortführung des roten Fadens dieses Buches finden Sie in meinem Buch „Willenskraft und Gewohnheiten im Personal Performance Management" (Hilmer, 2023). Neben der eingehenden Beschäftigung mit Fragen der Willensbildung und deren konkrete Auswirkungen auf unsere Konzentration und Emotionssteuerung stelle ich mit dem *3-K-Modell der Motivation* (Kehr, 2014; Kehr et al., 2018) auch eine Erweiterung des Motivationsbegriffs vor, die interessante und praxisrelevante Ansatzpunkte für ihre persönliche Leistungssteuerung liefert. Der Blick auf unsere Gewohnheiten und Möglichkeiten, diese zu verändern, rundet die Grundlagen des *Personal Performance Managements* schließlich ab.

Auf der Suche nach meiner Leidenschaft bin ich auf dieses Buch gestoßen. Anfangs konnte ich noch nicht darin lesen und habe vieles nicht verstanden. Es war ein Prozess der Klärung nötig, der dann Zeilen entstehen ließ, die in eine künstliche Ordnung zueinander gebracht wurden. Erst am Ende dieses Buches – so geht es mir – zeichnet sich der Ausschnitt eines Gesamtbildes ab. Mit jeder Zeile ist das (Informations-) Netz, auf das ich nun zurückgreifen kann, etwas reicher geworden und es haben sich neue Verknüpfungen zwischen den verschiedenen Inhalten dieses Buches, meinen Erfahrungen und meinem vorigen Wissen gebildet. Dabei bin ich manchmal etwas abgeschweift. Einige Abschweifungen habe ich hier noch einbringen können, z. B. in Form der Exkurse. Andere Abschweifungen habe ich mir irgendwo notiert und wieder andere sind während der ziellosen Blicke durch die Fenster an meinem Arbeitsplatz nur durch mich durchgeglitten. Dabei habe ich für mich eine Antwort auf die Frage gefunden, was mich antreibt, was meine „Leidenschaft" entfacht. Und ich habe festgestellt, dass es für mich nicht „die eine" Leidenschaft gibt. Vielmehr sind es verschiedene Kriterien, die erfüllt sein müssen, damit ich so etwas wie Leidenschaft empfinden kann. Nämlich dann, wenn mein innerstes Streben, mein Wollen und mein Tun zusammenpassen. Wenn ich mich von dem tragen lassen kann, was ich derzeit mache.

Ich hoffe, Sie haben auch etwas mitnehmen können. Wenn es nur ein Bruchteil dessen ist, was ich mitnehmen konnte, ist das schon gut. Ich wünsche Ihnen, dass Sie sich am

---

[4] Meine Empfehlungen zur Beschäftigung mit dem Thema Gewohnheiten sind u. a.: Duhigg (2014); Wood (2022).

Ende dieses Buches vielleicht ein klein wenig verändert haben, häufig mit den Gedanken abgeschweift sind, ein paar Ihrer Fragen geklärt sind, und dass sich viele neue Fragen aufgetan haben.

Literatur

Bauer, J. (2015). *Selbststeuerung. Die Wiederentdeckung des freien Willens*. Blessing.

Baumeister, R., & Tierney, J. (2022). *Die Macht der Disziplin: Wie wir unseren Willen trainieren können*. Campus.

Hilmer, H. (2023). *Willenskraft und Gewohnheiten im Personal Performance Management. So bleiben Sie auf Ihre Ziele fokussiert*. Springer Gabler.

Duhigg, C. (2014). *Die Macht der Gewohnheit: Warum wir tun, was wir tun*. Piper.

Kehr, H. M. (2014). Das 3 K-Modell der Motivation. In J. Felfe (Hrsg.) *Trends der psychologischen Führungsforschung. Neue Konzepte, Methoden und Erkenntnisse* (S. 103–116). Hogrefe.

Kehr, H. M., Strasser, M., & Paulus, A. (2018). Motivation und Volition im Beruf und am Arbeitsplatz. In J. Heckhausen, & H. Heckhausen (Hrsg.) *Motivation und Handeln* (S. 593–614). Springer.

Mischel, W. (2015). *Der Marshmallow-Test. Willensstärke, Belohnungsaufschub und die Entwicklung der Persönlichkeit*. Siedler.

Wood, W. (2022). *Good Habits, Bad Habits - Gewohnheiten für immer ändern*. Piper.

Springer Gabler

Hendrik Hilmer

Willenskraft und Gewohnheiten im Personal Performance Management

So bleiben Sie auf Ihre Ziele fokussiert

Springer Gabler

Jetzt bestellen:

GPSR Compliance

The European Union's (EU) General Product Safety Regulation (GPSR) is a set of rules that requires consumer products to be safe and our obligations to ensure this.

If you have any concerns about our products, you can contact us on ProductSafety@springernature.com

In case Publisher is established outside the EU, the EU authorized representative is:

Springer Nature Customer Service Center GmbH
Europaplatz 3
69115 Heidelberg, Germany

The manufacturer's authorised representative in the EU is Springer
Nature Customer Service Centre GmbH, Europaplatz 3, 69115 Heidelberg,
Germany. If you have any concerns regarding our products, please
contact ProductSafety@springernature.com

Printed and bound by CPI Group (UK) Ltd, Croydon, CR0 4YY
28/04/2026
02098538-0020